早道教育 策划

中学日语教师必读系列丛书

写给中学日语教师的教学建议和教学故事

主编 ◎ 张金龙　杨　慧

副主编 ◎ 郭朝暾　郭玲玲　李　军　刘　伟　李友敏　毕晓燕

大连理工大学出版社

图书在版编目（CIP）数据

写给中学日语教师的教学建议和教学故事 / 张金龙，杨慧主编. -- 大连：大连理工大学出版社，2023.12
（中学日语教师必读系列丛书）
ISBN 978-7-5685-4390-3

Ⅰ.①写… Ⅱ.①张… ②杨… Ⅲ.①日语课—教学研究—中学 Ⅳ.①G633.462

中国国家版本馆CIP数据核字（2023）第102848号

大连理工大学出版社出版

地址：大连市软件园路80号　　邮政编码：116023
发行：0411-84708842　邮购：0411-84708943　传真：0411-84701466
E-mail：dutp@dutp.cn　　URL：https://www.dutp.cn
大连图腾彩色印刷有限公司印刷　　大连理工大学出版社发行

幅面尺寸：160mm×230mm　　印张：23.25　　字数：366千字
2023年12月第1版　　　　　　　　2023年12月第1次印刷

责任编辑：于　洋　　　　　　　　责任校对：钟　宇
　　　　　　　　封面设计：张　虎

ISBN 978-7-5685-4390-3　　　　　　　　　　　定价：75.00元

本书如有印装质量问题，请与我社发行部联系更换。

主　编：张金龙　杨　慧
副主编：郭朝暾　郭玲玲　李　军　刘　伟　李友敏　毕晓燕

参编人员：

张金龙	杨　慧	郭朝暾	郭玲玲	李　军	刘　伟	李友敏
毕晓燕	王　佳	王晓娇	张　楠	田由甲	亓　琳	叶　馨
刘　超	季孟娇	惠春娟	王佳妮	张　莉	高丛丛	李海丽
关　玲	杨诗云	王　丹	任　贺	林　珠	李　祝	江晓萍
李　晓	朱玉姣	马肖蓓	郑鑫瑜	于凤丽	李玉明	武玉霞
徐剑威	高月新	朱丽娜	陈　燕	林茂慧	张红果	祁俊岳

专家推荐 1

积累经验、交流反思、共同发展
——贺《写给中学日语教师的教学建议和教学故事》出版

  祝贺张金龙、杨慧两位老师主编的《写给中学日语教师的教学建议和教学故事》出版！

  我与张金龙、杨慧老师在教材编写、课程标准修订和培训等方面有着长年的合作，副主编及其他参编人员中，也有很多熟悉的名字，读起来感到更加亲切。

  《义务教育日语课程标准（2022年版）》指出："以解决教学中的实际问题为教研目的，采用网络教研、专题讲座、课例分享及研讨、现场观课等方式，准确诊断教学中的真实问题，多方面收集教学反馈意见，促进教研活动从基于经验走向基于教师行动研究、叙事研究和个案研究等，提高教研工作的时效性。"在一定意义上，这本书可以说是属于教育叙事研究的范畴。

  所谓教育叙事研究，是通过教育主体的故事叙说来描述教育行为、建构意义，促进对教育的探究，使教师从研究计划的执行者或被研究者（研究对象）变成教育研究的承担者、参与者、合作者、创造者。

  本书第一部分的"教学建议"，主要是通过作者所遇到的问题、思考、实践三段式的方式讲述对教育的理解、解释及采用的思路、方式、方法等，向同行及其他读者介绍自己所体验到的教育是什么、怎么做及为什么这么做。第二部分的"教学故事"，更多的是作者日常教学过程的所感所想。

  教师在教育教学上的水平提升、专业发展，固然需要听取专家学者的阐述、意见和建议，需要观看同行的课例，但最终都要回到自己的课堂。因此，在课堂上遇到的问题，更多还是需要依靠教师本人来设法解决。于是，"校本研究"产生了，"行动研究"产生了，"叙事研究"也产生了。

而这三者的一个共有的核心概念就是"亲自参与"。

可能会有老师说，我们不是天天都上课吗？那不就是"亲自参与"吗？是的，我们确实天天都在教学。但是，教学之后我们做有关教学的研究了吗？即使做了，那是我们自己主动要做的，还是我们为了完成别人的要求而去做的？诚然，为了完成别人的要求，我们做的教学研究是有意义、有作用的，但作用往往是有限的。这就如同我们经常告诉学生的那句话："不是要我学，而是我要学。"将这句话移植过来，就是"不是要我研究，而是我要研究"。具体研究什么呢？研究的就是"我"遇到了什么问题，"我"怎样想方设法解决这个问题，"我"在研究过程中有哪些兴奋或辛酸的感受，"我"是否做得顺利或遇到了阻力，解决的结果如何，等等。

可能还会有老师说，这种类似于自传的叙事研究，会不会变成"吐槽大会"呢？如果我们能够按照前面所说的问题意识来组织教学并做好记录，就不会变成"吐槽大会"。换言之，我们讲述的故事，不是对教学过程流水账式的记录，或者说不是"经验性教学"的简单记录，而是"反思性教学"的记录，记录的是如何将自己日常教学中发生的问题转换为研究的课题，以及这一课题研究的结果及结论。刘良华教授（2005）指出："这种'教育自传'式的研究报告不是一般意义上的私人日记。对于不便于公开讨论的教育事件或教育经历，教师不记录在报告中。教师在行动研究中讲述自己的教育事件或教育经历，是为了在合作小组内部或更大范围内得到'公开'讨论，接受合作小组的评价和建议。其实，'教育自传'既然作为'研究报告'，已经假定了这种'教育自传'可以'公开'讨论。这使'教育自传'内涵了行动研究的'公开'精神。"[1]

这本书的每一个故事，可以说就是这类记录，或是说近似于这种记录。或许用专家、学者的标准来看，这些故事、记录还达不到典型的、严格的学术要求。没有关系的，因为千里之行始于足下。相信在这本书的启发下，老师们的教育叙事研究会越做越好。

北京师范大学　林　洪

---

[1] 刘良华. 行动研究、叙事研究与校本教研[J]. 教师之友，2005.1.

专家推荐2

《写给中学日语教师的教学建议和教学故事》作为"中学日语教师必读系列丛书"的新成员，以实用中肯的教学建议、生动鲜活的教学故事、温润有度的前辈寄语，为中学日语教育工作者提供了丰富的教学育人思路与有益的借鉴。

本书分为三个部分：第一部分是"教学建议"，由富有经验的一线教师择取教学实践中最典型、高效的教学方法，辅以生动的教学案例，汇聚成34条经典建议，以期为中学日语教学提供有价值的参考；第二部分是"教学故事"，由中学日语教育界的同仁讲述教学生涯中印象最为深刻的经历，再请专家做出有针对性的分析与点评，寓教育理论、思想于实践当中，生动地诠释了教师不仅是学生学业上的引路人，更是其心灵的启迪者这一理念；第三部分是"前辈寄语"，由中学日语教育界的专家、前辈凝心聚力、总结经验，提出日语教学工作中切实可行的建议，书写日语教育工作者终身的使命，表达对后辈教师的拳拳之望，蕴含了日语教师代代传承的精神。

常思育人之道，他山之石致远。本书记录了一线教师实践探索和成长的心路历程。源于一线教师，服务一线教师，是"中学日语教师必读系列丛书"的出版宗旨。相信该书的出版一定会为读者激起思想碰撞的火花并引起共鸣，助推中等日语教育的蓬勃发展。

李　军
东北师范大学留学生预备学校　副教授　日语教研室主任
义务教育日语课程标准修订组成员

前　言

　　教师职业的专业化是当前世界教育所面临的突出问题和发展趋势，是现代教师教育的新理念。实现教师职业的专业化，首先需要教师个人的专业成长。国家发展的关键在于人才，人才培养的关键在于教育，教育发展的关键在于教师。提升教育教学水平，不断促进教师个人的专业成长，是教育改革的重点之一。

　　当前的基础教育新课程改革对教师提出了一系列新要求，对新时代教师的从教能力提出了严峻的考验。近年来，中小学日语教师队伍有了明显的壮大，大量青年日语教师站上了中小学校的讲台。这些新鲜血液亟须得到具体教学方法、师生关系处理等方面的指导。此外，大量奋斗在教学一线多年的中年教师在自发摸索日语教学规律、探索日语教育有效实施模式的同时，也亟须吸取同行的优秀经验，从同行的教学实践中汲取智慧。

　　"中学日语教师必读系列丛书"自出版以来，得到广大中小学日语教师的高度评价。《中学日语教育50讲》从宏观角度介绍了中学日语教育的基本情况和主要内容；《中学日语教学中的101个关键问题》从教学实践的角度总结并提出了教师需要关注的关键问题及其解决方法；《中学日语优质课评析》以教学设计展示和评析的角度引导教师了解不同类型优质教学设计的基本要求和突出特点。作为该系列图书的新成员，《写给中学日语教师的教学建议和教学故事》主要从改良现有课堂教学细节、关注教学中的情感要素、建立和谐师生关系、构建日语教学良好环境的角度出发，给中小学日语教师提供具体、有效的教学建议，分享值得深思的感人教学故事。我们坚信，教育的发展离不开日常教学中的不懈努力和点滴创新，只有不停思索斟酌、探索创新，才能切实推进日常教学工作向前发展。我们也坚信，学生始终是教学的中心，只有关心学生，点燃他们心中的希望，才能确保教学有其最根本的动力。

本书的第一部分为写给中学日语教师的34条教学建议，该部分的内容由教师在自我教学行为反思中进一步凝练而成。每条教学建议包含"课堂还原""教学妙招""实践案例""点睛"四个板块，分别展示了现实教学中存在的问题课堂，依据实践提出了可供参考的教学妙招，给出了该妙招的具体教学实践示例，最后点出了整条建议的关键之处。每条建议都是执笔者对自身课堂教学实践的真实还原和反思提炼，读起来会让人有一种眼前一亮、恍然大悟的感觉。

本书的第二部分为20则教学故事，由全国各地的优秀一线教师及教研人员编写而成。每则故事娓娓道来，似涓涓溪流，温暖着大家的心田，为日复一日奔波于中学日语教学的教师们点亮了明灯，照亮了不断前行的教学之路。每则故事后的点评从教育理论、教学理念的角度提出了真知灼见，帮助我们深刻理解故事所蕴含的教学指导意义。感人的故事与深刻的点评相得益彰，让教学故事更加耐人寻味，让教学理念更加平易近人。

本书的第三部分为前辈寄语。他们中有知名校长、课标组成员、教研员、优秀教师等。每篇寄语都承载着前辈们对中学日语教师专业化发展的殷殷厚望，让我们深感教书育人责任之重。中学日语教育定会在大家的共同努力下越走越稳！

在编写本书的过程中，众多一线教师付出了艰苦的努力，在此向他们表示由衷的感谢！本书在出版过程中得到了早道教育的大力支持，在此一并表示感谢！

编者

目 录

教学建议

建议一　日语第一课
　　　　——自我介绍的"游戏"/2
建议二　座位这么排，全班都是黄金位置 /7
建议三　三步情绪管理法：做一个能力无边的老师 /15
建议四　积极参与，体验快乐 /22
建议五　"玩转"日语课堂的两个小游戏 /27
建议六　幸运转盘法，转出日语课堂的魔力 /32
建议七　搭建自信的"脚手架"/39
建议八　新型教育评价唤醒成功教育 /45
建议九　五十音图"花样"记忆法 /52
建议十　唱歌记忆动词变形
　　　　——趣味记忆 /58
建议十一　融情景入例句，"授受动词"教学法 /66
建议十二　用剧本编写法来学语法吧 /73
建议十三　大声朗读吧！早30分钟，晚30分钟 /80
建议十四　我的单词我做主
　　　　　——"头脑风暴式"单词学习法 /86
建议十五　高效课堂第一步
　　　　　——课前预习 /96

建议十六　基于接龙传问
　　　　　——让课堂问答活起来 /103
建议十七　星级讲师，小组 PK 赛 /111
建议十八　巧用错题本，适应个性化教学要求 /118
建议十九　真实的情境推动真实的表达 /125
建议二十　我们的交换日记 /131
建议二十一　试试"五分钟采访"吧 /138
建议二十二　设置写作主题周，巧用教材讲中国故事 /147
建议二十三　用好教材，铺垫式教写作 /154
建议二十四　专治作文困难症的三副特效药 /160
建议二十五　"两点一线"勾画优秀作文 /165
建议二十六　将听力材料用到极致的七遍学习法 /171
建议二十七　三段七步法，走出高效课堂 /178
建议二十八　高考复习打基础，单词要集结
　　　　　——建立听写纠错本 /187
建议二十九　语言知识运用讲评课的魔法棒 /197
建议三十　高效试卷评讲课，让复习不再单调 /202
建议三十一　玩中学、做中学、赛中学
　　　　　——"沉浸式"日语文化体验课 /209
建议三十二　让日语学习"活"起来 /215
建议三十三　做一名"会偷懒"的老师 /221
建议三十四　教育奖惩艺术 /231

教学故事

故事一　困难，是用来克服的 /236
故事二　港湾 /241
故事三　爱，就大胆说出来 /245
故事四　做"自私"一点的老师 /251
故事五　海岛女教师 /255

故事六　那小子真"帅" /260
故事七　老师，您是我的"嚯嚯老师" /265
故事八　我与一群孩子的故事 /270
故事九　亲其师，信其道 /274
故事十　教有所思，思有所成 /278
故事十一　生如逆旅，一苇以航 /282
故事十二　团结互助，遍地生花 /286
故事十三　凡心所向，素履以往 /291
故事十四　一起成长 /295
故事十五　关爱是一条路，关注是起点 /300
故事十六　不被进度禁锢的教学 /304
故事十七　做一名能教敢管的日语教师 /308
故事十八　日语教师，当班主任吧！ /313
故事十九　那些年我们一起走过的岁月 /317
故事二十　敬爱的日语教师们，感谢你们！ /323

前辈寄语

寄语一　给年轻教师的几点建议 /330
寄语二　老树新枝更著花，云白山青见坦途
　　　　——公办普通高中日语教师面临的问题、困难及建议 /333
寄语三　善教善研，主动发展 /338
寄语四　不积跬步无以致发展 /340
寄语五　三十年守望，静待满园花开
　　　　——日语教育 30 年之感怀 /343
寄语六　生命的意义 /347
寄语七　躬身入局者有为，笃行不怠者致远 /349
寄语八　倾听花开的声音 /353

参考文献 /355

教学建议

建议一
日语第一课
——自我介绍的"游戏"

课堂还原 ▶▶

　　"同学们，大家好，我是'辛'老师，本学期教授大家日语课。首先我们互相认识一下，请大家做个简单的自我介绍吧。""辛"老师充满活力的话音刚落，只听见学生们纷纷窃窃私语道："哎呀，又是做自我介绍啊，今天都已经做了五六次了，我不想说了。""是啊，怎么每个老师都让做自我介绍啊，太没意思了。"学生们一边嘟囔着不满，一边机械地站起来，就像完成任务似的做自我介绍。"大家好，我叫……""大家好，我叫……，我喜欢看动漫，喜欢打篮球。"在整个介绍的过程中，除了少数学生在认真听之外，大部分学生都表现得很不在乎，有的在下面偷偷聊天、做小动作，有的干脆趴在课桌上打起盹儿来。看到这番情景，原本对新学期、新同学充满期待的"辛"老师瞬间变成了霜打的茄子，感到无比挫败和沮丧。"辛"老师按照常规设计的新生第一课没有收到预期的效果。这样的常规设计也让学生对新科目、新老师和新同学失去了兴趣。

　　对于刚刚迈入中学阶段才开始学习日语的新生来说，日语第一课不仅仅意味着从假期生活到学校生活的过渡，更是学习新科目的起点。看似普通的一堂课其实并不普通，它会给今后的教学带来极大影响，其意义远超日常教学的四十分钟。遗憾的是，"辛"老师并没有意识到这堂课的重要性，没能回应学生们对新科目、新语言的期待。这种机械的课堂设计，会令学生对日语课堂的期待值降低，继而影响后期教学的推进。

教学妙招 ▶▶▶

良好的开端是成功的一半。上好新学期的第一堂课，可以为接下来的教和学打好基础。那么，如何上好开学第一堂课呢？结合实际教学经验，我认为新学期的第一堂课重在"破冰"，不仅要"破"新老师与新学生之间的冰，还要"破"新同学之间的冰，更要"破"学生与新学科之间的冰。在具体的教学实践中，教师可以开展以下教学活动：

1. 率先示范——教师自我介绍

使用快闪 PPT。快速闪现的文字，加上韵律十足的音乐，节奏快，动感强，能够一下子抓住学生们的眼球，提高他们的注意力。因此，教师可以在新学期的第一堂课上使用快闪 PPT，以幽默的方式将自己介绍给学生。这种方式不仅可以活跃课堂气氛，还能拉近教师与学生之间的距离，消除新老师与新学生之间的屏障。制作快闪 PPT 时，除了文字，教师还可以附上自己的照片、视频等，这样更容易吸引学生，使学生更全面地了解教师。

2. "中奖"排序——学生自我介绍

有些时候，口头说教收效甚微。爱玩是学生的天性，可以利用这一天性设置游戏，把学生吸引进课堂，并让他们主动进行自我介绍。为了增进学生间的相互了解，增强自我介绍的趣味性，可以采用 bingo 游戏让他们进行自我介绍。具体操作方式如下：

（1）给每位学生发一张空白卡片。

（2）让学生在卡片上写下自己的姓名，以及能够代表自己的 3 个关键词。

（3）让学生将写好的卡片对折并放入事先准备好的盒子中。

（4）给每位学生发一张空白的纸，让学生在空白纸页上画出三乘三的九宫格，并在格子里写出 9 位同学的名字（如果学生还不知道其他同学的姓名，教师可以读或展示班级名单，让学生随机书写）。

（5）教师随机抽取卡片，被抽中的学生上台，按照卡片所示的关键词进行自我介绍。

（6）台下的学生在九宫格中圈出台上同学的名字，教师可给予最先得到bingo（全部圈完）的学生适当奖励。如图所示。

图　用于模拟"中奖"排序——学生自我介绍环节的操作流程

3.一站到底——日语知识初体验

新学期第一课，学生们对将要学习的知识充满期待。为了让学生们对日语相关知识及学校的日语学科有进一步的了解，激发他们的学习动力，帮助他们制定学习目标，快速进入日语学科的学习，获得成就感，可以通过"一站到底"游戏，对日语学习的相关内容进行"预热"。具体操作方式如下：

（1）请全体学生起立。

（2）让学生判断PPT上问题的正误，认为正确的同学比出"○"的手势，认为错误的同学比出"×"的手势。

（3）回答正确的同学继续游戏，反之则坐回座位。坚持站到最后的同学获胜。

在PPT问题的设置上，教师可以从日本文化常识入手，如"东京迪士尼乐园位于日本东京""中国的面积约为日本的25倍"等；也可以设置与学校日语学科相关的问题，如"我校开设日语已有15年了""我校有10名专职日语教师"等。这些问题不仅可以让学生了解日本概况、日语学习要点，还可以帮助学生了解学校的日语教学、班级设置和日语学生数量等，间接培养学生对日语的学习兴趣，增强他们学习日语的自信心。

实践案例 ▶▶

下面我以开学第一课为例，谈谈如何利用游戏打破开学第一课的尴尬，营造轻松愉快的课堂氛围，自然地拉近教师与学生、学生与学生、学生与学科之间的距离。

第一步，利用快闪 PPT 的形式，将"我"以轻松幽默的方式介绍给学生。观看快闪 PPT 瞬间吸引了学生们的注意力。当看到 PPT 中"我"的生活照，以及个人经历时，学生们不由得发出"哇"的赞叹声，课堂气氛很快就活跃起来。如此一来，师生之间的陌生感消失了，学生们也充满对接下来学习的期待。

第二步，利用"中奖"的方式让学生们进行自我介绍。当我介绍完游戏规则后，学生们纷纷积极地制作自己的信息卡片，然后根据抽签顺序依次进行自我介绍。通过这个环节，我和学生之间、学生和学生之间的了解得以加深，轻松、友好的班级氛围也初步形成。

第三步，设置"日语知识初体验"的环节。这个环节包括"想一想""听一听""看一看""玩一玩"四个活动。首先在"想一想"环节，让学生思考并说出与日本相关的元素，学生们争先恐后地说出樱花、富士山、动漫、宫崎骏等。学生们在"热身"的同时，激活并扩展了背景知识；在"听一听"环节，让学生欣赏《柯南》《火影忍者》等日本动漫中的经典台词、主题曲，激发学生的学习兴趣；在"看一看"环节，播放视频"传统与现代的日本"，让学生了解日本文化；最后在"玩一玩"环节，通过一站到底的游戏，让学生进一步了解日本的文化常识，了解学校的日语教学状况，帮助学生增强学习日语的自信心，确立具体的学习目标。

第四步，首先给学生展示外教的照片，围绕外教的信息与学生互动和交流；其次，给学生观看纪录片，引导学生做到"学日语的人要具有爱国精神"；最后分小组讨论，谈论自己学习日语的目的和意义，帮学生树立正确的世界观、人生观和价值观，做到终身学习。

第五步，让学生分享本节课的感想和今后的学习目标。教师进行点评并赠言"自分の目でこの広い世界を見てください"。

点睛 ▶▶▶

• 日语第一课的意义重大，它是新学科学习生涯的起点和希望，会给接下来的教学带来极大的影响，它的意义远远超过普通课堂上的四十分钟。

• 日语第一课的重在"破冰"，不仅要"破"新老师与新学生之间的冰，还要"破"新同学之间的冰，更要"破"学生与新学科之间的冰。

• 讲好第一课，最重要的是要备好教学理念。口头说教收效甚微，爱玩是学生的天性，可以利用这一天性设置各种游戏或课堂活动，让学生在"玩"中学。

• 通过各种"游戏"，加强与加深学生和老师之间、学生和学生之间的互动和了解，培养良好的师生情和同窗情，创造团结友爱的班级氛围。

阅读记录	
我的收获	
我的反思	

建议二
座位这么排，全班都是黄金位置

课堂还原 ▶▶▶

期中考试后，结合学生各方面的表现，我重新安排了学生们的座位。

一天下午，一位女生过来找我："老师，我不要跟男生同桌，我想跟女生同桌。"

一位男生则说："老师，我个子太矮，坐到后面看不到。"

戴眼镜的学生说："老师，我近视眼看不到黑板，我想换到前面去。"

任课老师过来说："李老师，把某学生放到那个位置不行的，讲话、小动作、课上看课外书等违纪行为不断。"

晚上，家长们也来电话了："李老师，我家孩子近视而且个子不高，麻烦李老师将他往前面换换啊。""李老师，我家孩子比较调皮，坐到后面就不学习了，能否往前面调一下？"

一整天下来，各方的反馈和电话，让我疲于应对。现在的家长特别重视学生的学习和成长，都希望自己的孩子坐在所谓的"黄金座位"上，可教室内的"黄金座位"就那么几个，根本不能满足所有家长的要求。关于排座位这件事，我尝试了多种方法，如身高排法、男女搭配排法、成绩排法、学生优差混搭（优秀生带学困生）排法等。但无论哪种座位排法，都会有异议。

那么，如何安排学生座位才比较合理呢？

教学妙招 ▶▶▶

排座位是班主任工作的重要内容之一，排座位不仅体现班主任的教育工作水平和管理艺术，而且座位安排得合理与否直接影响班级的班风和学风建设。

为营造良好的班风和学风，最初我采用的是优秀生带学困生的"优差混搭"排法，希望优秀生带动学困生，两者相互监督、共同进步。一段时间下来，学困生觉得优秀生太"高冷"，不愿意帮忙；优秀生觉得学困生"无药可救"，无论怎么帮都是白费力。久而久之，相互协作、共同进步的初衷并没有达到，反而让学生间产生了嫌隙，引发了矛盾。

吸取上次的教训，我重新安排位置，采用了传统的身高排法，按照个子高矮安排位置。一段时间后，教室的后半区域成了男生的"VIP区"，这些男生人高马大，仗着"天高皇帝远"，上课偷看小说、讲闲话、吃零食，小动作不断，不但影响班级的课堂纪律，还影响自身的学习成绩。

后来我也尝试了其他几种排列方法，短时间内还好，但一段时间下来总会出现各种各样的问题。辛辛苦苦排出的座位总有来自各方的异议，我不断地反思总结其中的原因。由于排座位是由班主任一人完成的，所以存在局限性，不可能面面俱到。

那在排座位时，如何做到既轻松又有效呢？

经过分析和多次实践，我采用了"区域管理法"。"区域管理法"指的是将班级分成若干等分的区域，各区域分别由小组长管理，各区域内座位由学生自行商量安排，然后定期进行顺时针挪移，如图1所示。

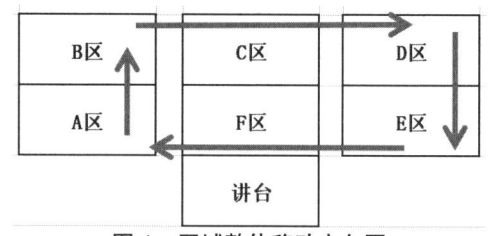

图1 区域整体移动方向图

如此一来，作为班主任，我过去需要考虑全班学生的座位，而现在只要考虑区域分布就可以了。各个区域在小组长的带领下自行协商安排座位，班主任只需负责最后的审核。

具体的分组方法如下：

第一步，公布座位安排方式，引导学生认识自我。

公布座位安排方式的同时，我会将两个问题写在黑板上：其一，该位置对我有什么帮助？其二，我能给别人哪些帮助？通过对两个问题的思考，学生的注意力转移到认真学习和互助合作的层面。这时可以引导学生思考，并讨论利用座位调换促进学习、改善人际关系等方面的问题，弱化座位被人为赋予的优劣等次之分，突出学生间相互合作、相互学习的价值导向。

注意事项：座位安排方式要清晰明了，价值引导要做到合理自然。

第二步，确定"区域管理"组长，树立组内核心榜样。

组长是座位区域的领导者，是班主任管理这一区域最有力的抓手，在区域内起着组织、协调、示范、监督的作用。一位优秀的组长不仅能带动整个小组的学习氛围，提升组员的自主学习能力，还能增强组员之间的协作意识。

组长的产生过程：首先，踊跃报名，竞争上岗。利用班会课搭建竞选平台。在这个平台上，学生大胆、真实地展现自己的"施政纲要"，而且可以横向比较，这些都能够帮助他们重新在班级中定位，激发自身潜力，学会辩证地看待自己和他人的优缺点。其次，公平竞争，择优录取。学生投票占70%，班主任意见占20%，任课老师意见占10%。最后，公示结果，颁发任命书。在繁重的学习任务之余，正式、郑重的仪式能够进一步提高学生的价值认同感，也能增强组长一职带给他们的责任感和使命感。

注意事项：慎重任命。团体内组长的公信力和执行力非常重要，因此，在遴选组长时，不仅要考虑候选人的平时表现、在同学中的威望，还要考虑其领导力、责任心、学习态度等其他道德品质。

第三步，做好组长岗前培训，明确组长责任义务。

班主任无法跟随学生上每一堂课，因此需要组长帮忙处理区域内日常作业收发等事务，同时在自习课上引领并督促同学学习。他们是本区域内舆论和学风的导向者，是同学关系的协调者和维护者。只有在思想上了解清晰组长的职责，他们才能在工作中有更强的责任感和使命感，才能带领本区域朝着更好的方向发展。

岗前培训内容：首先，在学习方面，要求组长认真努力，确保区域内收发作业任务的落实，协调组员结对、互帮互助，主动关心学困生，形成区域内良好的学风。其次，在纪律卫生方面，要求他们以身作则，做好示范引领作用，减少违纪行为。最后，教授组长一些基本管理方法，例如如何协调同学关系，如何关注性格内向同学，如何形成积极向上、关系融洽的区域氛围。

注意事项：明确组长的责任和义务，方便班主任对他们工作的监督和考核。

第四步，慎重选定小组成员，平衡各种优劣势。

每个学生都是独立的个体，都有不同的家庭背景和生活经历，不同的个性、兴趣、思维方式，不同的世界观、人生观和价值观。班主任应该给予每个学生展示个性和特长的机会，发挥自己的聪明才智。在确定区域成员时，以学生的个性为基础，以互补、合拍为原则，使他们的个性得到最大限度的展示。例如有的学生擅长语文，不擅长数学，在他身边安排擅长数学的学生，来帮助其弥补"短板"科目，齐头并进。

成员选定过程：首先，均衡各科学优生比例，确保各组优势均衡。为营造班级良好的学习氛围，明确成员选定的总体思路，即发挥各个区域学生的学习能动性，防止优生扎堆坐，保证各区域成绩水平大体一致。其次，个别指定和自主选择相结合。区域的个别成员由班主任和组长共同指定，剩余名额让学生自主选择。这里的"个别成员"一般是指班上调皮的学生。如果不给他们指定座位的话，他们容易扎堆聚集，出现许多后续问题。最后，适当调整男女比例，激发组内的学习活力和凝聚力。日语班历来男多女少，为了避免女生全部集中在一个区域，事先最好规定每个区域的女生数量。在全是男生或女生的小组内，容易因一些小事而发生摩擦，引起冲突，影响班级气氛。组内男女性别比例适当，可以缓和、避免这些情况，例如男女同桌、邻桌可以通过性格差异、互补，减少同性间的打闹和闲聊，同时也能够消除异性间的神秘感，起到激励作用。

注意事项：在特别指定和自主选择的过程中，学生间容易产生矛盾，班主任要随时关注学生动态。

第五步，群策群力命名，全盘考量座位。

新组合需要磨合才能步入正轨，最快捷的磨合方式就是合作完成任务。合作可以消除新组员之间的陌生感，加强交流和沟通，增强各自的归属感。

任务一，区域命名。新团体通过充分讨论后，确定自己区域的名字。好的区域名能增强成员间的凝聚力、提升团队意识，增强责任心。

任务二，座位安排。各成员高矮不同，优势科目也不同，如何充分发挥组员的潜能，提升本区域的综合竞争力，座位的安排需要全体成员通盘考虑、充分协商后做出决定。

注意事项： 学生思维活跃，在区域命名时需要教师的引导。区域名原则是选取积极乐观、健康向上的名字。另外，教师需要在小组协商座位时引导学生学会自省、换位思考、相互尊重，以宽容的态度丰沛自我、关心他人、爱护集体。

第六步，审核区域名和座位表，确定区域并定期移动。

组长将区域名和座位表上交后，班主任审核上交的区域名和座位表，决定各个区域在教室内位置。

区域位置定下来后，定期顺时针360°转移。随着定期移动，学生会坐遍教室的所有位置，即使对某个位置不是很满意，时间一到也会换到其他地方，不满的情绪也会得到疏解。如有学生因身高问题看不到黑板，区域内部可以自行商量解决，灵活调整座位。

"区域管理法"从成员的组成到最终座位的落定，整个过程都有学生的参与。作为活动中的主体，他们主动参与，积极配合，符合培养新时代高中生的核心素养要求。而班主任的工作由"全部掌握"到"掌大局、抓重点"，提高了工作效率，保证了工作质量。

实践案例 ▶▶▶

下面以54人的班级为例，介绍活动的具体实施步骤。该班级中女生12人，男生42人。

如图2所示：将全班学生分成6小组，每组9人，形成3排3列方阵，照顾到男女生比例，每组女生2人。从全班整体来看，最后一排的座位在第6排，不会太靠后。

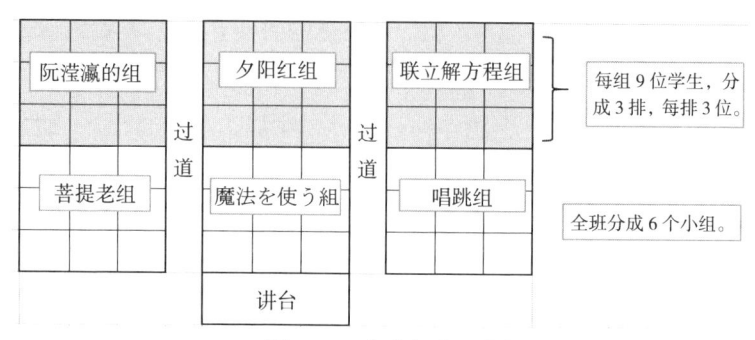

图2　54人班级分组实例图

座位固定下来后，整个区域定期顺时针移动，如图3所示。

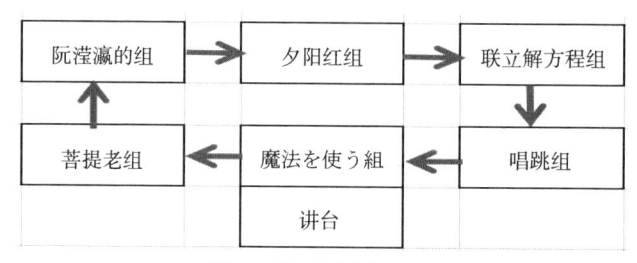

图3　顺时针大挪移实例图

为了增强小组的凝聚力，发挥小组优势，导入小组PK法。同时结合学校的五星评选活动，从学习、纪律、卫生、体艺、文明礼仪等各方面进行小组管理，并有对应的加分规定，实施多元考核。例如，"学习制度"敦促学生上课认真听讲，全身心投入学习；"进步制度"激励学生力争向上，不论哪一方面，只要有进步就给予肯定和加分；"卫生制度"旨在优化学习环境，要求学生桌椅整齐、地面整洁、不随手扔垃圾等；"体艺制度"鼓励学生做好"两操"，坚持日常锻炼，在各类活动中展示特长均能加分。

6个小组互相PK，每周统计一次小组得分情况，每月按照个人和小组得分评选一二三等奖。奖品分为精神奖和实物奖，每期奖品根据学生需求灵活调整，班会课上隆重颁奖。同时对得分最少的小组进行一定惩罚，例如放假前打扫教室卫生，在学校公共区域做义务劳动、清扫包干区等。

这种奖罚结合的方式，可以催生学生的好胜心和内驱力，激励个体和小组共生共长、相互督促、积极进取；可以驱使他们更加主动地改善自我。以积分的方式引导学生彼此关心与认同，促进小组成员时时提醒、事事关心、全员参与，不仅提升班级管理效率，而且让学生形成"一荣俱荣、一损俱损"的团队意识和责任意识。

一段时间下来，班级各方面有了很大的变化。首先，班级凝聚力增强，班级扣分明显减少。由于各个小组成员位置集中，扣分反馈及时，解决问题迅速，能做到成员之间相互监督。

其次，形成良好的班风与学风，整体成绩显著提升。小组成员成绩各异，优势科目也不一样，安排座位时，让组内的优等生带领学困生一同学习。班主任加以引导和关注，促进了组内"师徒结对""优化组合"，保障学习动力，形成良好的班风和学风。

最后，尊重个体差异，设置激励制度促自信。根据加分细则，学生参加校内外活动、考试进步、不迟到不早退等项目都能为小组加分。班上有一部分学生成绩不突出，存在感也较低，但他们可以通过小组PK，发挥自己的优势，以自己的方式为小组加分做贡献。通过多元化的激励制度，他们的个性不断被挖掘、优势不断被激励、自信不断被强化，心理上的成就感和归属感也大大提高。

总之，学生座位的安排和调动是班主任工作的重要组成部分，与其将安排的权力独揽一身，不如放手给学生，让学生们积极主动地寻求匹配度最佳的座位。

引导学生明白座位的好坏并不是绝对的、一成不变的，而是需要通过自己积极向上的努力才能改变。设定界限，让学生自由地做自己，这是一种尊重，也是对内驱力的激发。此举既可以激发学生展现内心中积极的、向上的、正面的能量，也能帮助学生正确认知自尊、自信、互助、合作，有自我价值感和成就感，促使学生的身心健康发展。

回首这一路的带班历程，我深刻认识到教育是一项润物细无声的事业，只要有坚定的决心和信心，就能使平凡的人做出惊人的事情。自信让未来可期，笃行可终达远方。

点睛 ▶▶

- 安排座位是一件令人头疼的事,也是一件体现班主任智慧和责任心的事。既要满足学生和家长的各种需求,又要促进班风、学风的建设。

- 座位本身没有优劣之分,只有学生适不适合之别,适合学生的才是黄金座位,何谓适合?既契合学生的身体条件,不影响听课和学习,又能帮助学生建立起和谐自在的人际关系,此谓适合。

- 我们把每位学生放在心上,在一定的界限内让学生自由地做自己,创设最好的条件,放手让学生去选择、去实践,这是一种锻炼,也是一门管理班级的艺术。

阅读记录	
我的收获	
我的反思	

建议三

三步情绪管理法：
做一个能力无边的老师

课堂还原 ▶▶▶

（上课5分钟）

"针对第二单元的重点单词，昨天我们进行了单词测试。现在说说测试结果：有五名同学不及格，三十分的，四十分的，甚至还有零分的。王田、李丽还有曾小军，三位同学请好好看看自己的卷子，我就不一一分析了。"一上课，张老师的火气值就升了30点。

（上课10分钟）

"报告！"

"邹东东，你又迟到，你怎么天天迟到，整天一副吊儿郎当的样子，有个学生样儿吗？迟到早退、打架闹事，每次都有你。作业也不交，成绩一落千丈，赶紧进来坐下，好好听课，马上高三了，能不能让老师省点心！"张老师的火气值又飙升了40个点。

（上课30分钟）

"下面请同学们把上周末回家做的卷子拿出来，我们讲评一下最后一道阅读题。"扫视一下学生后："赵春琴、刘杰、方宇，你们三个都站起来，怎么回事，又没带卷子吗？"

"对不起老师，我把卷子忘在宿舍了。"刘杰小声地说。

张老师怒气冲冲地说："老师说的话到底有没有听进耳朵里，放在心里面？昨天下课的时候，我反复强调大家今天务必带卷子、带卷子。结果呢？还是有同学把我的话当成耳旁风，忽略我的存在吗？老师的话是空气啊？这课还怎么上呢？不用上了。"张老师的火气值终于爆表，把书摔到讲台上，气冲冲地离开了教室。

教学妙招 ▶▶

以上教学情景，是否也发生在各位老师的课堂上呢？老师们急切地想要"管好学生、提高成绩"，这个出发点可以理解，但是，教学是一个长期的过程，即所谓的"润物细无声"。我认为，一位合格的日语老师至少需要两方面的能力：教学能力和管理能力。教学能力与知识、经历有关，我们需要多磨炼、提高自己的专业知识水平；而提高管理能力的第一步便是管理好自己的情绪，然后才能找到合适的方法管理好学生。学生们身上千奇百怪的问题，是教学工作横渡在我们面前的挑战，需要教师不断修炼自己的能力，找到合适的方法去解决这些问题，这便是我们提高的过程。

那么，怎样才能成为一个能力无边的老师呢？我认为可以分三步：

第一步，接受学生的不完美。

时刻提醒自己学生是发展中的人。首先老师要知道，拥有良好的学习习惯、掌握高效的学习方法、努力认真、性格开朗健康、尊敬老师、有礼貌、乐于助人、有担当的完美学生是不存在的。即便有，也是凤毛麟角。学生是发展中的人，都有这样那样的问题，通过老师的引导和教育，让他们变得更好正是我们工作的价值所在。所以，老师们管理好自己的情绪，接受学生的不完美，是我们管理好情绪的第一步。

第二步，少问"为什么"，多问"怎么办"。

省掉无用的抱怨，寻找有用的方法。在这里给大家推荐三个管理学生的工具：专用提书袋、作业档案本和魔法表。专用提书袋用以解决学生忘带书、漏带书的毛病，同时也培养他们整理收纳的习惯；作业档案本可以帮助学生合理安排学习时间、规划学习任务、培养自我检查和自我管理的能力；魔法表教会学生：所有的烦恼应该通过行动来化解，所有的困难只能通过坚持和努力来克服，每日的一小步，都在一点点地改变现状，积少成多，就是成功的一大步。

第三步，接受自己的不完美。

接受自己的不完美，接受结果的不完美。要在能力范围内做到最好，做到问心无愧。再优秀的老师，也不能解决所有学生的所有问题，总有一些问题无法解决，总有一些结果不尽如人意。我们要懂得减压和释怀，改变能改变的，接受不能改变的。推荐大家买一个装幸运星的玻璃瓶，再配深蓝色的折纸和浅蓝色的折纸，当你觉得"完美地"解决了一个学生的问题，就在深蓝色的折纸上写下自己的感受，折一颗幸运星；当你认为事情处理得"不那么完美"，就在浅蓝色的折纸上写下自己的遗憾，折一颗幸运星。无论颜色深浅，折成的幸运星装进瓶中，这件事情便告一段落，成为我们努力的纪念。在我们能力不断精进的过程中，我相信深色的幸运星一定会越来越多，逐渐盖过浅色的幸运星。

实践案例 ▶▶▶

现在我们就来解决"课堂还原"部分张老师遇到的棘手问题：（1）王田、李丽和曾小军单词听写不合格；（2）邹东东迟到、打架闹事，成绩一落千丈；（3）赵春琴、刘杰、方宇不带卷子，丢三落四。

管理情绪的第一步，接受学生的不完美。

老师们或许觉得单词很简单，那是因为我们已经记住了。其实背单词是很难的，必须同时满足以下条件：（1）从忙碌的各科学习中保证日语学习和背单词的时间；（2）掌握背单词的方法；（3）对枯燥的单词背诵保持耐心和热情；（4）对记住的单词需要安排计划，及时地复习和巩固。这对学生的时间管理能力、学习规划能力、学习方法、学习态度和耐心程度提出了非常高的要求。

我们都是从青春期走过来的，大家高中时代有没有过叛逆期？和父母的关系是否紧张？有没有过厌学情绪？成绩是否有过波动？我相信各位的答案都是肯定的，因为这就是青春期的特点。老师们尚且不能很好地控制自己的情绪，如何要求一个高中生把青春期情绪躁动、多科学业压力、亲子关系紧张、同学间人际关系复杂等各种问题处理好呢？

遇到学生不带卷子、丢三落四的情况，老师们可以这样想：从整体来看，全班几十个孩子，有认真仔细的，自然就会有疏忽大意的；每天七八门课程，涉及几十本书，漏带也正常。从个体上看，再细致的人都会有出错的时候，公交车坐过站、雨伞忘在地铁里、出门忘带钥匙……类似经历想必人人都有，学生也是"人人"中的"一人"。

以上种种，成年人尚且不能做到"完美"，更何况我们面前这些16岁至18岁的青少年，为什么要苛求他们"完美"呢？正因为他们的各项能力并不完美，才需要学校和老师。我们要做的是尽量培养和提高学生的各项能力，而不是抱怨问题，对他们并不具备的能力产生焦虑。如果他们都已经面面俱到了，那老师的价值在哪里体现呢？想明白这一点，平静而坦然地接受学生的不完美，敞开心胸去拥抱每一个孩子。

管理情绪的第二步，少问"为什么"，多问"怎么办"。

王田、李丽和曾小军单词听写不合格，也许是没有安排好学习时间，没有定期复习，可能是学习习惯不好，缺乏合理安排时间、高效利用时间的能力导致的。邹东东迟到、打架闹事，成绩一落千丈，可能是青春期叛逆期的表现，或许和亲子关系紧张、学业压力大有关。赵春琴、刘杰、方宇丢三落四，其实是做事缺乏条理，自我管理的能力不够。而学生很多烦恼、问题、困惑，都是可以通过具体行动来解决的。所以"说一千，道一万"，不如落实到行动上，用强大的执行力去改变不好的习惯和现状。

我们的日语老师通常要管理几十个学生，很多学校都是走班制教学，情况比较复杂。这里分享三件教学管理的"法宝"给老师们，希望能帮助老师解决一些学生的问题。

设计思路：走班制学生经常不带书、漏带书、弄丢教学资料，有了专用提书袋，孩子们可将本周日语课需要用的学习资料全部归类放入书袋，上课的时候提上书袋去日语教室即可。另外，书袋上配有活动名牌，孩子们写上自己的名字，防止丢失、拿错，如图1所示。

图 1　教学管理"法宝"1：专用提书袋

设计思路：学生不知道怎么合理安排时间，不知道什么时候应该做什么事情，也不会定期地预习或复习。有了作业档案本，便可以将一周的学习任务做总体规划，写在档案本上，每天检查档案本上的任务。学生完成任务后自己画钩（学生自检），老师检查作业后在页面的最底部写上评语（教师评价），如图 2 所示。

图 2　教学管理"法宝"2：作业档案本

设计思路：记不住单词，再烦再抓破脑袋，还是记不住。写不出作文，再抱怨再焦虑，也还是写不出来。学习的困难要用实际的行动去解决，也只能通过实际行动来解决。学生按照自己的实际情况，从魔法表中选出合适的内容，记单词弱一些就针对单词，记语法困难一些就针对语法。再按照自己的时间安排，每天十分钟也可以，二十分钟也可以，从魔法表中选择合适的频率，制定针对自身具体情况，确定可实行、可坚持、可落地的任务，用行动去改变现状，用努力来消除焦虑，如图 3 所示。

万能的魔法表

频率： 每天、每两天、 每三天、每周、 每两周、每月	时长： 10分钟、20分钟 30分钟、60分钟 2个小时、4个小时、 8个小时	对象： 父母、同学 同桌、朋友 老师	动作： 听、说、抄写 背诵、朗读 口测、默写、交流
内容： 单词、语法、 文章、阅读 口语、听力、错题 学校生活	数量： 1、2、3 5、10、20 30、100	量词： 次、个、篇 条、句、分钟 小时	

例如：
记单词困难的同学可制定：
每天 20分钟 和同桌 口测 单词 20个
口语发音不好的同学可制定：
每周 30分钟 朗读 文章 2篇

图3 教学管理"法宝"3：魔法表

管理情绪的第三步，接受自己的不完美。

通过上面两个步骤，我们完成了发现问题、解决问题的修炼。最后一步，我们要学习"消化问题"，尤其是"消化"一些解决不了的问题。努力之后不一定得到回报，但是不努力肯定得不到回报，尽人事是最重要的一步。我们一直强调要有挑战未知的勇气，我觉得更难能可贵的是接受结果的豁达心态。努力之后如果得不到满意的结果，随之而来的不甘、不平、悔恨、遗憾、难过等负面情绪往往比不敢挑战的"怯懦心理"更难消化，更难克服。特别是付出的努力越多，坏结果带来的后劲儿越大，再经历一段时间的发酵之后，如果变成一种执念，就更加棘手了。所以，要接受自己的不完美，承认教师不是无所不能的，没有人是无所不能的。我们只需要享受付出和努力的过程，在能力范围内做到最好，保持对学生和教育事业的热爱，即便最终结果不尽如人意，也要放过自己，放下执念，继续前行。

还记得前文提到的幸运星瓶吗？浅蓝色的星星代表遗憾，深蓝色的星星代表成功。广袤无垠的星空，不正是有了深浅不一的颜色才更加灿烂和美丽吗？折星星的过程，就是我们收拾和整理心绪的过程。把它放进瓶中，无论结果好坏,事情都告一段落。它们有它们的归宿,我们有我们的征途。老师们向前看,改变能改变的,接受不能改变的,微笑着去迎接下一次挑战吧,前方还有另一片星辰大海!

点睛 ▶▶▶

· 没有"完美"的学生,即便有,也不一定会遇到。接受学生的"不完美",管理好自己的情绪,生气解决不了任何问题,频繁地发脾气只会让师生之间的距离越来越远。

· 直面学生的问题,常思考"怎么办"。活用专用提书袋、作业档案本、魔法表,帮助学生培养整理和规划学习内容的习惯,以及用实际行动来解决问题的能力。

· 当结果不尽如人意之时,坦然接受,放过自己。接受结果的豁达心态比敢于挑战的勇气更加难能可贵。

· 教师在"管理情绪"和"教书育人"的过程中需要不断思考和学习,不仅"渡人",而且"渡己",最后收获的是更好的学生和"能力无边"的自己。

阅读记录	
我的收获	
我的反思	

建议四
积极参与，体验快乐

课堂还原 ▶▶▶

"皆さん、こんにちは。今日は「授受動詞」を勉強しましょう。"辛老师简单的开场白开启了今天的日语学习之旅。辛老师首先讲解了授受动词的含义及分类，然后讲解了日语授受动词"あげる""もらう""くれる"的语法功能、常用表达等。辛老师讲得非常认真，黑板上的板书也写得满满当当，看得出来她希望把自己所拥有的全部知识都传授给学生。

学生们一边听老师的讲解，一边忙碌地记着笔记。整个课堂充满了老师洪亮的讲解声和学生们做笔记的沙沙声，一片"和谐与美好"。随着下课铃声的响起，这"和谐与美好"的景象瞬间"破碎"，只听见有同学小声嘀咕道："啊，终于下课了！""太累了。"看到这样的景象，辛老师的心也随之碎了。

反观辛老师的课堂不难发现，老师备课满满、前挂后连，完全照顾到了各个层次学生的知识需求，但感觉像是重重的拳头打到了棉花上，没有达到预期的效果。同时，学生们机械地记录老师讲解的内容，就像塞了一大口有营养的食物，却囫囵吞枣，没噎到已经是万幸，消化吸收更是连想都不敢想。总之，老师教得辛苦，学生学得忙碌。长此以往，不管是老师还是学生，对日语的热情和耐心都会消失殆尽吧。

教学妙招 ▶▶▶

有位专家曾讲过，"没有学生的主动参与，就没有成功的课堂"。新课程改革提出课堂上要充分体现教师为主导、学生为主体的教学理念，倡导学生在课堂上主动参与、乐于探究。同时，新课程标准中所倡导的自主学习、合作学习、探究学习，也都是以学生的积极参与为前提条件的。因此，作为教师，在教学过程中，一定要转变观念，不做脑力劳动者中的体力劳动者，要从"教师重教"转向"学生重学"，不是一味地让学生死记硬背、机械学习，而是要积极创设符合教学情境、形式多样的教学任务，引导学生积极参与到课堂中，让他们主动探索新知、学会学习。

如何让学生积极地参与到课堂中？如何让学生在参与的过程中体验成功的喜悦？如何提高课堂教学质量？我结合自己的教学经验总结出以下几个常用的活动，希望能够给辛老师一点启发，让学生们在积极参与课堂活动的同时，收获知识与快乐。

1. 课前发表活动

在学期初始，按照提前制订好的课前发表顺序，每天一名学生，利用课前五分钟进行日语发表。教师要在学生发表之前，对内容进行把关，确保符合课堂教学要求。内容上可以选择与本课相关的，也可以是新闻事件、日本文化、流行词语等；形式上可以灵活多样，例如日语歌曲演唱、故事朗诵或讲述、演讲、会话模仿、短剧表演等。课堂发表一方面可以吸引学生的注意力，活跃课堂气氛，调动学生学习日语的积极性和主动性，锻炼他们的组织能力、辩证思维能力等；另一方面，课堂发表的内容可以有效衔接课堂教学，为导入正课做好内容和氛围上的"预热"。

2. 创设具体的语言情境

只有在具体情境中学习语言，才更容易被学生理解和接受。因此，在日语课堂上，要尽量避免填鸭式教学或单一的翻译练习。关于如何创设情境，具体可以参考以下方式：

（1）通过课前播放歌曲、视频的形式创设情境。教师在备课中可以寻找一些相关的歌曲、视频等，在正式上课前进行播放。吸引学生的注意力，同时抛出话题让学生思考和讨论，自然地融入具体的情境中。

（2）通过游戏创设语言环境。游戏是教学中经常使用的方法之一，可以有效调动学生参与教学活动的积极性，并且能够活跃课堂气氛，提高课堂的教学效率。例如在语音学习课上，设置"カルタゲーム（纸牌游戏）"，加强学生对假名的记忆和掌握；在复习形容词时，设置"形容詞ババ抜きゲーム（形容词抽王八游戏）"，加强学生对形容词的记忆和变形应用；在讲授"そうだ"表示传闻的用法时，设置"传话"游戏，让学生在理解用法的基础上，立即投入实际应用。总之，课堂中的游戏是借助游戏的形式，寓教于乐，让学生在玩中学，在学中玩，最终达到学习应用的目的。

（3）通过表演创设语言情境。在课堂上，教师可以通过表演，用表情、肢体动作、语调等创设立体化的语言情境。例如在教授新单词时，让一名学生上台表演，其他同学描述，让学生在表演中学会并记住单词；在学习会话文时，"ロールプレー（分角色表演）"也是学生十分喜欢的环节之一。

（4）通过实物创设语言情境。利用实物开展教学，将可触可摸的实物带到课堂上，能够很大程度地激发学生学习的积极性，提高课堂效率。比如，在讲解授受关系时，准备苹果、杂志、字典、日元等实物给学生，让学生在实际的观察模仿中感受、学习授受动词表示赠予、接受的内涵。在此过程中，学生们积极参与，收获满满。

实践案例 ▶ ▶ ▶

下面以《新版中日交流标准日本語（初級上）》第八课"李さんは日本語で手紙を書きます"第二课时为例，谈谈如何创设具体的语言情境，引导学生们积极参与课堂教学，最终获得成就感和喜悦感。

第一，在课前发表环节，当值学生以"忘れられないプレゼント"为题进行发表并提问，其他学生听完后回答问题。在该环节，当值学生的发表成为教学"热身"，既锻炼所有学生的语言听说能力，又能通过问答环节活跃课堂氛围，锻炼学生的反应能力。

第二，在导入环节，先围绕学生的发表进行总结式提问，随后以小组为单位给学生分发礼物，创设"赠送礼物"这一具体的情境。学生们围绕收到的苹果、杂志、字典、日元等实物，进行相关词语的复习和预习。此时教师介绍"赠送礼物"是物体在人之间的移动，导入本课要学习的"あげる、もらう"两个授受动词。

第三，在活动练习环节，设置"想一想"和"玩一玩"两个课堂活动。

首先，在"想一想"环节，让两名学生表演礼物的赠予，随后教师描述，启发学生思考"あげる、もらう"的意义。再通过小组活动，让学生反复演练赠予、接受礼物的动作，同时用日语表达出来。这样所有学生都能够积极地参与到课堂教学中，而且能够自主地去体验、发现，并总结、掌握"あげる、もらう"的正确使用方法。其次，在"玩一玩"环节，以传球游戏为载体，创设具体的语言情境，限时3分钟。具体实施方法是：学生将球在班内自由传递，在传球的同时，要用"あげる、もらう"描述从谁那里拿到了球、把球给谁，从而引导学生在语言运用情境下再次熟悉和掌握"あげる、もらう"的用法，学生在快乐玩游戏的同时，掌握了新知识。

例：

A：Bさんにあげます。

B：Aさんにもらいました。Cさんにあげます。

C：Bさんにもらいました。

第四，在知识生成环节，设置"说一说""看一看""做一做"三个课堂活动。首先，让学生互相采访"日常生活中你和家人、朋友授受物品的情况"，并启发学生思考授受动词所蕴含的对他人感恩、感谢之意。接着，通过"Family"的公益小视频，进一步在具体的语境中唤起学生的感恩意识，并询问学生是否曾向父母表达过感谢之情，为下一步制作卡片的环节做好情感铺垫。最后，设置制作卡片环节，表达对家人的感谢。制作完成后，每个小组选出一个代表在班级内进行发表。该环节在设计中加入感恩教育，引导学生向家人表达自己的感恩之情，启发学生做一个感恩之人；同时通过小组合作的学习方式，培养学生与他人沟通交流的能力。

第五，在归纳总结环节，引入UMU教学软件，链接高考真题及等级考试真题，在巩固本节课所学内容的基础上，培养学生解决具体问题的能力。同时，引导学生总结本节课所学的内容并完成自我评价表。

第六，观看在一线的医护人员、警察、志愿者、清洁工等图片，引入具体的日常生活环境，引导学生发现身边平凡人物的奉献精神，并予以赞扬，鼓励学生以此为榜样，努力学习，回馈社会，达到感恩教育的目的。

点睛 ▶▶▶

- 课堂教学满堂灌，不仅教师累，学生的接受效果也不好。作为教师，要在教学过程中，从"教师重教"转向"学生重学"。
- 以教师为主导，以学生为主体，引导学生从被动接受转化为主动参与，由"要我学"转变到"我要学"。
- 利用课前发表，吸引学生的注意力，活跃学生的思维，提高学生的语言能力并导入正课。
- 通过歌曲、视频、游戏、表演、实物图片等形式创设具体的语言情境，让学生在具体的语言情境中学习并应用。

阅读记录	
我的收获	
我的反思	

建议五
"玩转"日语课堂的两个小游戏

课堂还原 ▶ ▶ ▶

　　这节课讲高二语法中较难的项目——敬语，经过一番自认为比较生动的讲解后，我从近十年高考真题中选取了一些有关敬语的考题，准备给学生开展高考实战演练。这时，我发现教室最后一排的两名同学你来我往地在笔记本上写东西，好像在玩什么游戏。我慢慢走下讲台，不动声色地来到他们身旁，并以迅雷不及掩耳之势没收了笔记本。原来他们在本子上画圈圈进行五子棋比赛，为了不打断课堂节奏，我示意他们下课来办公室。

　　"老师，对不起。我们下次一定不玩了。"

　　"为啥上课玩五子棋游戏？敬语这部分内容非常重要啊。"

　　"嗯嗯，我知道。不过听着太难，而且感觉有点枯燥，然后我看到子斌在画五子棋，我也好久没玩这个游戏了，于是……"

　　"对、对，然后越玩越起劲，就忘我了……"

　　一番谈话之后，我便让他们回教室了。果然爱玩是孩子的天性。这个学段的孩子们虽然已接近成年，但是依然很钟爱游戏，游戏肯定比单调的课本知识、语法体系更具有吸引力。

　　仔细想来，高中学习原本就非常枯燥，零起点学习日语的他们尤其辛苦，那么我们就有必要深入思考如何才能让课堂学习跟"五子棋游戏"一样，既轻松快乐，又能学到知识。

27

教学妙招 ▶ ▶

学生爱玩游戏是天性，那么我们何不利用游戏跟他们"玩"起来呢？于是，我在日语课堂中，针对学生最头疼的单词学习、语法理解、知识点记忆，设计并尝试综合以下两款课堂游戏，在现实课堂中实践。

1. 单词接力游戏

教师指定单词背诵的范围，例如新授课的课后单词。学生要提前一天背诵。第二天课前，每个小组排成一列队伍，依次上讲台在黑板上默写单词进行接龙。第一位同学开始默写单词，每人每次默写两个，然后把笔传给第二位同学，单词不能重复出现。完成单词接龙的同学依次排到队尾，以确保顺序不乱。同时教师准备秒表，并监督同学们，确保他们无违规操作。规定5分钟内单词默写最多的小组获胜，按照成绩排序分别加5分、4分、3分、2分、1分。

"游戏变法"：教师可根据实际教学情况及单词数量、难易程度等适当调整接龙的"玩法"。例如默写单词的数量可以适当增加至三个、四个，复习课上也可以同时轮转两种玩法；在第一轮PK中，每个同学默写两个单词；第二轮PK则变换游戏规则，每一轮设置2～5分钟的游戏时长。

这两款游戏比传统的听写、默写方式更具有趣味性，能够有效地调动学生背诵单词的积极性。教师可根据教学需要适当地营造紧张气氛（例如现场掐秒表或者在屏幕上设置时间倒数报警铃等）。统计之后教师要引导学生纠正写错的单词，正视自己的错误。同时教师设置书写扣分标准，以便提醒学生不要为了赢得比赛忽略了书写规范。游戏结束后，教师组织同学们反思书写问题。在每次游戏中，教师需要详细记录同学们的上台情况，针对错误较多或者经常无法完成接力的同学进行后期跟踪指导。此游戏适用于所有单词的检查，包括名词、动词、形容词、副词等，适用于新授课或者复习课，并可与传统的单词默写、听写方法合并使用，如图1所示。

图 1　日语单词接力　高三复习课场景

2. 拆盲盒活动

教师制作实物盲盒或者 PPT 盲盒。实物盲盒使用一个小箱子，教师将问题写成纸条放入盲盒，并让同学们随机抽取并回答。PPT 盲盒则由教师在 PPT 上制作完成，适当地添加动图或音效，并在盲盒上标明题目的难易度或者分数，由学生自由选择盲盒并回答抽中的问题。这款游戏适用于检查当天学习的语法、句型表达、翻译等，也适用于复习课内容的检查。

盲盒制作方法：在 PPT 中制作有趣的盲盒图片，插入文本并填写代表难易度或分数的数字，文本设置超链接功能，回答问题的页面设置返回键，这样可快速返回盲盒首页方便下一位同学抽取。另外，在知识盲盒界面，可适当插入拆盒子音效。如图 2 所示。

图 2　日语拆盲盒活动　高三复习课场景

此款游戏具有未知性，容易引起学生的兴趣；灵活度较高，学生可以根据难易度选择想要拆开的盲盒；先选先得的抽取原则又可鼓励学生积极答题。教师制作盲盒时也可以考虑放入一些彩蛋，例如结合班上同学的生日或者班级大事件等设置一些小惊喜。

那么，我们应该如何在实际教学中统筹使用这两款游戏呢？

实践案例 ▶ ▶ ▶

　　高三复习课上终于复习完学生最害怕的副助词了。学生经常抱怨"ほど、ぐらい、さえ"等类似用法太多，总是分不清楚。此外，还有副助词的相关表达，例如副助词"ほど"有"～ほどのことはない""～ほどのものはない""～ほどでもない"等。复习后，同学们貌似清晰了一些，但是他们是否真正记住了所有副助词的用法？是否真正理解了已做过的题目？这些都有待考查。

　　于是，我想通过玩转游戏的方式，在这堂课上再次检验大家的掌握情况。我首先布置了课前任务——牢记所有复习过的副助词及相关语法表达，再次复习已做、已讲解的100道复习书中的练习题目，整理错误题目到错题本中。我提前告知学生第二天会进行检测。

　　第二天课前5分钟，我留给大家1分钟的准备时间，然后请各小组按照自己商量的顺序依次排队进行副助词、语句连接的接力游戏，在规定的2分钟内，默写最多的小组获胜，一共进行两轮。根据各小组表现，为小组加分，并补充黑板上没有默写到的副助词及语法表达。

　　副助词的接力游戏激活了同学们的副词词库。接下来则开展"拆盲盒"的练习活动。我把题目做成盲盒的形式，第一轮由我打开盲盒，盲盒设有同学的座位号及回答问题的题号，被抽中的同学讲解该题目。第二轮同样准备相应的盲盒（历年高考真题），根据题目的难易度在盲盒上标注分数，这一轮让同学们通过小组抢答的方式，自己主动拆盲盒，回答正确的小组加上盲盒上相应的分数。回答错误则由老师补充讲解，同学们做好笔记。

　　一节课"玩转"结束后，通过学生自我评价表的反馈及当堂小测验的情况，我发现学生们掌握副助词的信心较之前有明显提升，小测验的效果也有明显提升。大家最恐惧的"ほど"也能通过自己的讲解、归纳，逐渐清晰了起来。相比传统复习课的"疲于应付"，现如今同学们更主动地去"拆盲盒"。在高三紧张的时光中，同学们容易被淹没在茫茫的题海中，从而迷失方向。我们深知"题不在多，有'悟'则灵"的道理，因此学生理解顿悟、举一反三才是最重要的。

同学们在"玩转"游戏的过程中，每次遇到精彩的瞬间，例如最激烈的单词接龙比赛时刻、小组配合特别默契的时刻，我都会详细地记录下来，课后剪辑成小视频，在总结时给同学们回放。通过回放小视频，我想让同学们懂得"他们争取胜利的样子是多么美好，课堂上的游戏获胜并不难，难的是一直保持学习日语的热情"。

教师利用游戏进行教学时，需要严格把控时间，当堂总结游戏结果。课堂时间不足时，可以记录几次游戏的情况后，另找时间为同学们总结。教师通过不断总结，可以让游戏变得更加高效，更好地服务于课堂。

让我们利用好课堂小游戏，引领同学们"玩转"课堂学习吧！

点睛 ▶▶▶

• 单词接力游戏能够有效调动学生背诵单词的积极性，教师可鼓励全部同学都走上讲台，比传统的听写、默写更具有趣味性。

• 在日语课堂学习中融入"拆盲盒"等游戏，不仅可以增强课堂学习的趣味性，也可以使学生在轻松愉快的氛围中掌握知识。

• 让我们利用好课堂小游戏，让学习"转"起来吧！

阅读记录	
我的收获	
我的反思	

建议六
幸运转盘法，转出日语课堂的魔力

课堂还原 ▶▶

　　高三第一节课，我给同学们讲评开学初日语科目摸底考试的情况。这次考试，由于他们的基础不扎实、语句表达不通顺，导致作文失分严重，总体成绩并不理想，这对刚刚步入高三的他们来说无疑是一次打击。我走进教室的那一刻，发现同学们就像刚刚打完败仗的士兵，有的无精打采地趴在桌子上，有的漫不经心地从凌乱的桌面上翻找着试卷。例行的日常问候之后，我便开始讲评试卷，学生们都埋头做着笔记。之后，我让同学们进行反思、总结并写下来。我认为，这样便于我们找出失败的原因，共同思考解决之法。五分钟后，我让同学们说说对本次考试的反思和总结，结果"吆喝"了半天也没人响应，我只好点名。我将他们的问题点汇总写到黑板上，然后让他们思考解决方案，并提交反思、总结书与学习计划，这样本堂课结束。

　　上完一堂看似"完整"的讲评课后，一股莫名的伤感涌上心头。我没有成功激活他们的斗志，也没有与他们共同反思，而是像例行公事一样鞭打着他们的痛处。分析失败原因并思考对策本身没有错，然而学生并不买账。从他们的课堂反应及提交的反思、总结来看，效果并不明显，至少这次并不成功。

　　我开始自我反思，课堂上总是教师自己滔滔不绝，为何学生总是"千呼万唤始出来，犹抱琵琶半遮面"呢？我需要怎么"努力"，学生才会觉得"此时有声胜无声"呢？我希望同学们化被动为主动，自己总结经验教训，直面自己基础不扎实的现实，剖析"失败"的原因。

教学妙招 ▶▶▶

课堂的无趣令我苦恼万分，正当我百思不得其解之时，突然收到某商家发来的短信，打开一看是轮盘抽奖。我出于好奇点开一看，发现轮盘不停地转动，再配上神奇的音乐，我一下就被吸引住了。这时我灵光一闪，我的课堂上也可以设置一些这样的"魔法"啊。于是，我采用了"幸运转盘法"教学方式，来解决课堂上遇到的一些教学"难题"。例如如何让学生主动积极地回答问题，如何让教学"赏罚"更有成效等。

抽奖活动可以激起人们对奖品的好奇心，促使人们积极参与抽奖活动。课堂也是同理，我们可以设置抽象的"奖品"，刺激学生的好奇心。教师可以设置问题，通过摇转盘（第三方）来提问，这种方式往往比直接提问效果更好。下面介绍两种我在教学中常用的转盘及适用的课堂。

1. 幸运大转盘软件

这种方式比较简单，只需要在互联网上下载适合的抽奖软件，安装后导入学生名册即可启动。根据笔者的使用经验，建议选择操作简单、自带背景音乐的软件，这样教学效果更好。具体操作步骤如下：

（1）当堂突击转盘法

该方法适用于课堂上无人回答的场面或课堂突击检查，不仅可避免"冷场"的尴尬，还能调节课堂气氛，配上紧张的音乐及播放中奖同学的反应，教学效果良好，如图1、图2所示。

图1 幸运转盘——学号抽取场景　　图2 幸运转盘——录入信息场景

（2）无差别奖励抽奖

适用于活动课上需要诞生"幸运儿"的场合。例如某活动课，学生活动前先来一次幸运抽奖，我准备了几个"大礼包"，不设置任何条件，大家机会均等，学生也都特别期待自己是本节课的"幸运儿"。与突击转盘法不同，无差别抽奖活动是"无条件"的奖励，因此更容易烘托学生的学习气氛。我们平时惯于奖励优秀学生，但是偶尔的无差别奖励，更容易营造班级的和谐氛围。

2. 自制幸运大转盘

这种方式需要教师们利用办公软件进行制作。我们可以在PPT中制作自己想要的转盘，并添加动画。

制作过程：第一步，PPT中插入饼状图表并修改形状、添加文字等。第二步，制作圆心，用三角形制作指针，再将三角形指针复制后旋转180度，确保上下左右对称。将颜色改为透明，并与上面的三角形指针拼接组合。第三步，设置动画，添加陀螺旋转动画，并选择转速。第四步，设置触发器，将制作完成的按钮选择为抽奖的控制按钮，如图3所示。

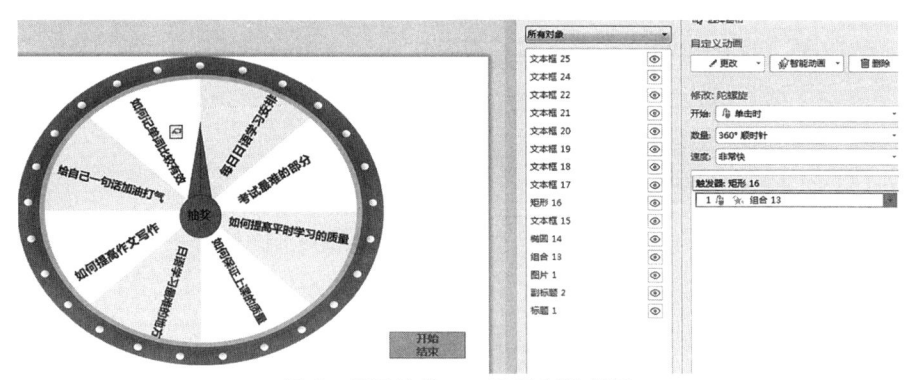

图3 幸运转盘——PPT制作场景

（1）"温故而知新"转盘法

适用于新授课的当堂小测或复习课的测验。例如学完某一课后，教师将单词或语法以问题的形式编辑到转盘里，学生根据转盘轮转回答对应的问题。回答正确者可进行适当奖励，回答错误则由教师或其他同学进行补充，学生做好笔记并再次复述该题目。此方式是随机抽取，相当于知识盲盒，可以快速检验同学们的掌握情况并增加答题的乐趣。

（2）"学而后知不足"转盘法

适用于学生在考试或学习中遇到问题的场合。例如某个阶段学生成绩不理想、作业提交不及时、上课回答问题不积极等，教师可将问题转化为合适的语言编辑到转盘中，以抽奖形式让学生进行反思（问题转换可参考案例部分）。这种方式能够将学生自身的特殊问题转换为易于回答的普遍问题，较好地避免了尴尬，并且可将被动反思转换为主动出击，将反思纳入日常学习活动，激励学生通过反思取得进步。

（3）"赏罚分明"转盘法

合理的奖励机制是提升课堂管理效果的良药。教师可利用调查问卷或学生当堂讨论并手写提交的方式，让他们自己提供想要的奖励及可接受的惩罚方式。教师参考学生意见将奖惩方式编辑到幸运大转盘中，当学生获得奖励或接受惩罚时，可开启转盘。此方式能较好地把握奖赏的"度"，通过转盘增加乐趣。另外，"奖惩"的可选择余地较大，可选择学生平时喜欢的物质性奖励，也可选择精神鼓励。例如在随机"奖"中增加"收获优秀的自己"，在"惩"中增加"反思自己"，未必真奖，也未必真惩。教师要重在让学生通过转盘关注自己的成长经历和需要吸取的教训，而不是重在奖与惩本身。

实践案例 ▶▶▶

下面我们看看笔者在经历一节失败的考试反思课后，是如何利用转盘大法转败为胜，收获一堂效果良好的反思活动课的。

第一步，征集问题点。获得转盘法的灵感后，我整理了学生课堂中总结的反思。"上课走神、课后没有复习、不重视平时的基础语法练习、不爱动笔"等，内容涵盖了从课堂到课外的学习情况。结合考试情况和近阶段观察到的班级课堂表现罗列了一些问题点，例如目前的成绩不理想、作文完成情况差、学习态度不够端正、作业潦草马虎等，将学生的关注点引到这些问题上。

第二步，转换问题、更改立场。将问题转换成学生愿意回答且有话可说，但又不会太尴尬的转盘内容。例如把"你觉得你考得不好的原因"变成"分享这次考试比较难的地方"，并引导他们说出原因；把"如何改掉你在学习上出现的坏习惯"变成"如何保证上课的质量""如何提高作业的质量"等，并不是针对提问同学，而是通过转换问题，进而更改立场，以便站在学生的立场，共同面对所要探讨的问题，如图4所示。

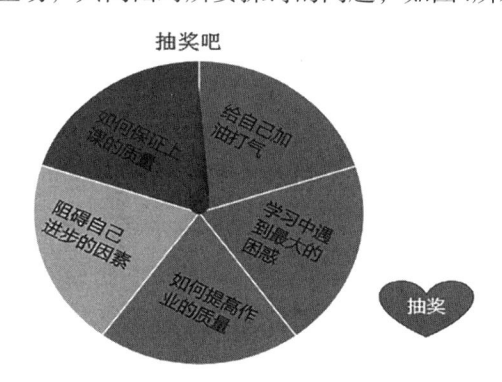

图 4　幸运转盘——高三上学期考试后反思场景

第三步，激活转盘，诱导学生争先开口。准备完毕后，我先用第一种转盘软件，成功把第一位同学小吴"骗"上了讲台，接着小吴打开写着问题的转盘，指针神奇地落在了"如何提高作文的质量"这一问题上，接着小吴在我的引导下讲述了自己平时不太注意的地方，并分享了人教版日语高中教材选修性必修1第一课中的作文提高方法，提出了写"三行日记"的建议。小吴认为这次大家的作文在表达上失分较多，所以要勤加练习，写好简单句；并且认为坚持每日写作也非常重要，提出了小组间成员每日收集句子并互相修改，最后再交由老师批改的建议，得到了大部分同学的赞同。小吴结束分享后指定下一位抽奖的同学。这样学生不知不觉地剖析了目前自身或同学在日语学习上存在的问题。分享结束后，同学们的问题主要聚焦于"课堂听课效果、课后作业、学习态度"这三个方面，与反思结果不谋而合，但是课堂上通过转盘形式由他们提出来，学生自身便可更清晰地认识问题本身，效果远胜教师的几句简单总结。

第四步，发挥榜样的力量。"同学们，这次考试有几位同学考得比较理想，我们请他们分享一下学习的心得，好吗？"我抛出问题后同学们纷纷喊"好"。于是，在大家的热情邀请下，成绩优异的同学也"慷慨解囊"，提出了自己的学习建议。首先，小李同学提出了"作文集"的建议，小李平时会把老师修改后的作文收录到"自我作文集"中，有空时反复朗读，快速记录激发自己灵感的语句，然后再次修改作文。"作文集"按照主题分类，在扉页制作目录，方便查阅。这样，考试时就能储备很多句型、句子，不至于考场抓瞎或出现错误句子。说完，小李便将作文集分享给大家传阅，并总结道"写作更多依靠平时的积累"。小林是语法高手，这次作文也获得了高分，他为大家分享了思维导图法。在日常学习中，小林通过思维导图归纳每个知识板块，通过这种方式可以有条理地归纳助词、助动词、敬语等，因此在做语法题目时更得心应手。小林同学还将思维导图法应用到作文写作中去。这次考试的写作部分小林尝试运用思维导图的方式整理作文脉络，思路非常清晰。几位同学分享完妙招后还不忘鼓励大家在学习上互相帮助、共同进步。

第五步，抓住教育的契机，制订目标，落实计划。在经验分享环节后，我观察到学生们在榜样的鼓励下，开始建立起一些自信。于是，我顺势表扬了同学们本次考试中比较成功的地方，如听力进步很大；虽然作文的表达部分欠佳，但是大部分同学的写作格式都已达标等。我鼓励大家将注意力转移到接下来的学习中，吸取教训以争取下一次更大的进步。

第六步，我邀请同学们一起整理和总结大家的问题与精彩的发言，把要点一个个写在黑板上。课堂最后，我为每组留了五分钟的讨论时间，要求他们分别从早读、上课、作业等方面探讨目前组内存在的问题，并总结解决方案。课后，我再次与小组长进行探讨，围绕如何让早读更有效果、提高课堂纪律的管理效率，以及督促课后作业的完成等具体细节进行深入沟通与交流，并与全班同学达成共识，制订了一个短期的共同目标。

我在日常教学中运用幸运转盘法的次数很多，这已然成为我与同学们的默契。他们时常问："老师，这节课抽奖吗？"有时候我也会出其不意，问同学们："我们来抽个奖好吗？"我还会时常变换不同的抽奖内容跟"小幸运"。例如每周的积分抽奖、小组的赏罚等都会不断更新。通过转盘教学法，避免了同学们回答问题的尴尬，极大地提升了他们的学习兴趣和积极性，课后作业的完成效果也有所改善。

关于前面提到的"三行日记"，很多小组每周都自拟主题，写完后交由老师批阅。我的日常教学管理变得更加轻松，同学们的学习也更加紧张而有趣。幸运转盘法使我的日常教学氛围轻松起来，避免了同学们的沉默与尴尬，我也收获了热烈的肯定与回应。

当然，我在教学实践过程中也遇到过难题。例如计算机的不可控因素、技术不熟练时耽搁时间进而影响授课进度等。因此，教师需要细心制作并做好备选应急方案。转盘的魅力不局限于转盘本身，更需要教师提高自身的教学能力、课堂掌控能力等。我相信，只要善于思考，运用教学智慧，我们的课堂皆能充满"魔力"。

点睛 ▶ ▶

- 课堂上我们总是自己滔滔不绝，为何学生要"千呼万唤始出来，犹抱琵琶半遮面"呢？我们需要努力使学生感到"此时有声胜无声"。
- 通过转盘的方式增加了乐趣，应引导学生其注意点不局限于"奖赏"。
- 通过转盘法，避免了学生回答问题的尴尬，但要时常变换不同的抽奖内容跟"小幸运"。

阅读记录	
我的收获	
我的反思	

建议七
搭建自信的"脚手架"

课堂还原 ▶ ▶ ▶

　　课堂上，我发现A同学一副垂头丧气的模样，于是便让A同学起来回答一道简单的问题。他低着头站起来，用蚊子一样的声音回答了一句。我又重复了一遍问题，他支支吾吾。为了完成原定教学计划，我只好让他坐下。

　　课后我检查默写时，发现A同学的默写保持了以往的水准：默十个，错十个。于是，我找到A同学单独谈话，微笑着问他："这次默写还是全错，怎么回事？你背了吗？"他抬头看了我一眼，小声说："背了，但是一会又忘了。尤其是单词，背完就忘，我觉得我怎么学都学不好。"我先给他分析了没背好的原因，又教了他几种单词背诵的方法。例如大声读写法、汉字发音总结法、单词串联成句或故事法等，并十分期待A同学第二天的表现。然而，情况依旧。我回到办公室，苦恼地向班主任请教如何提高A同学的成绩。班主任说，这孩子各科都不好，实在没办法。

　　这时，班里的B同学跑来跟我哭诉说："老师，快高考了，我的周测成绩却怎么也上不去。我每次的单词默写全对，语法和课文也都能理解，为什么就是考不好？我觉得特别累，要坚持不住了，想回家复习，您能给我一些复习资料吗？我回家看可以吗？"我安慰她说："学习不是一蹴而就的事情，前期的积累是为后期取得更优异的成绩做铺垫。你的铺垫良好，现在需要改变的是学习方法或做题方法。"最后，我建议她多与同学交流，劝她一定要留校复习。但当她离开办公室的时候，我看得出来，今天的谈话效果不佳。

A同学垂头丧气的样子，B同学泪流满面的无力状态，良久萦绕在我的脑海。这不是学生的个案，而是代表了班内的两类学生：一类是平时学习很吃力的学困生，一类是平时努力刻苦，但考试成绩平平的学生。

那么，作为他们的领路人，我该怎么做才能扭转他们这种状态呢？

教学妙招 ▶▶

我至今仍记得学生初学日语时的明亮双眸、跟读时的洪亮声音、获得好成绩时的满足笑颜，那是自信满满的模样，让我十分期待下一节课。

是的，自信。德国教育家第斯多惠说："教学的艺术不在于传授本领，而在于激励唤醒和鼓舞。"因此使学生在学习过程中获得成功的满足感、树立继续学习的信心，是保持他们积极向上心态的重要因素。为了帮助学生树立自信，激发学习兴趣，我为缺乏自信的同学成立了"日语协力小组"，帮助他们扬长补短，搭建自信的"脚手架"。

1. 组建"日语协力小组"

通过学生的日常表现和成绩，按照学生的特长分成小组，小组人数不定。例如按照单词记忆、课文阅读、笔记整理和字迹工整、题目讲解等标准分类，将擅长同一领域的学生分为一组。

我在班级分出了"制霸词汇""天籁之音""学霸笔记""明星讲师"等小组。小组名称既显示出学生的特长，又富有感染力，学生都很喜欢。

2. 安排小组任务

按照每组学生的特长，安排各小组帮助、监督班级其他同学的全部学习任务。例如"制霸词汇"小组给大家分享自己记忆单词的好方法，然后用便利贴写好贴在班级的学习角上，以便其他学生参考。"天籁之音"小组负责早读课后检查学生的默写情况。"学霸笔记"小组除了分享自己做笔记的心得外，还负责收发学生笔记，和老师一起评选每周优秀笔记并在学习角展示，如图1、图2所示。

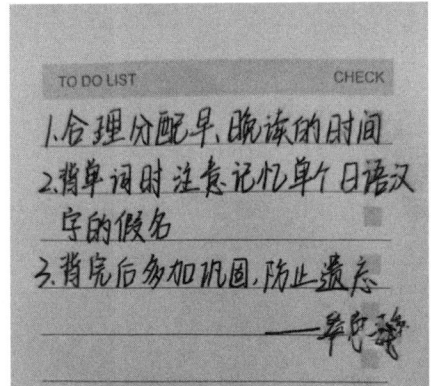

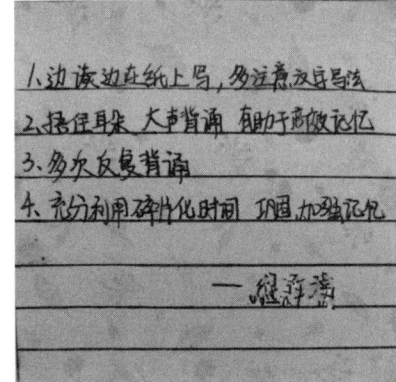

建议七 搭建自信的"脚手架"

图1 学生笔记1　　　　　图2 学生笔记2

3. 小组成员"每周一信"

小组成员每周给自己写一封表扬信。

表扬信包含3项内容：本周内自己的进步或做得较好的地方；下周的努力方向；针对不足的提高办法。

要求：表扬信不限字数；表扬自己要真实、具体；努力提高的方式要切实可行。如图3、图4所示。

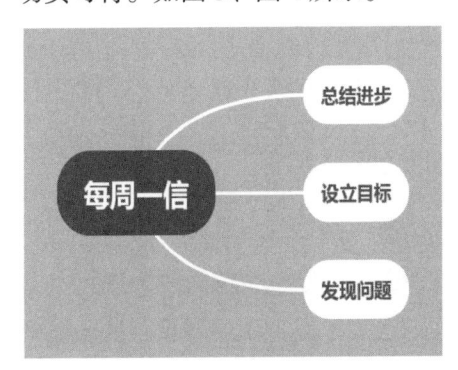

图3 每周一信的内容　　　　　图4 学生写的每周一信

4. 扬长补短

通过总结学生表扬信和成绩追踪表上反映的问题，给予学生解决问题的建议。例如关于甲同学记单词难的问题，我建议他通过思维导图的方式背诵，上午把相关联的5个单词写在便利贴上，下午再写5个，随时看到就

41

闭眼睛想一遍，循序渐进。教师提出建议的同时，要不停地鼓励学生，及时表扬学生的进步。

在开展教学管理活动的过程中，教师要充分把握学生的学习情况，为失去学习信心的学生一点一点地搭建通往自信的"脚手架"。学困生在督促班级同学学习和与同学交流学习方法的过程中，逐渐找到学习的动力与方向。正所谓知人者智，自知者明。刻苦努力却成绩平平的同学通过"每周一信"，发现自己的优点，肯定自己的进步，获得成功的满足感。同时，他们也能通过"每日一信"审视自己的问题，寻求解决方法，向更高的目标前行。

教学妙招 ▶▶

1. 分配小组成员与布置任务

我把A同学错题本投射到电脑上，对同学们说："讲解本课内容前，我想先给大家展示一下A同学的错题本。A同学的错题本字迹工整，思路清晰，而且还根据题目考点做了分类整理，条理分明，让人耳目一新。鉴于他的突出表现，我决定从今天开始，由A同学负责收发、检查第三小组的错题本，协助第三小组成员做好笔记整理工作。"A同学羞涩地挠了挠头，站起来对大家说："谢谢老师的信任，我一定认真做好这个工作。希望同学们多多指教。"

习惯低着头的A同学今天站得笔直，我走过去拍了拍他的肩膀，用鼓励的眼神看着他说道："接下来请A同学说一说，这种整理方式有什么优点？"A同学认真思考了一下，大声回答道："分类整理后我发现了一些反复做错的题目，考试前我就能着重注意这些考点，还能发现一些句型的不同考查方式。"听了他的话，我看到有的同学一边思考，一边查看着自己的笔记。

自此以后，A同学像换了一个人似的，我经常能看到他课上盯着黑板认真思索的样子、回答问题时自信的样子、检查笔记时一丝不苟的样子，以及和同学交流时侃侃而谈的样子。

2. 总结"每周一信",扬长补短

课下,我把 B 同学叫到办公室,高兴地说:"我看了你写的'每周一信',内容比上周更具体,感想也更多了。特别是你写道:'跑操时还帮助同学背诵单词。'你努力的样子让我很感动。作为制霸词汇小组的成员,你把自己记忆单词的方法介绍给同学,帮助学困生学习,使你负责的小组的单词背诵的成绩有了明显的提高。老师为你骄傲!"B 同学听着我的话,嘴角不断上扬,自信地说:"谢谢老师!我相信我能做得更好,下一次我们小组成绩会更高的!"

表扬完 B 同学后,我针对她背诵困难的问题,给予了一些建议。首先,课上认真跟老师一起分析文章、理清文章脉络。其次,早读时反复朗读,做到熟读课文。最后,在理解文章的基础上复述文章。最重要的是理解全文含义、清楚地表达文章的思想内容,而不是纠结个别单词的准确性。"好的,老师。我明白了,我回去就试一试。"她笑着,迈着轻快的步子离开了办公室。

那位找不到学习方向、总想躲回家里的孩子"消失"了。现在的 B 同学是小组成员的"精神支柱",他们相信有 B 同学在,小组的成绩就会越来越好。在帮助同学的同时,她找回了自信,能在遇到问题时积极地寻找解决方法。

在以前的课堂教学中,我的关注重点往往在教学内容和教学方法上,忽视了学生的心理。挫败感使学生失去了学习的兴趣,失去自信心的孩子就像失去动力的火车,目的地就在前方却无法前行。因此教师需要帮助学生搭建自信的"脚手架",引导学生发现自己的优点,肯定自身的进步,反思存在的问题,重燃"火车动力"!

点睛 ▶▶▶

- 学生在学习过程中获得成功的满足感,树立继续学习的信心,这是保持积极向上心态的重要因素。
- 教师帮助学生建立自信的"脚手架",引导学生发现自己的优点,肯定自己的进步,反思自己的问题,重燃"火车动力"!

阅读记录	
我的收获	
我的反思	

建议八
新型教育评价唤醒成功教育

课堂还原 ▶▶▶

前几天,一个毕业生回母校拜访我,谈话中孩子讲的一件事情触动了我。

"老师,我们都好想您呀,上学时您像大姐姐一样,对我们那么亲切,却也很严厉,生怕我们哪个同学掉队,我们都特别喜欢您。"

特别暖心的一句话,感动之情溢于言表。他们是我大学毕业走上教师岗位后带的第一届学生,当时的我没有什么工作经验,全凭一腔热情投入工作。每当遇到需要处理的问题,我都是向班主任"师傅"请教。总体而言,我在不断摸索、尝试中寻求成长。

"老师,您知道吗?您那时候为了督促我们学习,想了很多办法。"

"有一次,您组织了一个挑战赛,安排班内每位同学都挑战一位成绩排名高于自己的同学。下次考试时如果挑战不成功,就必须当着全班同学的面给被挑战者送一个礼物;如果成功了,则由被挑战者反送礼物。我当时选择挑战咱们班的李爽同学。我擅长文科,她擅长理科。于是我拼命地刷题,并不是为获得那份礼物,而是害怕挑战失败后当着全班同学的面送对方礼物,这种心理压力一直持续到考试结束。"

"可以说初三那年,我都是在这样的焦灼和不安中度过。这种压力让我这种极爱面子、自尊心极强的人倍感折磨呀……"

听完这些,我深感惭愧。回顾自己的教学生涯,我是不是将学习的压力抛给了一届又一届的学生?或者说我是不是仍在用当年那些不成熟的教学方法指导现今的学生们，让本应充满生机活力的日语课堂变成"火药味"十足的战场？把原本积极向上、团结和谐的同学们变得极具竞争意识？

归根到底，我们不能仅通过成绩来评价学生。

教学妙招 ▶▶

毕业生探望我时的"肺腑之言"令我思考良久，那么我该通过什么方式激发孩子们的学习兴趣，提高他们的综合能力呢？我广泛阅读相关书籍，从书中找到了想要的答案。我打算为班级的每位同学设置一个成长记录袋，挖掘他们的发展潜能。成长记录袋对学生成长的意义及具体的操作步骤如下：

1. "成长记录袋"的概念及教学意义

"成长记录袋"源自西方中小学评价改革，美国最先将其作为一种评价工具运用在学校教育中，用以评估学生的道德和学术。教育部在《推进中小学考试制度改革的通知》中强调了"成长记录袋"的应用主体及原则，即在尊重学生主体性原则的前提下，以诚信为底线，保证记录内容的典型性、客观性、真实性。"成长记录袋"是一种富有生命力的评价方式，通过搜集学生发展过程中的事实性、证据性材料，在发挥评价、定位、诊断等功能的同时，促进学生核心素养的发展，对学生的成长有着重大意义。

2. "成长记录袋"的素材

"成长记录袋"主要记录、收集学生自己、教师或同伴的评价等相关材料。此外，"成长记录袋"内还可以装入学生的考试成绩表、学生的自我评价、自我反思、小组同学间互评、教师综合评定等相关材料，也包括学生的获奖证书、小论文等，还可以放入学生自己收集的学习材料等。

3. "成长记录袋"的评价效果

"成长记录袋"由教师和学生共同完成。我们把"成长记录袋"放在教室内，学生本人和老师可以随时查阅。学生全程参与"成长记录袋"的制作，因此能及时了解自己成长过程中的优点和不足，反思并调整自己的学习和生活状态。同时,"成长记录袋"可最大限度地为教师提供有关学生学习与发展的重要信息,有助于教师对学生形成准确预期,方便教师检查学生的发展过程与结果,提高整体的评价效度。

具体操作步骤如下:

第一部分:设计"成长记录袋"

第一栏:个人信息。包括学生的姓名、星座、家庭住址、联系方式。

第二栏:自我空间。可以为学生留一片自由创作的空间,鼓励学生自己布置。这样,他们可以充分发挥个人的想象力与创造力,把自己的生活照修剪成各种形状后贴上去,还可以在照片旁边写出心里话,也可以发挥自己的绘画才能,画自画像等。

第三栏:设计目标。让学生们自由畅想本学期的学习计划、设定具体的学习目标等。

第四栏:教师寄语。

这样的设计可帮助学生建立自我成长档案,方便老师查找学生资料,同时给学生留有想象空间。这种成长记录袋不仅能发挥学生的想象力,而且能让学生重视自己的每一个成长阶段,投入更多的情感与热情。

第二部分:百宝橱袋

学生可以将有关日语的"宝贝"放进自己的百宝橱袋里。百宝橱袋中设置各种各样的小布兜,可以放入自己在日常生活中发现的日语问题,也可以放入独特的学习方法,可以放入自己做完作业或参加完测试之后的感想、在书上或报纸上看到的感兴趣的日本文化、日语小故事和小笑话等。百宝橱袋的选择将充分吸纳学生的意见,学生有权决定放入的内容。

通过收集、整理的方式让学生爱上日语,培养学生总结归纳的能力。

第三部分:收获乐园

为了更好地激励学生的日语学习热情,还可以设计学生自评和他评等环节。每周可以预留一节自习课的时间,让学生评价一周的表现,详见表。

表 自评、他评表

姓名			时间	第____周
在校的表现	内容		同学评价 （一般、较好、非常好）	自己评价 （一般、较好、非常好）
	我的课堂			
	我的作业			
	我的劳动			
	我的活动			
	我的交往			
在家的表现	内容		家长评价 （一般、较好、非常好）	自己评价 （一般、较好、非常好）
	我的学习			
	我的自觉性			
	我的劳动			

教师综合评价：_____

需要改进：_____

下周目标：_____

实践案例 ▶ ▶ ▶

2021年,我在初二日语班开展了此项活动,班级的18名日语生全部参加。经过一年的时间,大家都积攒了许多材料,看着自己的累累硕果,学生们无比兴奋。

我先让学生们将档案袋统一命名为"快乐成长袋",我希望孩子们每天都能够快快乐乐地学习、快快乐乐地收获知识。

然后,我为学生们设计表格,并让学生们按照要求填写个人信息表,我想通过个人信息表,更深入地了解每一名学生,方便与他们及时沟通。

张强同学在信息表中画了一幅自画像,我才发现原来平时沉默寡言的他竟有如此的绘画天赋,听说他从五岁起便开始学习画画,荣获过很多比赛的大奖。我还从他自己制定的学习目标中得知,他想考入大连市第十五中学学习绘画(虽然是日语生,但为了考入十五中,他课下坚持自学英语),以后想去日本进修美术,梦想是将来成立自己的工作室。当我得知他的梦想后,每当看到他在学习上产生惰性时,便鼓励他、提醒他,要坚守自己的梦想,不忘初衷。

我还在信息表的最后一项设计了"教师寄语"栏,我会根据每个学生的特点写上不同的鼓励话语,增强他们的自信心。我在张丽同学的"教师寄语"栏写道:"学习的痛苦是一时的,而没有学习的痛苦是一辈子的。"我通过家访了解到张丽父母在外地打工,非常辛苦。她和奶奶生活在一起,家中没人督促她学习,所以她时不时给自己放个"小假",不背诵单词或不写作业,于是我多次私下跟她强调学习的重要性,为她讲解一些"知识改变命运"的事例,同时我在她的档案本上写下与此相关的寄语。

学生们完善自己的信息表后,我便引导学生在"快乐成长袋"中装入各种"宝贝",这些宝贝见证着他们的成长。李帅同学非常喜欢动漫,他的"百宝橱袋"中有很多动漫人物,于是我鼓励他为每个动漫人物写简介:用日语简单介绍人物姓名、特征及出处。以此培养他的日语学习兴趣。刘楚汉同学非常善于总结、反思，我在她的"百宝橱袋"中看到了日语考试错题集、试卷分析、假期日语学习计划和摘抄的学习方法等，我相信这样善于总结的孩子一定不会落后。

班内大多数学生都很喜欢日本文化，他们会从日语杂志或网站中摘抄一些感兴趣的日本文化，放入"百宝橱袋"中。每个星期我都安排一次汇报课，让学生们展示收集的日语相关的材料，并用简单的日语做汇报。

《孙子·谋攻篇》中说"知己知彼，百战不殆"，我认为要想成为一名优秀、成功的人，在了解自己的基础上也要了解他人，所以自评和他评都不可或缺。因此每周我都留一节自习课的时间，让学生们根据表格内容"自评"上一周的表现，引导学生真实、客观地评价自己，然后在小组内互评。被评人虚心接受并逐条记录，时刻督促自己改正缺点。最后由老师、家长给出综合评定。

一个学期后，"自评－互评－专家评"的方式帮助学生们改掉了许多小毛病，班内每名学生都有所进步，我想这应该就是教育的魅力吧。

点睛 ▶ ▶

- "成长记录袋"是一种富有生命力的评价方式，它可以促进学生核心素养的发展，对学生的成长有着重大意义。
- "成长记录袋"最大限度地为教师提供了有关学生学习与发展的重要信息，有助于教师对学生形成准确预期，方便教师检查学生的发展过程与结果，提高整体的评价效度。

阅读记录	
我的收获	
我的反思	

建议九
五十音图"花样"记忆法

课堂还原 ▶▶▶

"老师,'ぬね'怎么那么像啊,好难区分啊!"

"老师,这个五十音图比26个英文字母还难背啊!"

"老师,都学了一个月我还是啃不下来,不是说入门容易吗?"

许多入学不久的高一新生都为五十音图所困。很多同学都是因为喜爱日本动漫、日本文化而选择了日语,没想到刚接触五十音图就打了退堂鼓。为了让同学们更好地掌握、记忆五十音图,我尽量地放慢"脚步",一行一行地教,但还是有很多同学学了就忘。我也曾尝试过不同的办法,比如让学生开火车、制作五十音图卡片、学唱五十音图歌曲等,但都效果不佳。经过一段时间的学习,只要涉及背诵和默写,很多同学对日语的热情就骤减,开始觉得隔壁的花儿香。

如何快乐、高效地学习五十音图,更好地帮助孩子们迈过入门阶段?这是我们接手新生教学时必须面对与思考的难题。

教学妙招 ▶▶▶

教学实践及一系列惨痛的教训(开火车背诵、单独抽背等)证明死记硬背的效果不佳,反而会削弱同学们学习日语的热情,那么我们应该怎么通过花样记忆的方法让同学们快乐地学习五十音图呢?下面提供几种花样记忆五十音图的妙招。

1. 创意绘画法

教师：给学生提供简笔画模板，可以自行设计或网上下载。讲解游戏规则：要求学生在 5～8 分钟内选取任意平、片假名，分小组在简笔画模板上作画。评选最佳创意作品，给予一定奖励并在全班展示。随后指导各小组交换作品，并请同学在最短的时间内找（读）出所有的平、片假名，奖励获胜者。最后，教师总结高频出现的平、片假名，并让学生评选最受欢迎（出现率最高）的三个假名及最不受欢迎（出现率低或没有出现过的）的三个假名。

学生：认真听取、了解游戏规则，参与小组合作。在规定的时间内选取任意假名，完成简笔画作品。之后与其他小组交换作品，并找出其他小组作品中的所有假名，挑选出最受欢迎与最不受欢迎的三个假名。

注意事项：此游戏适合刚开始接触五十音图的学生。采用简笔画的形式比单纯记忆更有趣、形象，可令学生对五十音图的书写、识记印象更深刻。另外，分组时，教师需要适当地介入，比如将画画能力强的学生与识记能力强的同学相互搭配，发挥各自的特长，共同完成五十音图的学习任务，如图1、图2所示。

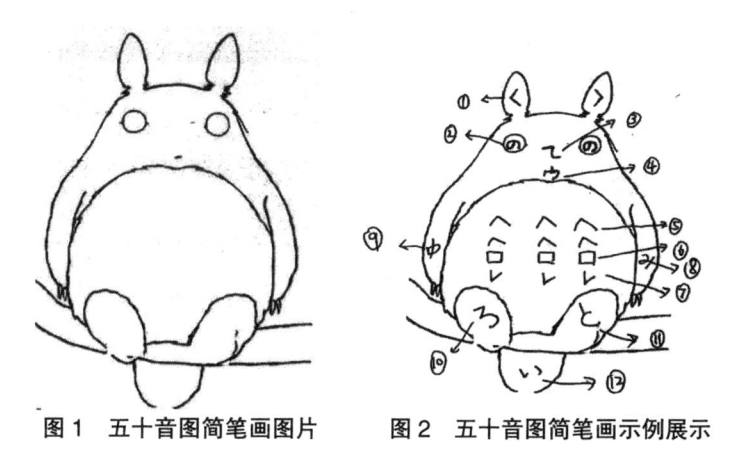

图1　五十音图简笔画图片　　图2　五十音图简笔画示例展示

2. 五十音图花样海报

教师：发放海报，讲解海报的要求及用途，鼓励学生发挥各自的想象力。学生可以画喜欢的简笔画，比如动漫人物的轮廓、喜欢的事物，并用五十音图添加法，完善自己的简笔画，最后完成"天马行空五十音图"，在班级宣传栏内展示，请同学找出海报中出现的所有假名。

学生：根据老师的讲解，在下发的海报上创作属于自己的五十音图。完成后，小组成员一起给海报润色，并给自己的作品拟定主题并取名，最后上交。

注意事项：教师可以带领学生在课堂上以现场比赛的方式开展游戏，也可以留作课后作业。教师应注意小组成员的分工与搭配。若是在课堂上进行，可以用于复习课；时间充足时可采用"共画一幅画"的方式，由第一位同学画出轮廓，第二位同学用不同的五十音图假名继续作画，以此类推，最后集体合作完成作品，如图3、图4所示。

图3　五十音图简笔画海报——学生作品1

图4　五十音图简笔画海报——学生作品2

3. "摘菜"游戏

（1）"摘菜"游戏

教师：在PPT上制作"菜地"，游戏开始前讲解游戏规则：认真观察并找出被"摘掉"的蔬菜，快速抢答并读出该假名。第一轮先摘一个，第二轮开始每一轮增摘一个蔬菜，以此类推。五十音图假名的难度设置为由易到难。

学生：认真观察PPT，在众多蔬菜中发现失踪的部分，并快速做出反应。

注意事项：此款游戏类似于学生熟悉的偷菜小游戏，抢答的方式可以激发学生的学习兴趣，加深学生对五十音图的印象。此款游戏可以多次进行，教师只需不断替换假名即可。此款游戏适合复习五十音图。

（2）果蔬分类游戏

教师：将五十音图的假名打乱后分别"种"在各类果蔬上，并让学生分类，把同一行或同一段的五十音图放到同一个篮子中，借此巩固学生"行"与"段"的记忆。此款游戏可反复进行。

学生：观察PPT，按照学习规律将PPT上的果蔬分类，将同一"行"或同一"段"的假名放到同一个篮子中。

注意事项：此款游戏适合初学或复习阶段对"行"与"段"的分类练习。学生可通过此款游戏加深对"行"与"段"的印象，有助于之后的语法学习。教师可以根据学习进度不断丰富菜地的果蔬种类，难度设置为由易到难，如图5所示。

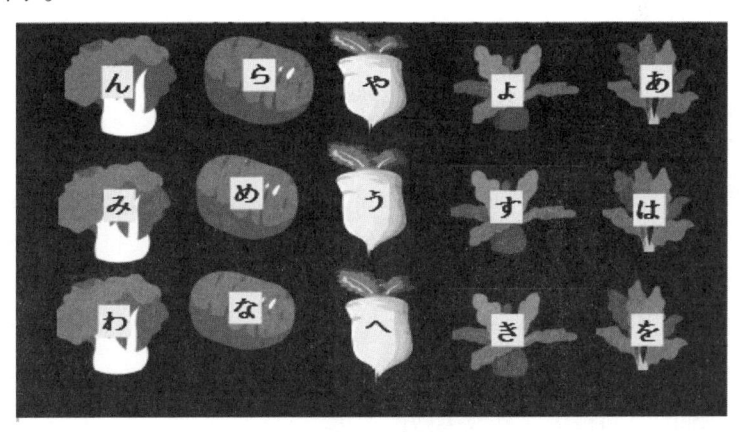

图5 果蔬分类游戏示例

4. 五十音图翻牌游戏

教师：按学生水平分组，并讲解游戏规则。各组组长带领本队队员进入教室或活动室的地上，每个小组的正前方摆放1～15张五十音图卡片，指导小组成员在规定的起点线内站成一纵路，游戏开始后监督学生严格按照五十音图的排序翻牌；翻牌后首先寻找开头假名"あ"的卡牌，如翻开的卡牌不是"あ"，再把卡牌盖回原处。当翻出开头假名的卡牌时，将卡牌正面朝上；最后各小组将翻开的五十音图按顺序排列好，用时最少的小组获胜。

学生：根据规则快速排好队，游戏开始后翻牌，翻完牌的同学立刻回到队尾继续排队，如此反复直到游戏结束。

注意事项：此游戏适用于五十音图后的复习课，也适用于结合学科特点的班会课。因一次性全部完成的难度较大，可以分几轮进行。各小组完成一轮任务后总结经验，力求发挥个人及团队的最大力量。活动结束后小组进行反思。

实践案例 ▶ ▶

五十音图终于学完了，这节课是五十音图复习课。我提前布置了检测任务，要求同学们提前完成复习任务。课前，我拜托课代表通知同学上课地点为学校操场旁边的架空层。原本以为要进行五十音图考试的同学们听到这个消息后欢呼雀跃，立刻变得非常兴奋。同学们在操场集合后，按照我分配的地盘迅速排好队。本堂课我分以下三步开展。

第一步，讲解游戏规则。告知学生游戏的目的、具体要求和步骤等。特别强调了注意事项和禁止触犯的"规矩"（比如没有翻对的卡牌一定要扣回去等）。留出一分钟的讨论时间，小组成员自行安排队伍顺序和商量策略。

第二步，游戏开始。教师观察并记录各小组的进展情况及出现的问题等，适当地给予提醒、指引。第一轮游戏结束后，分出胜负。留给每个小组5分钟的时间讨论取胜或失败的原因。总结经验后开展第二轮游戏。

第三步，第二轮游戏结束。奖励前两轮比赛中获胜的小组。留给每个小组5分钟的时间总结经验并请小组代表发表感想。教师总结本节课的活动情况，同时引导他们不仅要在学习过程中注重知识的积累，也要学会协力合作，在失败中不断总结经验，争取更大的进步。

五十音图的学习处于日语学习的入门阶段。因此，刚开始的时候，学生难免会迷茫、不知所措，教师需要在教学中运用智慧让学生轻松愉快地掌握五十音图，帮助他们顺利地通过入门阶段。我还尝试过将"摘菜"游戏运用于课前激活、快速反应的热身活动中，将果蔬上的假名更换为果蔬对应的日语单词，刚开始学生对单词的记忆与反应不如五十音图那么快，但随着游戏次数的增加，学生的反应速度不断增快。动画与实物照片增添了"摘菜"游戏的趣味性，授课效果明显好于单纯的单词默写、抽查与背诵。

当然，如果有学生在游戏过程中遇到困难，教师要引导学生摸索适合自己的记忆方法，鼓励学生勇于挑战、敢于创新，为学习更多的知识做好准备。

点睛 ▶▶▶

• 简笔画形式比死记硬背更有趣、形象，可以使学生对五十音图的书写、识记印象更深刻。

• "摘菜"游戏类似于学生熟悉的偷菜小游戏，抢答的方式可以激发学生的学习兴趣。

• 教师需要在教学中启迪学生的智慧，带领学生以轻松愉快的方式掌握五十音图，帮助他们顺利地通过入门阶段。

阅读记录	
我的收获	
我的反思	

建议十
唱歌记忆动词变形
——趣味记忆

课堂还原 ▶ ▶ ▶

学完五十音图的第一次月考后，学生们喜笑颜开，表示真是选对日语了，因为考取的高分与之前惨淡的英语分数相比，可谓进步神速。

我说："这才刚起步，刚入门，类似刚学完英语的 abcd。只要肯记忆，高分没问题！但千万不可以掉以轻心啊。"

学生回应说："多简单啊，好多阅读和句子仅看汉字就能理解得八九不离十。"

结果，当我讲完一、二、三类动词，一部分同学便发蒙了。等讲完"て"形的变形规律，大部分同学表示："这可真难记！记得住规律，又记不准单词！这可咋整！"

当开始接触"て"形的相关语法，尤其是补助动词的语法后，班里的学生更是哀号一片。

当我说道："'て'形之后还有补助动词等语法，都是和'て'形相关的语法。"学生的抗议声就更大了，有同学甚至直接说："日语学习一开始那么简单，结果学下来全是坑！"

一次早自习，我发了一张动词短语的默写表，要求同学们把动词改为"て"形。默写的结果让我非常着急，不仅出现了各种奇奇怪怪的变形，连之前反复背诵过的常用动词也默写得乱七八糟。

这不由得令我反思："是我没有讲透彻'て'形的规律？还是学生太懒，不愿意背诵？"

建议十　唱歌记忆动词变形

老师：你们对这次"て"形的默写有什么看法？

学生1：老师，太多了！而且有些动词在上册，有些在下册，很容易混淆。

学生2：比如"て"形的规律，像"書く/行く"，我总是一不小心就忘记"行く"属于特殊变形了。

学生3：对了！还有"話します""話して"的基本形，很容易写成"話する"。

学生4：感觉记不清楚词尾的话，"て"形的变形就容易弄错，但并不是完全记不住。

老师：准确地将动词变形非常重要。因为后面还有很多与"て"形相关的语法在等着大家哦……所以必须攻克"て"形。

我校学生从高二上学期开始，从零开始学习日语，因此到高三阶段的高考复习前，只有两个学期的时间来完成《新版中日交流标准日本语（初级上、下）》两本书的学习，而且教师前期打基础时耗时较多，后期难免有赶课的情况。学生对单词语法一知半解，死记硬背，因此每次练习语法时，会暴露出很多问题。此外，学生的心态也会由开始的轻松、愉快，变得沉重、消极，甚至产生畏难情绪。

因此，一味依靠学生背诵、默写肯定不行。如何才能使他们精准掌握动词的活用形，为语法学习做好铺垫呢？

教学妙招 ▶▶▶

学生在背诵日语汉字单词时，尤其是背诵音读词时，多数持着"不求甚解"的学习态度，认为只要能看懂汉字意思、大致和日语意思差不多就行了。所以在学习动词（多为训读词）时，不能准确地背诵动词并对其进行分类。而五段动词后续"て·た"的活用变形与后续"ます"的活用变形相比更加复杂，需要花费更多的时间、精力去记忆……

因此，要提高记忆的准确性必须进行反复练习。

针对易错的动词变形，我采用的是唱歌记忆法。我在网络上搜索有关五十音、数量词、"て形·た形"、被动·使役、敬语等的歌曲，在讲解动词变形时，作为课前导入使用，以激发学生的兴趣，增强课堂的趣味性。

首先，要复习日语动词的分类，明确三类动词的形态规则。在《新版中日交流标准日本语（初级上）》的动词索引表内，先找到词尾为"う、つ、る"的一类动词，查看其对应的"て"形变形，发现此类动词后续"て"时均为"～って"；再依次找出词尾为"む、ぶ、ぬ"的一类动词，查看其对应的"て"形变形，发现此类动词后续"て"时均为"～んで"；最后找出剩下的一类动词，总结出它们的变形规律。以此类推，对二类动词、三类动词依次进行梳理。在梳理的过程中，通过对比的方法，强化对词尾变化规律的记忆。

自主学习的方式一方面提高了学生的自主学习能力，另一方面比老师单方面输入知识或单纯地死记硬背印象会更加深刻。

进行课堂练习：教师给出10组单词的基本形，要求学生按照词类进行归类，并改为"て"形。要求学生根据10组单词自行总结词尾变形规律。

其次，学生在老师的引导下，汇总词尾规律，形成歌词。通过观察和练习，可以发现二类动词的词尾变形最简单，而一类和三类动词的词尾规律需要单独记忆。汇总规律如图1所示（从基本形到"て"形）。

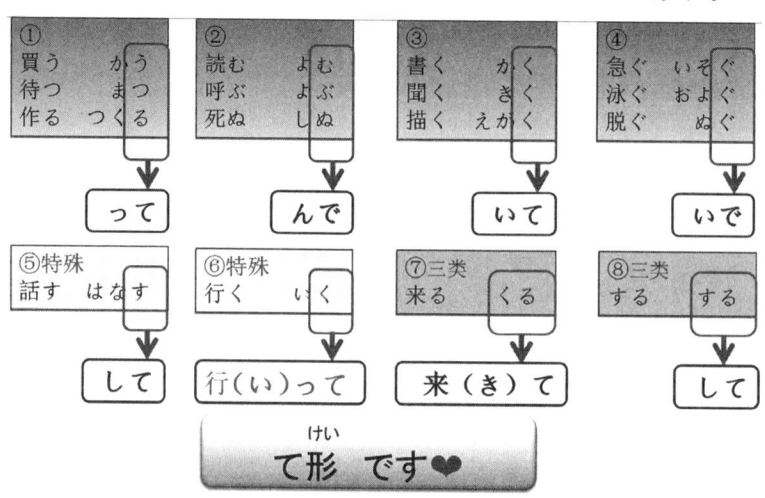

图1 《新版中日交流标准日本语（初级上）》第14课的"て"形规律

因"た"形与"て"形的词尾变形规律一致,建议同步导入"た"形的变形规律,一并形成歌词,如图2所示。

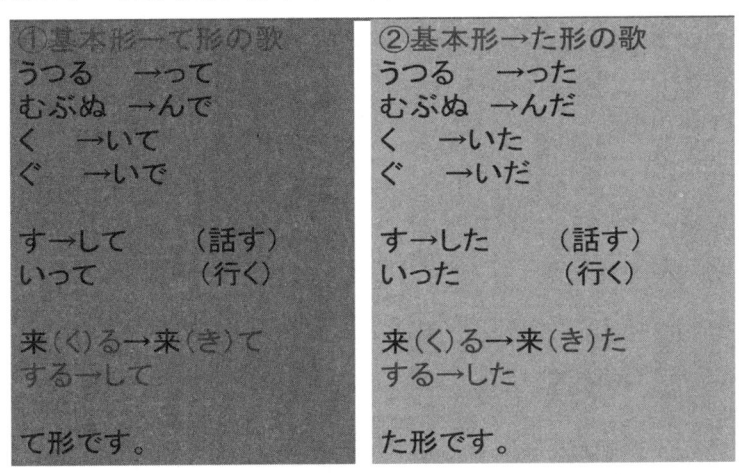

```
①基本形→て形の歌          ②基本形→た形の歌
うつる  →って            うつる  →った
むぶぬ →んで            むぶぬ →んだ
く    →いて            く    →いた
ぐ    →いで            ぐ    →いだ

す→して   (話す)        す→した   (話す)
いって    (行く)        いった    (行く)

来(く)る→来(き)て        来(く)る→来(き)た
する→して               する→した

て形です。              た形です。
```

图2　由"て"形规律总结,衍生到"た"形规律

最后,播放视频、填空跟唱。播放网络上的"て形の歌"进行复习强化。"て形の歌"是填空式的视频歌曲,歌曲旋律简单,播放两遍后学生就能跟唱。全曲一共重复4遍,前两遍为完整版歌词,学生跟唱;第三遍保留动词词尾部分,学生自主唱出"て"形部分;第四遍保留变形部分,学生自主唱出动词词尾部分,如图3所示。

第三遍:　　　　　　　　　　第四遍:

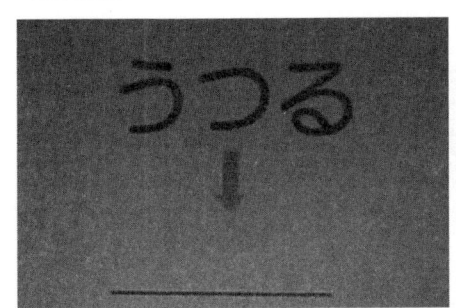

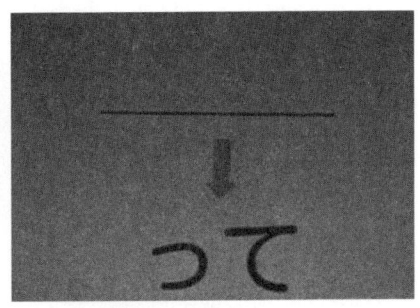

```
 うつる              ────
   ↓                  ↓
 ────               って
```

图3　"て形の歌"第三遍、第四遍歌词示例

61

"て形の歌"极大地激发了学生学习日语的热情，班上学生自发在网络上找到了"唱歌记数量词""唱歌记月份""唱歌记被动态"等视频和音频。利用早自习、大课间、班歌时段分享播放，增强了日语学习的趣味性，带动了一部分苦恼于背单词的学生加入集体合唱。课堂抽问环节，有的学生变形出错，大家会热情地鼓励出错的同学："唱一遍歌就对了，快唱一遍。"该同学唱完之后能立刻意识到错误并自行纠正……

学生通过自主收集相关学习资料，尝试自主学习。合唱学习歌曲增强了集体活动的趣味性，不仅提高了学生的语言能力，也培养了学生的学习能力。

实践案例 ▶▶▶

下面我以《新版中日交流标准日本语（初级上）》第14课为例，利用2分钟让学生翻看课本上已总结出的规律。

让学生尝试填写：できます→＿＿＿＿て、書きます→＿＿＿＿て

并抽选两个同学在黑板上填写他们变形后的"て"形。

学生1：できます→　でい　て、書きます→　書い　て　　×

学生2：できます→　でき　て、書きます→　書い　て　　○

那么究竟哪位同学填写的"て"形是对的呢？这两个单词看上去差不多，都是"～きます"，为什么变形不一样呢？标日书上的规律均按照"ます"形变形，因为一类动词的"ます"形和二类动词的上一段动词的"ます"形相同，容易产生变形上的混淆。

所以我要求学生翻到课本最后一页——动词索引第366页，看看根据动词分类的"て"形都有哪些变化。请学生先看动词索引表最中间的基本形，以基本形为准，请学生认真观察：

问题1：一类动词的哪些动词词尾是同一个"て"形的变形？又是什么变形呢？

问题2：二类动词的词尾变成"て"形时发生了怎样的变化？

问题3：三类动词"する・来る"的词尾如何变成"て"形呢？

问题彩蛋：在一类动词中，有一个动词的"て"形"与众不同"，请

仔细观察并找出。

学生找规律的时候，我适当引导他们对词尾进行归类，例如请同学们找一下一类动词中"て"形为"って"的词有哪些词尾？那么，"んで"这样变成拨音的"て"形呢……学生观察总结时，需要老师适当给予引导，不时进行互动提问，提高课堂效率。这样可以避免一部分同学不主动思考，坐享其成。

课堂练习： 将下列9个单词进行分类，改为"て"形，总结规律。

話す　走る　起きる　答える　掃除する　我慢する　行く　選ぶ　来る

一类动词	話す 走る 行く 選ぶ	話す→話して 走る→走って 行く→行って※ 選ぶ→選んで	一类动词后续"て"后的变形最为复杂。一类动词中的特殊变形是"行く→行って"
二类动词	起きる 答える	起きる→起きて 答える→答えて	二类动词后续"て"时直接去掉"る"＋"て"即可
三类动词	掃除する 我慢する 来る	掃除する→掃除して 我慢する→我慢して 来る→来て（きて）	する→して；注意和一类动词"話す"的区别；三类动词多为两字音读词；来る——きて

完成课堂练习后，想必大家都已经明白了"て"形的变形规律，那怎样才能牢记呢？学生不可能将这么多单词一口气全部背下来，但所有词尾都有统一规律，请填写出对应的规律：

うつる→<u>って</u>　　むぶぬ→<u>んで</u>　　く→<u>いて</u>　　ぐ→<u>いで</u>
（話）す→<u>して</u>　　（行く）→<u>いって</u>　　来る→<u>きて</u>　　する→<u>して</u>

最后，我给大家播放了一首歌，让学生在1分钟内学会并跟唱。只要天天坚持唱"て"形规律歌，便能熟练掌握变形规律，此刻，学生的兴趣已经被激发出来。视频播放后，学生发现正是刚刚填写的变形规律歌，歌曲旋律朗朗上口，很快就能跟唱了。第一遍、第二遍播放时，全班还能齐声合唱；第三遍播放时，部分同学就"卡壳"了，唱不出词尾变形，开始翻书查看；第四遍播放时，难以开口的学生更多了，刚刚唱得起劲的声音，逐渐变小了，甚至没了。空气瞬间变得尴尬，全班哄堂大笑起来，一名学生说："学习日语套路深，万万没想到这歌到后面两遍还有填空啊！"这说明在理解基础上的记忆，尚需不断地重复、积累。

我跟同学们"申请"，在每天下午15分钟的午间歌单上加入这首"て形の歌"。他们纷纷表示没问题，认为唱日语歌显得很特别，还能记住变形规律，总比抄写记忆来得好啊！

于是"て形の歌"就成了继入门的五十音之歌后，午间歌单的另一神曲。有学生反映，一旦回想"て"形规律，脑海中就会立刻浮现"て形の歌"。

在理解中记忆，在记忆中反复，并在反复中循环。记忆曲线和有效循环已然是大家耳熟能详的学习方法了，那如何在繁忙的学习中，让碎片记忆变得更加深刻呢？我们不妨在好听的歌曲中加入语法规律，借此激发学生的学习兴趣，提高日语学习的积极性，让学生不再排斥背记。此外，我们还可以鼓励学生给歌曲填词，用日语单词改编自己喜爱的歌曲。以音乐为媒介，激发学生自我探索的意愿，尝试找寻自己喜爱的学习方法，培养学习能力。

点睛 ▶ ▶ ▶

- 歌曲循环对提高学生学习知识的准确性非常有效。
- 一旦回想"て"形规律，脑海中就会立刻浮现"て形の歌"。
- 在理解中记忆，在记忆中反复，在反复中循环。

建议十　唱歌记忆动词变形

阅读记录	
我的收获	
我的反思	

65

建议十一
融情景入例句，"授受动词"教学法

课堂还原 ▶▶▶

日语课上，我又开始带领学生复习令人头疼的"授受动词"了。我先回顾了人教版日语教材里九年级、必修二课本和选修课本里关于授受动词的用法和例句，讲解了这些例句中包含的"受益表达"与"内外关系"；分析了"施益者"与"受益者"的区别，以及将"物品"或者"动作"移动的方向图示化。比如：

もらう、いただく

意义：表示我或我方的人接受别人给予的东西，或向别人索取东西；别人接受别人给予的东西或别人向别人索取东西，如图所示。

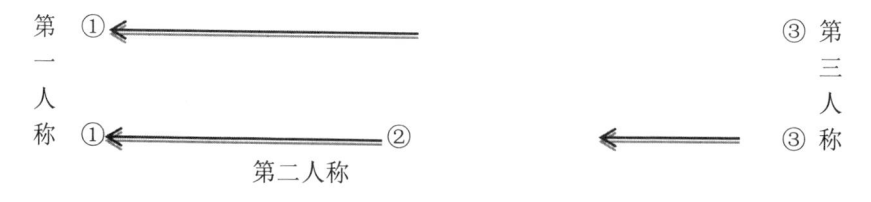

图 授受关系图

句式：<u>受益者</u>は（が） <u>施益者</u>に（から） <u>物品或动作</u>を <u>もらう/いただく</u>

我问：明白了吗？

大家点点头。

于是，我便提问必修二课本中例句的意思：

"旭幌高校の生徒たちが来る時、ちょうど京劇の公演があるので、ぜひ楽しんでもらいたいです。"

学生：因为旭幌高中的学生来的时候，正好有京剧公演，我想得到愉快的感受。

老师：谁感受？

学生：我感受。主语是我，所以是我想。

老师：那这句呢？ぜひ実際に食べてもらいたいです。

该学生陷入了沉思。我发现有的同学开始小声议论，有的同学开始翻书查找。看懂的同学则开始为周围的同学讲解句义。可能是会话中特有的礼貌表达导致学生难以理解这种带有恩惠关系的句子，进而出现看不懂、不会译的情况。

于是我开始提醒：主语是谁？站在谁的立场上说的这句话？为什么他会有受益的表达？

讲完后，再次进行检测：

学生1：パソコンを黒川さんに貸したと聞きました。

学生2：うん、パソコンを借りたいと言うので、＿＿＿＿＿。

　A. 使ってもらいました　　　B. 使わせてもらいました
　C. 使ってあげました　　　　D. 使わせてあげました

结果，有学生选A、有学生选B、有学生选C、有学生不会选，还有学生问："老师，他想借，到底是我让他用，还是理解成他用了我受益？"

这令我非常头疼。我发现他们只是明白了课本上的典型例句，并没有真正理解授受动词的用法，更不会实际应用。

学生也是一脸懵："不是说找施益者和受益者，以及动作的朝向吗？怎么都省略了？没有授受动词，我无法理解到底是谁受益。"

我也很沮丧，为什么我一句一句地分析，他们却还是没能真正理解"受益恩惠"的关系呢？为什么我找了那么多相关类型的例句，他们却只学会了皮毛，再换一个例句就又绕进去了呢？我该怎么教，他们才能彻底理解授受表达呢？

教学妙招 ▶▶

　　回家吃饭时，电视正播放动漫《樱桃小丸子》，我感叹道："小丸子取得好成绩后感谢妈妈，以及妈妈夸奖小丸子努力学习的情景，多么顺畅贴切"。一瞬间，我似乎明白了自己课堂的困惑。

　　那便是"中日文化差异"。首先，学生脱离实际的语言情景，无法切实感受到恩惠关系的表达和语句中的情感。其次，汉语中的一个"给"字便可表达这种恩惠关系，不用考虑上下级关系，使用灵活又自由。例如，我给朋友；我给长辈、长辈给我、妹妹给我；给环境的影响；给予他人方便等。而授受动词需要考虑人与人之间的恩惠关系、对方的身份、礼貌程度、说话者的立场与视角。这些授受关系表达的特点仅仅通过典型例句，学生很难彻底理解，授受动词自然成为学习的难点。

　　学生不了解真实的语境，无法置身其中，始终如同旁观者一般，仅机械地明白了典型例句的用法及表达。

　　学生如何才能置身其中呢？若我们将例句加入会话情景，使学生参与其中，成为会话的当事人，效果会不会好一些呢？带着这样的思考，我开始了把授受表达融入实际会话情景的尝试之旅。

　　第一步，扩充语句，将单句改编为情景会话，让学生了解事情发生的过程，了解物品或者动作的走向。在日常会话中，日语具有省略主语的特点，学生需要在具体情景中判断施益者和受益者、授受动词句中的恩惠关系。因此只要理清了授受关系，便能很好地解决学习授受动词的难题。

　　第二步，参演编好的会话，体会受益恩惠关系。学生阅读例句，扮演某个角色参与到会话中，这样他们便不再是读例句的旁观者，而是情景中的主人公。说什么、怎样说才能让对方易于接受且不失礼等这些都需要学生自己考量，学生在扮演会话中的角色时自然能理清例句中蕴含的长幼尊卑的关系。

　　第三步，总结动作发生的过程，描述原句。学生参演完会话后，令他们再次确认恩惠关系，引导他们描述原例句，这才是完整的学习过程。

　　将语言表达融入真实情景的做法同样适用于单词的讲解。如学生总不是分不清楚"出す"和"出る"这对自他动词的词性，教师便可以尝试创设情景。如"金を出せ！（把钱拿出来）"这句话肯定是命令人，不是命令钱，因此"出す"便是他动词"拿出来"的意思。

　　讲解语篇时，教师也可以带领学生分析情景中的语义。如2022年日语高考试题全国卷，阅读理解部分的第一篇，第57题：

　娘が世話をすると約束して飼い始めた金魚を、世話をせずに死なせたので、妻はもう生きものは飼わないと常々言っていたが、この寒さでは凍え死ぬ、1泊だけでも家に置こうと私と娘は一緒に妻に手を合わせた。

　57.「手を合わせた」とはどういう意味か。

　　　　A. 感謝した。　　　　　　　　B. 賛成した。
　　　　C. お願いをした。　　　　　　D. 手伝ってもらった。

　　我们都知道句子的表面意思是向妻子双手合十，但这是在什么样的情景下呢？若教师能够有意识地带领学生分析语言使用的情景，令学生沉浸在好奇中，教学便能事半功倍。

　　《义务教育日语课程标准（2022年版）》中明确提到"日语学科素养，要求教师培养学生在情景中综合运用语言的能力，提高学生的语言能力。避免脱离情景，脱离语篇讲解单词和语法"。教师通过创设情景，一方面可以加深学生对词语和句子的理解，另一方面还能启迪学生的思维，使学生不再局限于通过某个词句"学"日语，而是置身于生活情景中"用"日语。

实践案例 ▶▶▶

【原例句】社長は李さんに結婚のお祝いにプレゼントをあげました。
【情景】社长给新婚的小李送贺礼的情景。教师引导学生编写会话过程。
【情景会话】

　　　　社長　：「結婚、おめでとうございます。」
　　　　李さん：「あ、社長、本当にありがとうございます。わざわざお越
　　　　　　　　しいただいて、ありがとうございます。」
　　　　社長　：いいえ。

【学生发表】

　　三个男生一拥而上，其中两个扮演新婚夫妇，一个扮演上司。他们开始卖力表演，演出了一个握着新婚礼物不肯松手的吝啬上司和一对年轻夫妇紧张地抢礼物的情景。台下的学生哄堂大笑，乐在其中。学生积极参与的课堂才是真实而高效的课堂。

　　表演结束后，他们非常开心地总结受益过程：

　　大家说：社長は李さんに結婚のお祝いにプレゼントをあげました。
　　李さん：私たちは社長に結婚のお祝いにプレゼントをもらいまし
　　　　　　た。
　　李さん：社長は私たちに結婚のお祝いにプレゼントをくれました。

【教师点评】

　　同学们在表演中既明白了授受关系的表达，又体验了例句发生的真实情景，寓学于乐，兴趣浓厚。最后发问：小李该如何向社长表达感谢？引入敬语的复习。

　　课后，全班同学2~4人一组，使用授受动词改编情景会话，下节课表演后全班投票，教师适当奖励票数最高的小组。这样的课后作业也是一种变相的检测方式。离下课还差几分钟的时候，学生们已经沉浸在热火朝天的准备气氛中，提出"老师，纸巾怎么说""老师，游戏皮肤怎么说""老师，手办怎么说"等问题。

【课后作业展示】

　　李：「魔王、貴様、倒すぞ。」（失敗）
　　劉：「李さん、力、あげるよ。」
　　李：「あ、ありがとう。一緒に戦うぞ。」

建议十一　融情景入例句，"授受动词"教学法

【情景总结】

劉さんは李さんに力をあげました。

李さんは劉さんに力をもらいました。

语言来源于生活情景，若不将语言还原回情景中，学生只能单纯地背单词、学语法，无法实际运用。把语言表达融入情景中，学生遇到特别不好理解的例句时，便会习惯性发问：老师，这句话在什么场景下使用？

学习日语时，很多学生习惯翻译句子、问清楚句意。实际上，日语的表达方式很多，有些无法在汉语中找到对应的表达，如"大変ですね/失礼しました"等。如果将这样的词语、语法融入实际的会话情景中，学生不仅能够快速理解，而且能越来越地道地学习和使用日语，教师的教学也会变得更有趣味性。

如此，在师生的共同努力下，教师的教学、学生思维能力的发散、语言能力的运用便能得到全方位的提升与发展。

点睛 ▶▶▶

- 教师创设情景，加深学生对词语和句子的理解，启迪学生的思维。如此，学生不再局限于学习某个词句，而是置身于生活情景中用日语。
- 避免脱离情景、脱离语篇、单纯讲解单词与语法。如此，可以培养学生置身具体情景中综合运用语言的能力，达到学以致用。

阅读记录	
我的收获	
我的反思	

建议十二
用剧本编写法来学语法吧

课堂还原 ▶▶▶

高一的日语学生非常可爱，他们说喜欢日语，理由是日语比较简单，看不懂没关系，有汉字就能猜出个大概。

理想是丰满的，现实是骨感的，孩子，你们太天真了！

上完五十音图、浊音、拗音等入门课程后，新鲜感让他们笑容满面。

上完《新版中日交流标准日本语》的第一单元，他们笑容微敛："不就是'～は～です'吗？还好还好。"

上完第二单元，他们笑容全消："说好的日语不是什么'です'，就是什么'ます'吗？怎么还有这么多助词？"

上完第三单元，他们说："为何一类形容词和二类形容词过去时的变形会不一样？它们都是形容词呀！"

上到第四单元，经历名词、动词、形容词的三道"难关"，经过助词及各类语法的"洗礼"，这支出发时雄赳赳气昂昂的队伍，垂头丧气的有之，悲天悯人的有之，精神焕发的有之，枯木逢春的有之，总之神情各异，百态横生。

如果说前三个单元的知识板块区分得很明显的话，那么第四单元的知识就非常综合了。至此，同学们的新鲜感消失殆尽，毅力也所剩无几了。

学生1："老师，为何"に"有这么多种用法？"

学生2："老师，为何有这么多语法要记？"

学生3："老师，为何我就是记不住语法？"

我校采用的是《新版中日交流标准日本语（初级）》，这套书上下两册加起来一共48课，语法知识点共计200多个，需要学生花时间去整理、归纳、记忆。而目前将日语作为高考科目的学生，很大一部分没有形成良好的外语学习方法，碰到困难总想打退堂鼓，学习成就感不足，学习兴趣不高。

如何才能提高学生学习外语的兴趣？如何帮助他们提高语法记忆的效率呢？

教学妙招 ▶▶

《新版中日交流标准日本语》教材是为零基础的社会、职场人士编写的，初级上下册是一个故事的两个大场景——中日两国的职场。从课文的语法难易度来看，上册的语法简单，下册的语法相对来说复杂一点。对高中生而言，教材中的职场和社会生活场景十分陌生，将职场日语转换成高中课堂日语这点非常重要。从教学进度来看，时间较紧张（浙江为高考改革试点省份，实行"一考两用"的政策，高三第一学期的1月份就需要首考，7月份进行二次考试）。如何在有限的时间里增强课堂的趣味性，同时提高学生日语学习的积极性？如何有效地指导学生理解和记忆？

经过多次反思和实践，我选择了剧本编写法。剧本编写法是指给同一课中零散独立的语法创设相应的情境，填充需要学习的单词，整编成一句话或是一篇小短文，帮助学生有效记忆，掌握语法知识。

如何通过剧本编写法来学习呢？

第一步，设定情境。

参照人教版课标教材的情境设置，我将《新版中日交流标准日本语》教材中的职场环境转换成高中生学习生活相关的情境，每一课的情境由老师选定，学生在规定的情境下利用本课语法及已掌握的语法进行创作。选定的场景有图书馆、食堂、体育馆、集体活动等。创造真实的情境，给学生发挥想象力的空间，让学生敢于创造，调动了学生的求知欲和学习的积极性。

注意点：每一课的情境虽不一样，但主角是一致的，都是以森、小野、小李等人物为主，方便学生创作的连贯性。

第二步，广泛征稿。

情境设置之后，就需要学生发挥想象力，完成剧本。

学生可以独自完成剧本，也可以多人合作共同完成剧本。学生为编写剧本，需要事先预习新课的知识点，巧妙运用新课的语法完成剧本的编写。在这个过程中，学生可以充分发挥想象力，通过自主学习、思考，培养创新意识和辩证思维。

注意点：第一，前面几课由教师给出范例，后几课再全权交给学生。第二，在征稿前要明确征稿要求，例如需要用到的语法、截稿时间、评判标准等。

第三步，及时审稿。

每个人都有一颗渴望被关注和及时回应的心。教师对学生的作业、课堂表现等予以及时反馈和评价，就是对学生最大的肯定和鼓励。及时的审稿和反馈可以让学生在保持热情、充满期待的同时反思不足，得到启发后立即改正，最终体验成功的喜悦。这样一来，良性循环会激发他们更浓厚的学习兴趣和热情，推动他们向着更高的目标前进。

注意点：应对学生的剧本给予充分肯定，激发学生的成就感和荣誉感；同时需要确保其内容适合课堂教学。

第四步，课堂展示。

优秀作品的展示有助于营造班级内相互学习、共同进步的学习氛围，也有利于发挥榜样的示范作用，增强学生间"比学赶帮"的良性竞争意识。学生都期待着自己的稿件被采用，教师可以在展示前对优秀内容进行保密，给学生一个惊喜，提高他们的期待值。

注意点：学生愿意接受新鲜事物，教师应充分利用新媒体，尽可能帮助学生将剧本再现于课堂。

第五步，表扬投稿学生。

在接受教师的表扬和赞赏时，学生会不自觉地表现出强烈的荣誉感和自信心，进而督促自己更加努力、优秀。因此，我们要及时肯定和赞扬优秀作品；对"落榜"的学生，也先肯定他的努力，再和他一起改进，保护学生的自信心。

"写剧本，学语法"的教学方法让学生编写剧本，成为课堂的"主人"，一集一集推动下去，一课一情境，一课一话题，一课一活动，提高了学生的期待值，也提高了他们对学习日语的积极性和教学参与度。

多元的评价体系可以吸引学生参与到教学中来。有些学生平时成绩一般，但剧本写得很精彩，新语法在故事中运用得也很得当。加上教师的及时肯定和衷心赞扬，他们在同学心中的形象也会发生改变，他们的自尊心得到保护，自信心得到提高，"学困生"变"优秀生"的内驱力增强，其他学科的学习成绩也在综合提高，真正做到了唤醒教育。

实践案例 ▶ ▶

略过前期的广泛征稿和审稿工作，直接进入课堂展示。

下面以《新版中日交流标准日本语（初级）》上册第6课"吉田さんは、来月中国へ行きます"和《新版中日交流标准日本语（初级）》下册第41课"李さんは、部長に褒められました"为例。

（1）《新版中日交流标准日本语（初级）》上册第6课"吉田さんは、来月中国へ行きます"中共有6个语法，学习重点是移动过程中涉及的助词。

① へ（移动方向）

② から（移动起点）

③ と（共动）

④ で（交通工具）

⑤ から～まで（起点与终点）

⑥ に/で/へ/から/まで/と＋は（助词重叠）

剧本编写的情境是《我的上学之路》，背景音乐是《上学歌》，选定展示的剧本如下：

中文：早上7点，我和妹妹一起从家里乘公交车去车站，从车站乘电车到学校。

日文：朝7時に私は妹と一緒に家からバスで駅へ行きます。駅から学校まで電車で行きます。

我们来分析一下：

朝7時 に 私は妹 と 一緒に家 から バス で 駅 へ 行きます。
　　（具体时间点）　　（共动）　　（移动起点）（交通工具）（移动方向）

駅 から 学校 まで 電車 で 行きます。
　（空间起点）　（空间终点）　（交通工具）

这句话中新旧语法都有，旧语法作为复习内容简单带过，着重讲解新语法。

例如："へ"这个语法是新语法。

首先，解析该助词，"へ"是助词，读作"え"。接在表示场所方向等词的后面，表示移动的方向。"へ"后可以接"行く、来る、帰る"等动词。

其次，为了巩固学生对这个助词的理解，进行日译中练习。

明日吉田さんは中国へ来ます。 吉田明天来中国。（现在肯定句式）
来月森さんは日本へ行きません。 森下个月不去日本。（现在否定句式）
王さんはどこへ行きましたか。 王去哪里了？（过去疑问句式）
先週李さんは上海へ帰りませんでした。李上周没回上海。（过去否定句式）

最后，检验学生是否掌握了这个知识点，进行中译日练习。

我下个月不去日本。来月日本へ行きません。（现在否定句式）
老师每天5点回家。先生は毎日5時に家へ帰ります。（现在肯定句式）
妹妹去车站了。妹は駅へ行きました。（过去肯定句式）

以此类推，学完所有新语法后，用一句话将所有语法连起来，记住并掌握这句话。

（2）《新版中日交流标准日本语（初级）》下册第41课"李さんは、部長に褒められました"中共有5个语法，学习重点是动词被动态的变形和被动句。

① 名1は+名2に+动词被动形式（直接被动）

② 名1は+名2に+名3を+他动词被动形式（间接被动）

③ 名1は+名2に+动词被动形式（受害被动）

④ 名が（は）+动词被动形式（无生命体做主语）

⑤ 名1は+名2によって+动词被动形式（特定的动作主体做某事）

这一课的学习重点是动词被动态的变形和被动句，剧本编写的情境是《杭州亚运会》，选定展示的剧本如下：

学校举行关于亚运会的征文比赛。日语教师李老师深受学生爱戴，森也特别喜欢这位老师，今早，他写的亚运会作文被李老师表扬了，他很开心。但他关于亚运会的书被小野同学给弄丢了，他很伤心，因为那本书是李老师翻译的。

学校ではアジア運動大会についての作文コンテストが行われました。（无生命体做主语）日本語科の李先生は学生たちに尊敬されています。（直接被动）森さんも李先生のことが好きです。今朝、森さんは李先生にアジア運動大会の作文を褒められて、とても嬉しかったです。（间接被动）でも、小野さんにアジア運動大会についての本を無くされて気持ちがあまりよくありませんでした。（受害被动）なぜかというと、その本は李先生によって翻訳されましたから。（特定的动作主体做某事）

在使用《新版中日交流标准日本语》教材时，应结合上下册共同使用。如《新版中日交流标准日本语（上册）》的学习内容主要是助词，相对简单一些，侧重日本文化和日常生活，可以编写成句子来学习；而《新版中日交流标准日本语（下册）》的语法复杂，侧重"用外语讲好中国故事"，可以编写成小文章、小短文来学习。

"写剧本，学语法"的教学方式不仅可以提高学生学习日语的积极性，激发学习日语的兴趣，还能锻炼学生的语言表达能力和交际能力，情境的选定和故事的编写可以培养学生的创新思维能力，符合高中日语课堂教学中核心素养的要求。

点睛 ▶▶▶

- 日语教学应以德育为魂、能力为重、基础为先、创新为上，在培养学生的语言运用能力的同时，帮助他们学习、理解和鉴赏中外优秀文化，培养爱国主义情怀，坚定文化自信。
- 可以设置有趣的情境，加入故事情节，让每个学生都参与到故事的编写中来，让学生成为课堂教学进度的主体推动者，增强学生的课堂参与度与学习体验感，和学生一起发掘课堂教学的别样乐趣。
- 在一定的情境中学习日语，能更易理解语篇所表达的情感、态度、价值观，利于提升外语语言技能和应用水平。

阅读记录	
我的收获	
我的反思	

建议十三
大声朗读吧！早30分钟，晚30分钟

课堂还原 ▶▶▶

周一日语课上，我们班做了一次朗读测验，我要求同学们朗读本节课将要学习的课文，读不下来的同学需要站着听讲。结果提问了11个人，站了11个人。

随后，我做了班级调查："回家读过这篇课文的同学，请举手。"结果没有人举手，我问："难道你们回去都不朗读日语吗？"

"老师，不用读，做题能选出来就行。"

"没时间读。"

"老师，能看懂意思就行。"

大家七嘴八舌，都不认同读课文这一学习日语的好习惯。其实这种现象并非个例，平时的试题课上，他们读题目也是磕磕巴巴；语法课上，他们需要老师提醒才能完整无误地读出例句。日语朗读现状令人担忧。

教学妙招 ▶▶▶

学习日语，听说读写缺一不可。朗读不过关，还怎么说日语呢？我上大学时，老师告诫我们最多的是"朝1時間、夜1時間"这句话。什么意思呢？就是"早晨朗读一小时，晚上朗读一小时"。所以早晨去上课时，经常能看到同学们在教学楼对面的小树下朗读日语。

我们完全可以采取这种早晚朗读的方式来提高学生综合运用日语的能力。考虑到高中生时间宝贵、学习任务繁重，可以将阅读时间缩减到"早30分钟，晚30分钟"；朗读内容以教材为主，单词、听力材料、阅读材料、语法例句等都是可以选择的朗读素材；此外，我们要有针对性地安排阅读内容："早30分钟"主要朗读当天要学习的内容，"晚30分钟"主要朗读当天学过的内容。

具体操作步骤如下：

1. 实施步骤

（1）早上朗读30分钟，以教材为主，包括单词、听力材料、阅读材料、语法例句等。

（2）晚上朗读30分钟，包括早上朗读时不熟练的部分，还要以当天学习的内容为主。

（3）采取打卡的形式，如实填写每天的朗读情况，写清楚内容和时间。

2. 效果检验

（1）自主检查：根据打卡情况，结对子互相检查。

（2）教师抽查：每天抽查几组同学的朗读情况，若结对子检查过关，但抽查没过关，监察人有责任帮助被抽查的人过关。

（3）定期评比、奖励：根据平时的朗读情况，评选出月度优秀朗读者、季度优秀朗读者等奖项，适当给予奖励。

（4）举办朗读比赛：每学期期末举办朗读、演讲或用日语讲故事等比赛，力保"早30分钟，晚30分钟"的朗读习惯长期坚持下去，见表1、表2、表3。

表 1　周朗读打卡情况表

第一周		朗读时间	朗读内容
星期一	早		
	晚		
星期二	早		
	晚		
星期三	早		
	晚		
星期四	早		
	晚		
星期五	早		
	晚		

表2 日朗读完成情况互评表

姓名	日期	完成情况（满分10分）	监督人
		早		
		晚		
		早		
		晚		
		早		
		晚		
		早		
		晚		
		早		
		晚		
		早		
		晚		
		早		
		晚		

表3　教师抽查评价表

姓名	发音	熟练程度	内容选择	综合评分	学生代表打分	最后得分

实践案例 ▶▶

1. 实施情况

（1）目前高一学生学到人教版《普通高中教科书·日语》必修二第8课「ゴミ問題」。这堂课学习了「ステップ1聞きましょう」部分。同学们可选择的朗读内容包括：本课单词、「ステップ1聞きましょう」部分、「ステップ1読みましょう2」部分、「ステップ1読みましょう3」部分等。

（2）大家都认真填写了"周朗读打卡情况表"，个别没完成的同学也都写清楚了原因和计划完成的时间。

2. 完成情况反馈

（1）利用早自习的时间检查前一天晚上的朗读情况。先是每组搭档互相检查，汇报检查结果，然后由老师抽查。我抽查了五组，整体情况较好。

（2）课上留五分钟检查早上的朗读情况，我发现早朗读的效果不如晚朗读，有单词读音错误的，还有不太熟练的。原因在于学生不熟悉将要学习的内容、预习不充分、需要听录音确认单词发音、早晨时间紧迫等；另外，个别同学的朗读时间不足30分钟。

3. 整改措施

（1）晚上抽出时间听录音，确认第二天早上要朗读的内容的发音，确保不能有错误并标注生僻单词的读音。

（2）早自习时留10~15分钟补足朗读时间。

我非常重视这项作业，不吝时间地检查、监督学生们的朗读情况。定时指派朗读非常流利的同学全班展示，适当给予表扬、奖励。学生无形中被带动起来，早自习大声朗读，还有学生利用课间查找单词的读音、主动找我拷贝课文录音、做题时遇到不会读的单词也开始主动询问读音，极大地调动了学生的学习积极性与主动性。

磨刀不误砍柴工，"说"是学习外语的关键步骤，因此教师监督学生长期坚持朗读，既可达到事半功倍之效，又能提高学生学习日语的积极性。整改后，朗读效果显著提升。

各位老师也可以尝试这个方法。若时间有限，也可变更为"早15分钟，晚15分钟"，根据实际情况灵活调整朗读时间。

点睛 ▶ ▶ ▶

- 要落实监督、检查机制，学生和教师都需要坚持到底的毅力。
- 切记这不是一个可有可无的作业，它可以激发学生学习日语的兴趣，朗读越流利，成就感就越强，朗读也会上瘾。
- 朗读能很好地培养语感，增强综合运用日语的能力。

阅读记录	
我的收获	
我的反思	

建议十四
我的单词我做主
——"头脑风暴式"单词学习法

课堂还原 ▶▶▶

昨天的单词课上，我对本课的重点单词进行了归纳、讲解，每个单词都举了多个典型例句，给出了常用的短语和使用情境。学生听课状态良好，课堂笔记认真。最后我布置了背诵作业，并强调第二天课上听写。

今天早上，我迈着自信的步伐来到教室，上课后立即进行单词听写。我一边读单词一边巡视，发觉情况不是很好。小卷收上来后，我又提问了重点词组和例句，回答不上来或不完整的学生站了一排。

课前教师认真备课，课上学生认真听讲、记录，听课状态良好，课下布置背诵作业，一切安排都中规中矩。为什么第二天的检查结果却不让人满意呢？难道是课后复习环节出问题了吗？

为此我做了下调查："昨天谁背单词了？请举手。"只有两三个人举起手来。我问道："其他人为什么没背诵？""老师，作业太多了，没时间背。"一位同学回答道。"背了，没记住。"另一位同学也喊道。"老师，背单词真的是一个痛苦的过程。尤其是背了一遍再背还是没记住的时候。""老师，不背单词也可以，到时候能选对就行呗！"大家七嘴八舌地吐槽起来。那么有没有学习、记忆单词的好办法呢？

教学妙招 ▶▶▶

词汇是语言的建筑材料，因此词汇记忆对于外语学习来讲尤为重要，词汇的学习是二语习得过程中的基础。同样，词汇教学在高中日语教学中的占比极大，重要性不可忽视。特别是新版课标教材，每课单词的数量增多，重难点单词比较集中。因此，确定恰当的词汇教学内容，选择恰当的词汇教学方式可以帮助学生有效地掌握目标词汇，提高日语学习的整体效果。

日语词汇教学的方式多种多样，我曾在初中阶段用直接教学法教单词，教学效果明显，但有局限性。进入高中阶段后，我最常用的就是语境教学法，即通过句型、上下文教单词。但实践证明这种方法的教学效果仍有不尽如人意的地方。比如"りんご"这个单词，用一个真实的苹果做演示，不需要过多的讲解学生就能很容易地记住；但是像"しっかり、尋ねる"等较为抽象的副词和动词，怎么让学生在掌握语义的基础上灵活运用呢？单词只有在具体的语境中才会生动起来，课文就是最好的语篇、情境。

所谓"授人以鱼不如授人以渔"，教学如果仅授予学生"鱼"是远远不够的，还须教会学生"打鱼"的本领，即教会学生如何学习。培养学生自学单词的能力，调动学生的主观能动性，激发他们的学习兴趣和激情是学习单词的一个好方法。教师可以利用教材让学生结合课文、听力材料、语篇等学习单词，引导学生通过各种方式自主学习和运用所学的单词。

具体方法如下：

1.学生自主整理单词

在学习新课之前，组织学生对每一课的单词进行分段、分类整理。高中日语必修教材中单词数量都很多，不可能一节课学完。教师应先布置预习作业，让学生熟悉课文内容和课后单词的分布规律，找出每一部分单词所对应的课文。课上先进行小组讨论，再汇总各组意见，形成最后的结果，这样做的好处是：学生对这一课的主要内容有一个整体的认识，在梳理过程中他们会主动获取更多的知识点，提高学习单词和课文的积极性，变被动接受为主动探究。

根据讨论结果，教师分段进行单词和课文教学。在学习每一部分单词的时候，仍然采取学生自主探究的学习方式。可以把每一部分单词按照词性分类，也可以按照识记、理解、运用，即根据需要掌握的程度分类。教师可以适当给予指导，待学生掌握规律后自主进行。

2. "头脑风暴"式学习单词

把全班同学分成小组，每一组同学根据自己的分类结果采用"头脑风暴"的方式学习。一个同学说出单词，其他同学给予单词具体的语境，看看谁使用得准确、合理，回答正确次数最多的同学获胜。再让组内的记录员对单词的用法、例句等进行总结和归纳。采取"头脑风暴"的方式学习的时候，一定要结合课文，紧扣教材的句子、语段、听力材料等并适当扩展和联系已学的知识。

"头脑风暴"式的单词学习法有助于促进学生主动学习，丰富他们的想象力；小组讨论能够促进同学之间的交流，产生意想不到的收获；主动参与和互相交流能够增强学生学习的自信心，变被动学习为主动学习，营造良好的课堂氛围。

采用"头脑风暴"的方式学习单词后，学生主动学习的意识增强了，学习效率提高了，能在小组的合作学习中理解和掌握单词了，这一学习法也大大地提高了单词默写的正确率。

3. 小组展示

用"头脑风暴"的方式学习单词后，每组派代表（按照组内排序，都有机会参加）在规定的时间内展示学习成果。同时，教师引导学生提前在制订好的小组自评表和小组互评表中做好评价，指出闪光点和不足，对好的方法进行全班推广、学习。让"头脑风暴"活动有效果、有意义，也让学生每堂新课都坚持运用，他们会掌握得越来越熟练，学习效果也会越来越好。

4. 检测学习效果

每学完一课单词后便进行小考或测试，检测学习效果，小组与小组进行PK，选出成绩优异的个人和小组，对于成绩不理想的小组和同学进行跟踪，督促他们巩固。测试题的命制可以让组长轮流进行，提高他们的积极性，发挥他们的带头作用。另外，定期举行百词竞赛等趣味活动，让学生重视单词的学习和巩固。

实践案例 ▶▶▶

下面以人教版《普通高中教科书 日语》必修一第二课「部活の選択」为例，分享一下"头脑风暴式"单词教学案例。

首先带领学生回到课本中，研读课本，加深对本课主题的认识。根据单词所对应的文章内容，把本课单词分为三个部分，第一部分对应到"ステップ1 読みましょう"，第二部分对应到"ステップ2 読みましょう"，第三部分是剩下的单词，详见表1。

表1　各部分与对应单词

第一部分	部活　情報　クラブ　書道　吹奏楽　美術　高校　人気　部員　テニス　読書　スローガン　同士　演奏　楽器　他人　武徳　意志　素敵　部系　武術　選択　整理　思い出　部　参加　募集　だいたい　盛ん　楽しむ　励む　用意　いじめる　鍛える　出会う
第二部分	ルール　連絡　コンピューター　表　不安　心配　回答　茶道　魅力　稽古　最初　ゼロ　意見　アドバイス　遅刻　悩む　やはり　かなり　せっかく　詳しい
第三部分	動き　華やか　イメージ　派手　基礎　安心　かっこいい　影響　メンバー　唇　相撲　味方　成長　チーム　ゴール　スケジュール　通う　しっかり　勧める　かむ　外す　折る　折れる　大いに　養う

每部分的画线部分是学习的重点,需要理解并熟练应用;未画线的单词为识记部分,需要理解并记忆。以第一部分为例,"思い出、だいたい、盛ん、楽しむ、励む、いじめる、鍛える、出会う"是应用的重点。在学习"だいたい"这个副词时要注意将它和意思相近的副词进行对比与分析。在这个环节中,教师要充分调动学生的主观能动性,让学生成为课堂的主人,让学生领悟日语单词应该怎么学、如何分类;哪些是高频词汇,哪些只需识记,哪些需要深入理解。最终,学生应学会观察、思考、发现单词的特点并学会运用。

其次,以第一部分中的部分单词为例,设置一节课,由小组分享学习过程:(1)先播放单词录音,确定小组成员能够正确朗读;(2)把本部分单词按照"识记、理解、运用"分为三类,教师可以适当引导和帮助,具体分类情况见表2;(3)给每个小组成员分配任务,小组成员先掌握单词在听力文章中的使用方法,再加上自己的理解,展示短语或例句;(4)其他成员补充、纠正有问题的地方,最后组长带领组员创设接近现实生活的语境,巩固和使用本堂课所学的单词,详见表2。

表2 单词分类

识记	クラブ、書道、吹奏楽、美術、高校、部員、テニス、武術、読書、スローガン、演奏
理解	部活、情報、思い出、部、部系
运用	選択、整理、参加、人気、募集、だいたい、盛ん、楽しむ

1. "头脑风暴"式单词学习法

(1)识记单词

限时五分钟,记忆识记部分的单词,说出你能记住多少单词。

(2)运用单词

大家集思广益,列举单词相关的词组和例句,记录员负责记录,最后总结、归纳,大家一起订正、完善。教师应在此过程中引导学生自主探索并发现单词的词性、常用搭配、意义等。

例：楽しむ

①真の幸福は現在を楽しむことだ。

②楽しみながら日本語を勉強している。

③人生を楽しむ。

④毎日の生活を楽しむ。

⑤子どもの成長を楽しむ。

（3）联想记忆

一些单词可以先采用联想记忆的方式展开"头脑风暴"，小组内交流信息、开拓思维。

例：

①思い出：思う——思い出す——思い出

②部：部活　書道部　美術部　武術部　読書部　吹奏部　演奏部　部員

（4）情景会话

本课学习了有关俱乐部活动的相关单词，运用这些单词以"头脑风暴"的方式练习会话。谁能想出问题谁就提问，谁能回答就举手回答，记录员负责记录提问和回答的情况。通过问答练习，应用目标单词，谈论和俱乐部活动有关的话题，再现重点单词，巩固学习效果。

例：

質問1：わたしたちの学校には部活がありますか。

答　え：はい、音楽部や体育部などがあります。

質問2：京安高校にはどんな部活があるか知っていますか。

答　え：はい、野球部などの運動系と書道や漫画などの文科系があります。

質問3：どの部に参加したいですか。その理由は？

答　え：学生1：わたしは音楽部に参加したいです。音楽が好きですから。

　　　　学生2：わたしは武術部に参加したいです。武術に興味があります。

　　　　　　　学生3：わたしは漫画部に参加したいです。将来、漫画についての仕事をしたいですから。
質問4：今、新しい部員を募集するなら、どの部を楽しんでいますか。
答　え：学生1：映画部を楽しんでいます。
　　　　学生2：剣道部を楽しんでいます。
　　　　学生3：茶道部を楽しんでいます。
質問5：あなたのクラスにはどの部活が一番人気がありますか。
（5）猜一猜、想一想

围绕"スローガン"展开竞猜活动，通过理解"スローガン"的含义，用日语表达出自己喜欢的俱乐部的"スローガン"。

以下はどの部のスローガンですか。当ててみてください。

①「読書は難しいことではない。楽しいことなんだ。」

②「仲間同士で音楽を楽しもう。」

③「体と意志を鍛え、素敵な自分と出会いましょう。」

自分が参加したい部活のスローガンを作りましょう。

例：

①読書は人生だ。（読書部）

②やっぱり、バスケットボールだ。（バスケットボール部）

③鈍りたくない。（剣道部）

④あの空間、あのメンバーで練習する時間が幸せだ。（テニス）

2. 学习效果评价表（见表3、表4）

表3　自我学习评价表

评价项目	达成度				
	1分	2分	3分	4分	5分
1. 本节课所学的单词是否全部掌握？					
2. 小组活动中是否积极参与？					
3. 单词发音是否准确？					
4. 学习效果如何？					
5. 是否掌握了单词分类的方法？					
6. 在小组活动中主要负责的部分是什么？					

表4　小组活动评价表

评价项目	达成度				
	1分	2分	3分	4分	5分
1. 是否认同小组的活动设计？					
2. 成员发表时单词和短语的发音是否准确？					
3. 小组成员对单词的运用是否熟练？准备是否充分？					
4. 小组成员学习的效果如何？					
5. 评出你心目中的最佳小组。					

3. 学习效果反馈（学案设计见表5）

下一节课前，设计学案检验单词的学习效果。

表5　学案设计示例

一、翻译短语
  1. 选择社团　2. 整理信息　3. 说明理由　4. 美好的回忆　5. 参加社团活动
  6. 召集社团成员　7. 运动类（社团）　8. 文化类　9. 优美的演奏

二、选择单词并以正确的形式写到横线上
  1. 日本ではゴルフがとても_____です。（盛ん／楽しむ）
  2. 日本でみんなが部活を_____ながら、頑張っています。（盛ん／楽しむ）

三、从 A、B、C、D 四个选项中选出最佳选项
  1. 娘は先月、高校を卒業しました。_____大学の入学式です。
     A. だんだん　　B. あまり　　C. だいたい　　D. もうすぐ
  2. 中学生の時、わたしは書道部_____入りました。
     A. で　　　　　B. に　　　　C. が　　　　　D. へ

四、根据实际情况回答问题
  1. あなたの学校には部活がありますか。
  2. 京安高校にはどんな部活があるか知っていますか。
  3. どのクラブに参加したいですか。理由は何ですか。
  4. 今、新しい部員を募集するなら、どの部を楽しんでいますか。

五、根据实际情况补全下列句子
  1. わたしの学校には_____などのクラブがあります。
  2. わたしは_____に参加したいです。_____が好きですから。
  3. わたしは_____に参加したいです。_____に興味があります。
  4. わたしは_____に参加したいです。将来_____についての仕事をしたいですから。

六、下面有一段描述俱乐部活动的短文，猜一猜是什么俱乐部

　　わたしたちのクラブはとても楽しいです。先生も先輩もとてもやさしいです。絵を描く道具を買わなければなりませんが、あまり高くありません。クラブの日は週に一回だけですが、毎月1枚、絵をかかなければなりません。ですから、絵がだんだん上手になると思います。（　　）

建议十四　我的单词我做主

点睛 ▶▶▶

- 教师要让学生了解单词的重要性。例如通过理解课文、做题等形式发现单词的掌握程度及其对句子和文章理解的影响，激发他们学习单词的主动性和积极性。

- "头脑风暴"式的单词学习法可以帮助学生更好、更牢固地掌握单词，既符合学生的学习规律，又能激发学生的学习热情。

- 自主学习单词的形式多种多样，但应基于一项基本原则——从课本出发，从学生的实际出发，在运用单词进行各种交际活动时，自然地完成内化过程。

- 在自主学习单词的过程中，教师要引导学生围绕原文创设一系列贴近生活的新语境，通过基于文本内容的问答、替换、完成半开放的句子等多种方式进行翻译、练习，巩固单词的学习。

阅读记录	
我的收获	
我的反思	

建议十五
高效课堂第一步
——课前预习

课堂还原 ▶▶▶

我制作教学计划时，一般依据校情和学情，以正常教学周为标尺安排教学任务，力争一周讲一篇课文。讲授新课前，我会安排学生利用周末的时间提前预习新课的内容，如圈出重点词语、短语、阅读标音、找出对应语法等。

周一的日语课堂上，在讲授新课之前，我检查学生的课前预习情况时，发现他们的课本空空如也。今天是小长假后的返校日，大部分同学的"假期综合征"异常明显：昏昏欲睡、无精打采、不知老师所云等。

周一的新授课一般都以导入重点词语的讲解、语篇学习为主。由于学生没有预习，课堂提问进展迟缓，反复提问才能收到零星回复，甚至需要我多次提醒他们才会慢悠悠地拿起笔，睁开困倦的双眼望向讲台，机械般地抄下黑板上的文字。下课铃声一响，还没等我说结束语，他们便趴倒在桌上，日语课似乎令他们疲惫不已。

每周一的新课我都会精心准备，但对他们来说，授课效果犹如平静的湖面上冒出的一个小泡，终究没留下半点痕迹，这令我深感无奈。

课后，我就"为何不完成课前预习？为何课堂效果较差？"等问题进行调查，学生的反馈有"没有调整好周末作息、不知道预习从何做起、预习没什么效果"；还有同学认为"课上老师都会详细讲解，只要全力以赴听讲即可，无须提前预习；课前预习是增加学习量，多此一举"等。

学生们的反馈令我开始反思。到底如何才能督促学生充分利用周末完成课前预习，减少假期休息的副作用，达到较好的课堂效果呢？

教学妙招 ▶▶▶

我布置的课前预习作业主要是熟读单词、找出重点短语、标注生词读音、熟悉语法等，但这样的作业形式无法保证学生的有效落实，也无法检测学生的预习程度。他们不知道课前预习如何下手，使预习流于形式，也不会自主学习，这也就无法发挥课前预习的作用。

通过对课标的研读、参加研讨会等，我开始尝试使用"预习导学案"引导学生进行课前预习。"预习导学案"的主要目的是帮助教师制定新课程的标准并提升学生的自主学习能力。教师要在充分了解课文内容的前提下，根据学生的实际情况制定出符合班级学情的学案，包括课堂目标、课堂要求、学习方法，以及课文的基础与重难点等。学生通过"预习导学案"紧跟教师的教学思路，对课文内容进行针对性、规律化的预习，通过独立思考完成导学案，保持个人的思考空间。

"预习导学案"可以改变教师"一言堂"的课堂教学模式，使教师更多地关注学生的课堂表现，使学生在教师的指引下独立学习，充分发挥学生的主体作用。"预习导学案"的使用不仅能提高学生的课堂参与度，还能查漏补缺，解决学生在预习中遇到的难题，使师生之间碰撞出智慧的火花，形成一个愉快的教学氛围。那么如何才能利用好"预习导学案"指导学生进行有效的预习呢？我将操作步骤汇总如下：

1. 合理创建学习小组，重视学生的主体地位

教师可以任命8～10位日语成绩优异的学生作为小组长，其余学生自由加入学习小组。小组长带领全体组员合作学习，完成预习任务，大家互相监督，创造有效预习条件。

2. 加强组织与引导

（1）明确"预习导学案"的目标定位

①明确切实可行的预习计划。教师要根据课堂教学进度、预习内容、课前预习时间、预习内容、预习进程、预习重难点等问题，逐步提高学生

的自学能力。

②把握预习内容的难易度。清楚明了的内容表述、适合学情的难易度，便于学生预习。

（2）合理设计"预习导学案"的任务

①明晰每篇课文的学习目标，细化知识清单，帮助学生对课文形成完整的知识脉络。

②有效筛选教材中的重点单词。要求语音准确、词义明确，以短语、词组等形式增强单词预习的效果。

③注重语篇。熟悉语篇的结构、长难句、常规句型等。

④强化语法的应用。要求学生自己总结语法的含义、接续、应用等规律。

⑤搜索课文相关的背景资料，创造理解语言的文化语境。

3. 设计形式多样的"预习导学案"

教师根据教学内容的特点，设计"预习导学案"，要注意"预习导学案"的科学性、针对性、启发性、趣味性、可操作性等。根据日语课标教材的特点，"预习导学案"可分为背景知识、词汇、语法、语篇、写作五大板块来展开，每个板块设计多样化的预习形式，使学生能根据"预习导学案"进行合理的预习。

4. 严格落实，注重评价

（1）小组长带头，组员互相监督，培养学生的自主学习、合作学习能力。

（2）巩固课堂内容。教师在课堂上针对"预习导学案"进行有效提问，尽可能地顾及全班学生，逐步加强学生对预习重要性的认识。

（3）重视预习反思，提高预习效果。设计"预习导学案"时，教师应在相应板块设置反思区，方便学生记录预习过程中的问题与思考，逐步提高学生的课前预习水平。

（4）注重评价，激发热情。可通过师评、互评、自评等促进师生交流，鼓励学生自我反思和自我提高，保持学习热情，以此重视评价的正向作用。

实践案例 ▶▶▶

采用"预习导学案"后，周一的日语课堂有了怎么样的变化呢？下面我以必修二第6课"年越し"为例来阐述。

首先，根据课文内容设定教学目标，周一课上需要讲解课文导入、单词、步骤一听力部分。要求学生利用周末时间完成这三个部分的预习。

我为每个小组安排预习任务：利用周末的时间搜索课文的背景知识，大致分成春节的习俗、春节的特点、春节的由来、过年方式的变化等知识，日本正月的习俗及特点等模块。小组成员分工合作，由小组长汇总后提前发给我核对，周一上课时由小组代表按模块依次展示，限时2～3分钟。

这个过程为导入环节，让学生自己讲解搜索到的背景资料，这样能使学生快速融入相应的文化语境，部分小组代表的讲解图文并茂、绘声绘色，激发了全班同学对课文主题的学习兴趣。

其次，我从82个单词中筛选出64个重点单词，预习任务如下：

1.朗读下列单词，要求读准假名、声调，写出对应的中文意思并在小组内过关。

（1）探る（さぐる）⓪＿＿＿＿　（2）増える（ふえる）②＿＿＿＿

（3）届く（とどく）②＿＿＿＿　（4）鳴らす（ならす）⓪＿＿＿＿

（5）現れる（あらわれる）④＿＿＿＿（6）襲う（おそう）⓪＿＿＿＿

　　　　　　　　　　　　组长评价＿＿＿＿＿＿　组长签字＿＿＿＿＿＿

2.设问：根据提示，找出中日两国春节相关的词语，并写在横线上。

（1）飾り物＿＿＿＿＿＿＿＿＿＿＿＿＿＿＿＿＿＿＿＿＿＿＿＿＿＿＿＿＿

　　　食事　＿＿＿＿＿＿＿＿＿＿＿＿＿＿＿＿＿＿＿＿＿＿＿＿＿＿＿＿＿

　　　遊び　＿＿＿＿＿＿＿＿＿＿＿＿＿＿＿＿＿＿＿＿＿＿＿＿＿＿＿＿＿

　　　行事　＿＿＿＿＿＿＿＿＿＿＿＿＿＿＿＿＿＿＿＿＿＿＿＿＿＿＿＿＿

　　　　　　　　　　　　组长评价＿＿＿＿＿＿　组长签字＿＿＿＿＿＿

3.参考本课单词，看图在横线处填写一个合适的副词。

こどもの日は非常_____過ごすことができた。

_____マスク、手洗いお願いします。

组长评价_____　　组长签字_____

预习单词时，应采用多种方式让学生对单词进行分类、整理，这样能增加学生对单词的理解与应用，通过学生的展示与教师的现场点评，既能检测学生的完成度，也能提高教师讲解单词的效率。

接着是步骤一听力环节，鉴于班级的学情和该部分内容的重要性，我将听力文本缩写成一小段类似介绍文的语篇，然后要求学生梳理文章大意、理解重点句型与语法。

新年の時、日本では年賀状を書く習慣があります。年賀状は普通1月1日に届きます。いつもお世話になっている人に書きます。「あけましておめでとうございます。今年もよろしくお願いします」などの挨拶を書きます。それに、挨拶の後ろにもう少し自分のことや願いなどを書いてもいいです。

でも、最近はコンピューターで年賀状を作るから、挨拶などは手で書かなくてもいいです。そして自分で年賀状をデザインすることができますから、年賀状に写真などを入れてもいいです。そうしたら、もらう人もうれしくなります。

要するに、お正月の時、年賀状は重要な役割を果たしています。
（264字）

1.请翻译这段内容，并总结文章结构。

2.找出文中的常用句型、短语等。

整堂课是基于学生的课前预习情况，以任务为导向、以学生为主体展开的。通过不断调整与尝试，学生休假后的课堂状态得以提升，学生的课堂活力得以激发，课堂效果良好。

点睛 ▶▶▶

• 有效的预习利于提高学生的学习起点；有效的练习能促使每位学生掌握基础知识、培养他们独立思考的能力，提高课堂学习的专注度。

• 有效的预习利于提高学生合作学习、自主学习、探究学习的能力，为终身学习夯实基础。课前预习能促使学生对课文进行主动思考，确保课堂交流的深度与广度。大家都能展示自我、彼此借鉴，促使学生多角度认知与思考问题，掌握多种解决问题的策略。

• 有效的预习利于学生提高学习兴趣。师生间的良性评价能逐步提高学生的自信心，符合课标立德树人的宗旨。

• 有效的预习作为高中日语课堂的第一步，不仅能提升课堂效率，还能最大限度地锻炼学生的学习能力，培养学生的综合素养，是落实新课程改革的重要环节。

阅读记录	
我的收获	
我的反思	

建议十六
基于接龙传问
——让课堂问答活起来

课堂还原 ▶▶▶

本堂课依托语篇「わたしの一日」展开。教师先要求学生浏览语篇，回顾已学语法及句型。学生七嘴八舌地说着："～は～です""～で～に移動Vます""～にVます"等。之后，教师说明本堂课的学习内容不是语法、词汇，而是运用日语来看一看、说一说"我"是怎么度过这一天的。

第一个问题"何時に起きますか"。小王同学被提问后认真地答道："7時に起きます"。第二个问题"何で学校に行きますか"。小赵同学被提问后先是有点懵，随后赶紧站起来回答道："7時に起きます"，大家哄堂大笑，旁边同学提醒后小赵赶忙补充说道："バスで学校に行きます"。这时，教师发现坐在后排的小李同学眼皮开始耷拉下来，不停地打瞌睡。教师点名小李，让他复述刚才老师的提问，以及小赵同学的回答内容。小李同学站起来支支吾吾，最后在同桌的提醒下才勉强说出了答案。

课堂气氛一度非常活跃，但进入提问环节后，学生便走神的走神，打瞌睡的打瞌睡，精神状态明显欠佳。教师暗自反思道："难倒是PPT内容不够精彩吗？"当晚便重新制作了第二天课堂的PPT，并添加了图片和动画。但第二天课堂中学生的学习状态依旧不见起色，几个回合下来，学生又开始东倒西歪。

很显然，问答环节中学生走神的原因并不在于PPT的内容。教师经过自我反思和课堂观察后，发现了问题根源：

1. 课堂问题固化——提问环节的问题是教师提前设置好的，学生只需

要等待PPT上出现的问题即可,这无形中降低了对学生思考的要求,进而降低了学生的课堂参与度;

2. 教师点名回答的单一性——每个问题每次只针对一名学生,其他学生无须参与问答,这影响了学生的课堂专注度。

教学妙招 ▶▶

课堂问答是各类教学中必不可少的环节,外语课堂更是如此。但教师点名、学生回答的师生一对一问答形式会不可避免地导致课堂中部分学生的"流失"。陈凤然、张燕(2009)指出,有效的课堂问答行为有助于鼓励、引导学生积极参与课堂交流活动,有利于语言习得。

那么,问答环节如何才能覆盖所有学生,从而使学生获得"100%的参与感"?接龙游戏中的"接龙"和击鼓传花中的"传花",为我们提供了良好的解答方案。

1. 接龙

在课堂问答环节,教师制订接龙的次序规则,如按照学生学号、座位次序、性别等,学生逐个回答问题。次序规则是课堂教学接龙的重点,可以固定,也可以中途进行个别更改(个别更改后还恢复到原来的次序)。接龙过程中,表现突出的学生享有"反转"权利,可随意指定某位同学来回答问题;另外,回答不上问题的学生可以寻找帮手,寻求一个自己认可的同伴来帮忙,如图1所示。

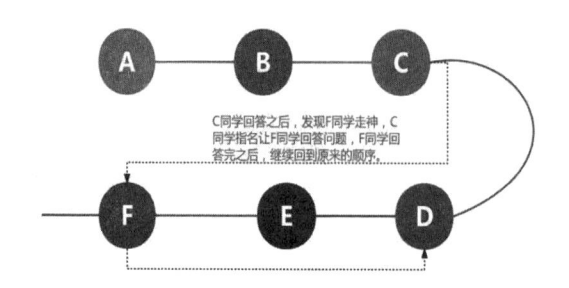

图1 课堂问答环节中的接龙次序

如上图所示,先由学生A基于语篇内容提出问题,并指名学生B来回答,学生B回答后,再提出问题,指名学生C来回答。C同学既可以继续提问D同学，也可以根据情况改变顺序，提问F同学，F同学回答结束后要继续回归原本的顺序。

增加改变顺序的机制，一方面可以应对问答环节中由于顺序固定而事不关己高高挂起的学生，规避了学生因次序固定而产生的安全心理；另一方面也可以让学力不同的学生互帮互助。从环节设置的角度来看，顺序机制的改变还体现了课堂的趣味性，有利于提高全体学生的课堂专注度。

2. 传问

不同于击鼓传花中的"花"，课堂问答环节传递的内容是"问"，每位学生回答的问题均来自前一位学生。学生具有双重身份：既是上一问题的回答者，又是下一问题的提出者。规定每问都要围绕语篇展开，而且不能重复，如图2所示。

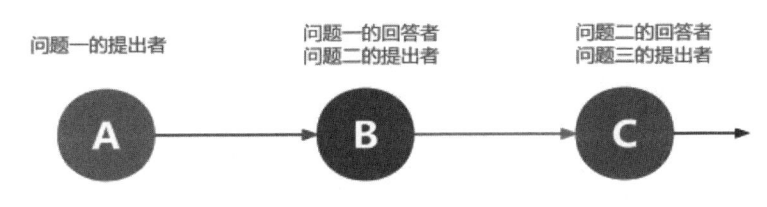

图2 课堂问答环节中的问题传递

箭头方向为"问题"传递的方向。首先由A同学提出第一个问题，B同学先回答A同学提出的第一个问题，然后向C同学提出第二个问题。

第一，不同于传统课堂问答环节中的"问"，传问环节中的"问"并非教师提出的既定问题，而是需要依托于课堂教学，借助学生自身的力量生成的问题。这极大地提高了学生的课堂参与度。第二，由于规定问题不能重复，所有学生都要关注前面每一位学生的问题，以保证自己提出的是前面学生未提出过的新问题。这让问答不再是一对一，而是扩展到全员参与。既提高了教学的有效性，又提高了学生的课堂专注度。第三，基于语篇内容的问答是检验学生对教材细节理解的一种方式。提问和回答中，学生既要阅读、思考语篇，又要与同学相互协作，开展对学习内容理解与表达的互动，充分体现了学生的课堂主体性，同时为学生的语言使用提供了机会。

3. 语篇下的花式问题

问题由学生来提，看似难度很大，实则有章可循。

从文体及语篇学习的角度看，记叙文（包括新闻报道类）是较适合该类课堂实践的文体，易于实施花式提问。针对学力较弱的学生，教师可以引导提问者从仅需回答是（はい）或否（いいえ）的一般疑问句入手，将语篇中的陈述句变为疑问句，即可完成提问。针对学力中上的学生，可以引导其围绕5W2H（何時、何処、誰、何、何故、どのように、いくらなど），从多样化的特殊疑问句角度展开提问。

"接龙传问"的课堂问答环节中，学生不仅是问答的主体，还是思考的主人。依托于教师最小限度的引导，师生互动与生生互动便能顺利展开，学生课堂参与度和专注度均得以提升，能极大地保证教学效果。

实践案例 ▶▶▶

我将以课外读本日语版《小王子》为例，呈现一堂课的授课过程，展示游戏方法。玩时用鼓指挥，击鼓时游戏者不断地依次传递道具，鼓一停，道具留在谁手中，谁出节目。

课前导入：我让学生提前阅读《小王子》第一节的内容作为课前作业，要求学生提前查阅不会的单词并标注好意思，完成初步阅读。

课堂教学实施：

第一步，听音频，再次默读《小王子》第一节内容。结合第一节的三幅图，确定本节课的内容是理解"すばらしい絵"。

第二步，给学生5分钟时间，提出5个问题并写下来，要求这五个问题来自不同的段落。

第三步，从班级座位中间一列第一位同学开始，接龙向后面一位提问，要求问句和答句必须是完整的句子。

在学生提问的过程中，我及时关注学生们问句与答句的正确度、完整度，以及与语篇内容的贴合度，每当他们遇到复杂的句子便给予适当讲解。例如，有一组的问答内容如下：

问：主人公はいつ偉大な画家になる道を諦めましたか。
答：6歳の時。

问句中出现了两个动词，部分学生没有听懂，因此需要加以说明：第一个动词是修饰"道"。答句并不完整，我提醒学生订正为完整句子"6歳の時です"或"主人公は6歳の時、偉大な画家になる道を諦めました"，教师的及时提醒可加强学生对知识的印象，提高他们对语言的敏感度。

另外，我十分关注全班同学的听课情况，按照座位顺序提问，我发现座位离讲台较远的小李同学开始走神，便要求提问同学将提问对象由小王同学变更为小李同学。待小李同学回答后，再回到小王同学，借此使小李同学不再走神，重新将他拉回到课堂中。然而，小王同学回答完问题之后提不出新问题，于是我提出让小王同学寻找帮手，并让他模仿帮手提出的问题，提一个仅需回答肯定或否定的一般疑问句。此时，帮手同学给出问句"主人公はどの本にすばらしい絵に出会いましたか"，小王同学将此问改为"主人公はすばらしい絵に出会いましたか"，问题迎刃而解。

此后，学生一个接一个地围绕语篇内容展开提问。当个别同学发现自己准备好的5个问题都被前面的同学提问完时，我便提醒他们重新聚焦语篇内容，基于不同的段落重新思考。最终，全班27位同学均参与了问答环节。

根据语篇的难易度和学生的学力，问题有长有短、难度各异。既有简单的、指向语篇基本信息的问题（可以基于原文内容，通过加入疑问词直接进行改编），如"ボアは…6か月の間ずっと眠っている""色鉛筆で初めての絵を描きあげた""6歳のときに画家になる道をあきらめた""ぼくは別の仕事を選ぶことにして、飛行機のパイロットになった""地理の勉強は実に役に立った"。

ボアはどのぐらい寝ましたか。
初めての絵は何で描かれましたか。
6歳のとき、「私」の夢は何でしたか。
主人公は何になりましたか。

何の勉強が実に役に立ちましたか。

也有难度较大的，指向语篇理解的问题，如：

描いた「帽子」は何ですか。

この絵を本当に理解している人は多いですか。

主人公は何枚の絵を描きましたか。

どうして6歳で偉大な画家になる道を諦めましたか。

大人たちはどんな話が好きですか。

第四步，通过27组问答句，学生反复地、有重点地阅读语篇，能够深入地掌握语篇内容。作为收尾，教师可带领学生梳理行文脉络，再次回顾语篇内容。为呼应本课内容，我布置了"总结出最佳5组问答句，写100字小作文介绍文中的'すばらしい絵'"的作业。

学生撰写的小作文如下：

①6歳の時にこのすばらしい絵に出会いました。この絵にはボアという大きなヘビが動物を呑み込もうとしている場面が描かれていました。ジャングルの冒険についていろいろ考えた後、私も初めての絵を描きました。しかし、絵を見た大人たちはそれがただの帽子だと思っていました。その後、聡明な人に会いましたが、やはり私の絵を理解できませんでした。私は自分の作品の不評に意欲をそがれて、画家になる道をあきらめました。

②原始林についての本の中にすばらしい絵があります。ボアという大きいヘビが獲物を呑み込もうとしている瞬間を描いた絵です。主人公はその絵を見てから、色々なことを考えて初めての絵を描きあげました。彼の作品は王子様と友だちになるきっかけになりました。ですから、この挿絵は物語の展開にとってとても重要です。

教学实践反映出了教学妙招中需要教师及时关注的几个细节。接龙中，为防止完成问答任务的学生走神，需提示学生接龙的次序，可以临时回转到已完成问答任务的学生。传问中，为避免问题重复，需提醒学生基于不同的段落内容提问；若学生听不懂前面学生提出的问题，可以根据学生的学力对问题做出解释或者引导前面的学生重新提问；学生容易局限于语篇的局部信息，提问和回答的句子常常不完整，此时要提醒学生使用完整的语句来问答。

此外，从教学实践中使用的语篇来看，对于课堂教材的内容，学生能驾轻就熟地完成接龙传问。对于课外读物，虽难免出现难度较大的句子或内容，但通过多轮问答环节，学生便能对语篇展开"解构"和"重构"，进而完成较为深入、透彻的阅读。在此基础上借助听、说的语篇理解与表达，便于学生能够在思考中学习、在学习中运用、在运用中展开合作。

点睛 ▶▶▶

- 如何才能在外语课堂的问答环节中集中所有学生的注意力，让学生尽可能100%地参与？"接龙传问"给出了很好的回答。
- "接龙"：次序规则是接龙的重点，次序可以固定，也可以中途进行个别更改。
- "传问"：学生既是上一问题的回答者，又是下一问题的提出者。每一个问题都要围绕语篇展开，而且不能重复。
- 花式问题可以围绕5W2H（何时、何处、谁、何、何故、どのように、いくらなど），从特殊疑问句和一般疑问句两种问句中进行选择。
- 课堂教学中，要基于语篇的特点展开课堂问答环节，教师可根据问题的不同难度和学生的不同学力随时调整引导方式，要求学生说完整的句子，同时关注已参与问答和未参与问答学生的课堂参与度。
- 巧设作业让学习延伸。作业根据语篇的内容和形式，提倡多样化，可以是问答总结、小作文、短会话、小视频等。

阅读记录	
我的收获	
我的反思	

建议十七
星级讲师，小组 PK 赛

课堂还原 ▶ ▶ ▶

试题讲评课上，学生一边记老师写在黑板上的重点内容，一边在试卷上写满解题思路，红笔勾掉的错误答案和满试卷黑色的注释形成鲜明对比。安静的教室里只有学生"沙沙沙"的写字声和老师的讲解声："前天在巩固练习中做了相同类型的题，这套试卷中只是把题干中的名词换成另一个词，就有十四名同学答错了。还有38、42题也是一样的情况，都是刚讲完的题型，这次练习又做错了。难道大家没听懂我前天的讲解？今天听懂了吗？"

学生低着头，默不作声地看着试卷。"课后把今天答错的题目整理到错题本上，明天课上默写单词和句型，然后做错题巩固练习。"老师继续说道。

翌日课上，大部分学生默写完成情况良好，但当看完学生巩固练习的答题情况时，老师那点雀跃的心情又跌落谷底。昨天答错该题型的学生今天都对了，可是昨天答对的同学中却有5人答错了。

老师陷入沉思，如何才能增强试题讲评课的效果，降低学生的同类型题目的错误率？

教学妙招 ▶ ▶ ▶

学生们反复做错的题目恰恰暴露了外语试题讲评课和学生外语学习中经常出现的问题：上课时老师一味地讲解自己选择正确答案的思路，下课

111

后学生死记硬背单词和语法。学而不思则罔，思而不学则殆。学外语也需要学生主动去思考、理解、总结、表达。

知之者不如好之者，好之者不如乐之者。为了使学生在试题讲评课上能"勤思、乐学"，老师开展了评选"星级讲师"的课堂小组PK赛。

1. 课前准备，小组讨论

首先，老师总结学生的错题题号交给小组组长。小组成员课前讨论并整理试题相关知识点，本组成员为大家进行试题讲解，然后按照题目考查的知识点类型将题目归类。

2. 课堂抢答，学生讲解

课上按照老师总结的题号顺序，进行小组抢答。每组每轮指定一名同学进行抢答（每人每堂课最多抢答2道题）。老师公布题号后，学生马上站起来，最先站起来的学生"抢题"成功并进行该题目的讲解，讲解时间不超过2分钟。其他小组成员在该学生讲解结束后可以针对本题不理解的地方进行提问，提问环节每题不超过2分钟。答题小组讲解清晰，并能回答出其他小组提问的可积分；如不能回答出提问，答题小组和提问小组分别积分；如讲解错误，答题小组不计分，该题重新进入抢答环节。

3. 小组命题，深挖"陷阱"

在课堂抢答环节结束后，每组按照考查知识点分类自选两类题型进行小组命题，每个类型出1道题，共2题。要求试题情境合理、答案唯一。讨论结束后展示命题的题目，所有学生一起思考答案，并对试题的准确性进行讨论、提问。如命题组的试题为有效问题，则命题组积分；如提问小组找到试题的不合理处，则提问小组积分，命题组不积分。

4. 评选"优质题目"

课后，各小组投票选出"优质题目"，每组3票，均须投给不同的题目。将获得"优质题目"选票的题目录入班级题库。

5. 评选"星级讲师"小组

每周进行小组积分总结，评选积分最多的小组为"五星级讲师"小组，其他小组按照积分由多到少依次为"四星级讲师"小组、"三星级讲师"小组、"二星级讲师"小组和"一星级讲师"小组。学期末得到各等

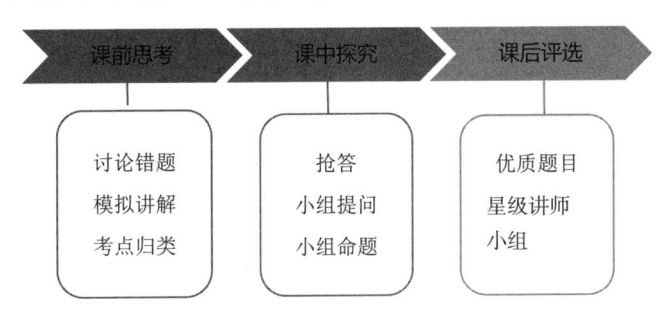

级星级讲师最多的小组，可以获得相关证书和奖励。（如图1所示）

图1　试题讲评课设计流程图

课前思考 → 课中探究 → 课后评选

- 课前思考：讨论错题、模拟讲解、考点归类
- 课中探究：抢答、小组提问、小组命题
- 课后评选：优质题目、星级讲师、小组

组织学生活动前，老师应根据学情给学生分组，尽量使各小组总体实力均衡，力保学生的"起跑线"相对公平，进而激发学生的竞争意识。

学生活动时，老师不仅要推动学生合作学习活动的顺利进行，引导学生思考、讨论的方向，还要像比赛裁判员一样，使课堂活动有序进行。

另外，教师必须提前规定活动规则、积分规则和奖惩方式，并与课代表一起商讨可行性，使之充分发挥激励学生的作用，并在活动前公示。（下附活动规则表和积分表，仅供参考，见表1、表2）

表1　活动规则表

1	最先站起来即抢答成功
2	规定时间内作答
3	回答其他小组提问
4	每人每堂课最多回答2道题
5	答不出或答错问题，则该问题重新抢答
6	试题命题情境合理，答案唯一
7	评选投票（3票）须分别投给3个小组
8	每周总结小组积分，从高到低评选星级讲师小组

表2　积分规则表

1	讲解正确，表达准确积1分
2	正确解答其他小组提问积1分
3	命题为有效题目积1分
4	针对试题进行有效质疑并改正题目积1分
5	优质题目选票，每票1分

实践案例 ▶▶▶

1. 晚自习布置任务

老师将第二天要讲解的错题题号交给课代表，由课代表在晚自习时写在黑板上。自习课时，学生小组内部热烈地讨论着。答对题目的同学给答错的同学讲解；遇到都答错的题目时，小组成员一起翻书、找笔记、交流想法，不时听到学生恍然大悟地低语："哦，我明白了，这是句型！你们看……"十五分钟的限时讨论很快过去了，学生开始进行考点归类。

2. 课堂小组活动

老　师：今天讲解本周测试卷的日语知识运用部分。按照昨天总结的题号顺序依次抢答并讲解。请大家注意，当我说完"开始"后，才能站起来抢答，最先站起来的学生视为抢题成功并答题。每组选一名成员抢答，只有站起来抢答的学生才能进行题目讲解，不能求助组内其他成员。讲解时长不超过2分钟。其他小组成员认真听讲解，讲解结束后开始提问环节。提问题目必须与本题相关，比如选项间的区别等。如讲解的同学答不出来，则由该小组其他成员进行补充。如果讲解小组所有成员都不能回答出来，就由提问小组给出答案，如答案准确，那么提问小组和答题小组各计1分。所以请同学们务必认真、仔细听问题和讲解。我来给各组计分。好的，请同学们做好准备，现在第18题，开始。（话音一落，几名同学站了起来。）甲同学抢题成功，那么这道题就请甲同学给大家讲一讲。

甲同学：这道题仅看选项就能知道，这是一道考查助词的题目。通过横线前的名词"橋"和横线后面的动词"渡る"能看出是词组"过桥"。

那么选择助词"を"表示"桥"是经过的场所。

老　师：讲解得非常清楚。其他同学有问题可以举手向甲同学提问。好，乙同学请提问。

乙同学：为什么不能选助词"で"呢？

甲同学：首先，"渡る"是表示移动的自动词，很明显桥是人物移动经过的场所。其次，如果你选择"で"，是想表示桥是动作发生的场所吧？但动作是"过"，所以这个词组就不成立了。如果把动词换成"歌う"，在桥上唱歌，就可以了。

老　师：好的，回答得简明扼要，还有具体示例。提问时间到了。甲同学这一组加2分。乙同学提的问题也准确地指出了一部分同学的易错点。大家再接再厉，看到底哪组能拿到"星级讲师小组"称号！下一题26题，开始！

经过20分钟的激烈抢答活动后，学生开始根据考点分类命题。有的小组内部分成两个"命题小组"，有的小组共同思考命题。很快到了规定时间，老师说："开始审核小组命题。请各小组通过电脑展示题目，其他小组讨论2分钟后给出答案。如果认为命题不符合要求，则须指出问题，并进行改正。如符合活动规则的要求，则按照积分规则给各小组积分。现在请第1组展示。"第1组同学在电脑中展示出题目图片，其他小组同学开始讨论题目，思考出答案的同学马上举手回答，如图2所示。

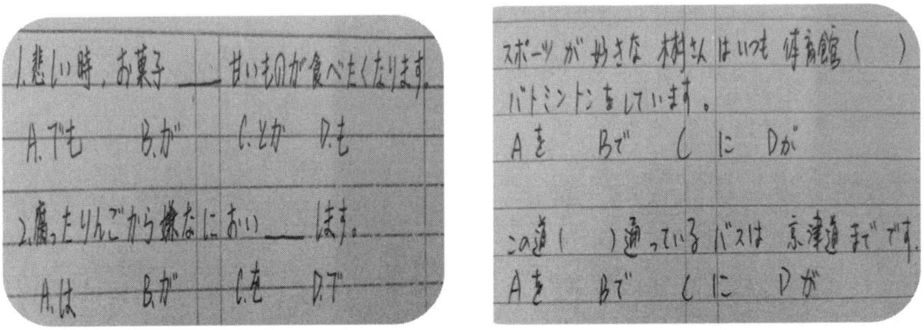

图2　学生命题题目

课堂不再是一幅"静止的画"，它在学生斗志昂扬的抢答中、有理有据的质疑声中生动起来。下课时，学生意犹未尽地对老师说："老师，明天上课还讲题吗？"

3.课后评选

课后由学生讨论并匿名给优秀命题小组投票，在投票单上写明小组名称后交给课代表，由课代表和老师共同统计小组得票和小组得分情况。小组积分以表格形式在班级里公布。统计完每周积分后，老师为学生说明评选结果："本周两次试题讲评课，每组同学都做得非常好，能够积极思考，努力抢答，为本组争光，所以分数相差非常小，第一名仅仅比第二名高了1分，险胜。那么，本周取得了'五星级讲师小组'称号的是……"。老师特意停顿了一下，看着学生侧耳倾听的模样，继续说："第3组！恭喜！希望你们再接再厉，继续加油！"然后老师又公布了其他各星级小组，并将每组的名字郑重地写到星级小组公布栏中。

通过一个月的"星级讲师"的课堂小组PK赛，课堂气氛明显活跃起来，极大地提高了课堂效率，需要讲解的题目数量越来越少。学生从被动的听讲者变为试题小讲师、试题的命题者，角色的转变成功地提高了他们学习的主动性、对知识的梳理与表达能力。小组PK赛不仅锻炼了学生个人，还促进了学生间的交流与合作，培养了学生的团体意识。

小组PK赛给学生提供了课堂内外角色转换的机会，促使学生站在不同的立场思考问题、提出疑问、分析问题、解决问题、表达观点，培养学生认真预习、主动思考、团结互助、善于表达的学习能力和思维品质，让稀松平常的试题讲评课转变为学生展示自我的舞台！

点睛 ▶ ▶

- 学外语绝对不是死记硬背，是需要学生主动思考、理解、总结、表达。
- 学生从被动的听讲者变为试题小讲师、试题的命题者，角色的转变成功地提高了学生学习的主动性、对知识的梳理与表达能力。

阅读记录	
我的收获	
我的反思	

建议十八
巧用错题本，适应个性化教学要求

课堂还原 ▶▶▶

开学第一周的某天早上，课代表敲开了教师办公室的门，给王老师送来了前一天布置的作业——语法错题本。王老师觉得很欣慰，因为每个同学都交了，这个头开得不错。而且王老师还提了具体要求，希望学生们写清题面、四个选项、正确答案所涉及的关键知识点，以及当初学生错选的原因分析。王老师想，学生在课上听了一遍知识点的讲解，然后通过课后整理错题本，肯定又消化吸收了一遍相关知识点，以后遇到相同知识点的题目，一定不会再轻易犯错了。

开学第二周的某天早上，课代表又给王老师送来了语法错题本，并说明有些同学没有提交。于是王老师把他们叫到办公室，语重心长地说明了错题本的作用和重要性，告诉他们通过整理错题可以提高他们的学习效率，以后知道复习哪里，并鼓励他们要坚持使用错题本。同学们安静地听着，似乎都明白了王老师的良苦用心。

开学第三周的某天早上，王老师照常批阅学生的错题本。不一会儿，王老师就开始眉头紧蹙，双拳紧握。因为经过核对，她发现同学A明明错了好多题，却只整理了寥寥数题；同学B总结的关键知识点居然是照抄同学C的；同学D分析的错题原因永远是"当时没有想明白"。如果想让班级同学按照自己的要求继续整理错题本，王老师不得不花更多时间去约谈这些同学。想到这里，王老师给自己打气，鼓励作为新教师的自己，万事开头难，再难也要坚持下去。

就这样，每周送到王老师手上的错题整理情况，时好时坏，学生的完成质量也因人而异。但王老师坚信自己和学生的坚持一定会得到回报。

很快，第十周期中考试马上就要开始了。王老师上课多次强调错题本在备考阶段的重要性，督促学生回家认真看，千万别再犯同样的错误。

期中考试结束，成绩公布了，王老师迫不及待地看了语法部分各题的正确率，顿时心头一紧。上半学期课堂上、作业中反复操练过的几个重难点语法题，正确率居然和平时小测验持平，这说明情况并没有得到改善。甚至其中一道题只是改了个主语，属于旧题重做，正确率却低于平时。

王老师捧着这样的数据统计，一个人静静地坐在办公桌前陷入了沉思，明明已经严抓错题本了，为什么问题还是得不到改善？

教学妙招 ▶▶▶

为弄清王老师教学问题的症结所在，我们首先需要从根本上反思准备错题本到底是为了什么。答案就是一个字"用"。把自己曾经错过的题目收集成册，下次再做一遍，检验自己能否做对，将错题本变成学生自己的个性化习题集，这就是对"用"的最好诠释。

从"用"这个角度来说，只要错题本收集了自己过往的错题，且备注了正确答案，就具备了"用"的基础条件。接下来教师需要关注的其实是如何提供"用"的机会和增强"用"的效果。反观王老师的教学案例，对于错题本，她一直在强调"看"。对于自己，希望借由同学交上来的错题本，"看"到每个同学对知识点的诠释是否正确，以及对错误原因的反思是否到位；对于学生，要求他们在复习的时候回"看"自己的整理，能够"看"会、"看"懂知识点。

王老师对错题本整理的高要求，一方面给少数能力较弱、错题较多的学生造成压力，使得部分学生漏写缺交，另一方面，王老师也给自己带来较大的教学负担。另外，错题答案和分析都完全呈现，学生一"看"就会、就懂，何谈去思考、再做一遍呢？这样根本达不到"用"错题本的目的。俗话说"光说不练假把式"，在学生自主学习任务中，布置"看"错题本，效果可想而知。另外，对重难点知识的总结和记录，应该呈现在课堂笔记本上，而非错题本中。

因此，在教学过程中，要求学生精编错题本，还不如要求他们巧用错题本。教师应先夯实错题本"用"的基础，创造"用"的场合，增强"用"的效果。

1. 夯实"用"的基础

如前文所说，错题本只要有题目和答案就可以了。但是为了方便学生再次做题时使用，建议在页面版式安排上做出要求，如图1所示。

此处统计做错次数，做重难点标记	1.（题面）				
		A.	B.	C.	D.
	2.（题面）				
		A.	B.	C.	D.
	3.（题面）				
		A.	B.	C.	D.
	4.（题面）				
		A.	B.	C.	D.
	（略） 答案：1.B 2.C 3.D 4.A				

图1 错题本的制作版式和要求

要求：（1）只写错题的题面和选项。

（2）在页底写答案（建议反过来写，用视觉偏差阻碍一眼明了的答案）。

（3）题面前留空隙，方便统计自己的错误频次，并做重难点标识，错三次以上要圈画突出。

2. 创造“用”的机会

可以根据实际学情，每周在课堂上安排一次5～10分钟的“错题重做”时间，并把这种模式坚持下去。考虑到错题本要多次重复使用，所以可以要求学生做题时把答案写在其他地方，做完后再自行核对答案。做错的题目要求在题面前留白处标记错误次数（画正字），错三次以上的需要用红笔圈画重难点，如图2所示。核对答案完毕后，可以安排与同桌讨论，或者全班提问。

通过创造这样的实际使用机会，学生能够真正认识到错题本不是一个用来交差的作业，不是下发后就可以拿回家放着的物品，而是在课堂上真实可用的个性化题库。通过累积和使用，可以帮助自己检验相关知识的掌握程度，真正从内心认可错题本的制作价值。

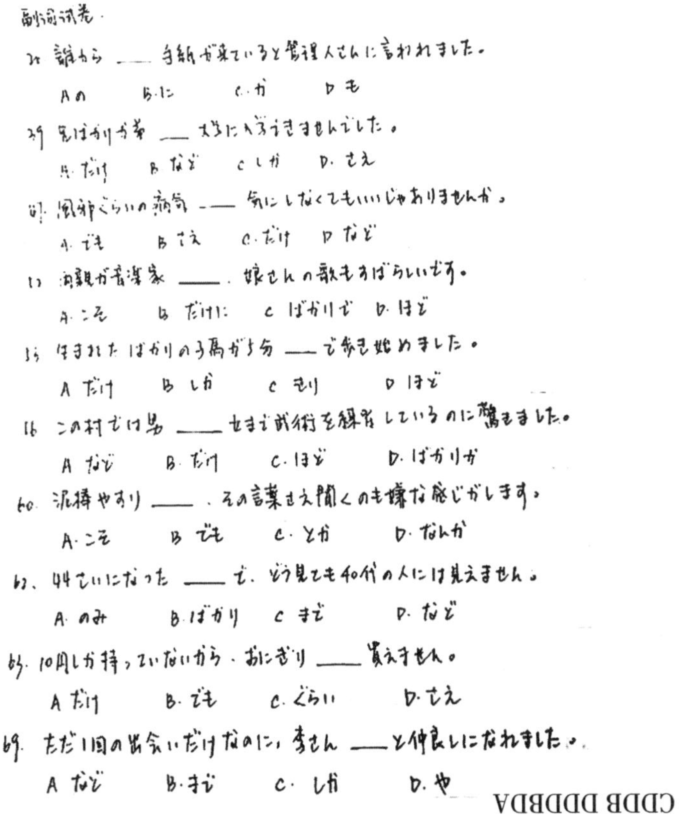
副词试卷.
2? 誰から ___ 手紙が来ていると管理人さんに言われました。
A の　B. に　C. が　D も
39 兄ばかりが弟 ___ 大学に入学できませんでした。
A. だけ　B. など　C しか　D. さえ
07. 風邪ぐらいの病気 ___ 気にしなくてもいいじゃありませんか。
A. でも　B さえ　C. だけ　D など
11 両親が音楽家 ___ 、娘さんの歌もすばらしいです。
A. こそ　B だけに　C ばかりで　D. ほど
15 生まれたばかりの子馬が5分 ___ で歩き始めました。
A だけ　B しか　C きり　D ほど
16 この村では男 ___ 女まで武術を練習しているのに驚きました。
A など　B. だけ　C. ほど　D. ばかりか
60. 泥棒やすり ___ 、その言葉さえ聞くのも嫌な感じがします。
A. こそ　B でも　C. とか　D. なんか
62、44さいになった ___ で、どう見ても40代の人には見えません。
A. のみ　B. ばかり　C まで　D. など
65. 10円しか持っていないから、おにぎり ___ 買えません。
A だけ　B. でも　C. ぐらい　D. さえ
69. ただ1回の出会いだけなのに、李さん ___ と仲良しになれました。
A など　B. まで　C. しか　D. や

图2　学生完成的错题本实例

3. 增强"用"的效果

教师可以在这方面多做尝试，巧思妙想设计错题本的各种使用方式，让学生的个性化错题本能够在更大范围内发挥作用，实现更高的价值。以下提供几种使用建议。

（1）"强化版错题"

每隔1~2个月，可以让学生根据自己的原始错题本提炼、收集自己的高频错题，制成"强化版错题"，置于日常版错题本的首页（此方法推荐使用活页本），方便优先使用，给日常的"错题重做"提速提效。

（2）"错题换做"

除了"错题重做"，还可以设计和同桌、小组成员进行"错题换做"。这种练习方式兼备教和学的角色要求，具有趣味性和实用性，同时也是一个非常好的以教促学的知识强化过程。如果对方做错了，作为"小老师"是否能够顺利为同学答疑解惑，很考验学生对知识的真正掌握和运用能力，而且具有一定的挑战性，很受学生们欢迎。如果在日常的"错题重做"后，实践安排有盈余，就可以同时安排"错题换做"，提高课堂效率。

（3）"错题大家做"

整合小组成员的个性化高频错题，通过小组合作的方式每个月推出一期"错题大家做"海报，张贴在教室后方，分享给全班同学。海报制作要求值日小组成员每人都出题，讨论选出海报中"五星推荐"的题目。这样的小栏目设置，一是为了让小组成员带着任务去真实地了解彼此的高频错题，二是为了让海报有亮点和趣味性，吸引其他小组来挑战错题，以攻擂、守擂的模式，培养学生的主动学习意识和敢于挑战困难的勇气。

实践案例 ▶▶

这个学期，王老师尝试改变了对错题本的制作要求和实际使用方式。

首先，在学期伊始，王老师和学生明确了错题本的制作版式和要求（图1所示）。在每次语法练习后，都会及时布置整理错题本的任务。因为对整理的内容要求变得更简单纯粹，所以学生的主动性也变强了，完成时间也缩短了不少。经常是上午布置的任务，学生们利用午休时间便积极完成了。这样一来，缺交漏写的情况大有改观。另外，为了提高平时的课堂效果，也为了防止学生漏带遗失，王老师会要求课代表在完成整理后的第二天将错题本收上来，由她代为保管。

每周五日语课的前10分钟，是王老师设定的"错题重做"时间。上课前，课代表会把保管在王老师这边的学生错题本分发下去。每位学生自觉做完近期错题、核对完答案，然后认真标记错误频次。多次操练之后，这个任务5分钟内即可解决，所以王老师还安排了其他配套任务。

今天也是周五，王老师安排的配套任务是"错题换做"，让同桌同学换着做对方的高频错题，然后帮对方批改，相互教学。上个礼拜王老师安排的则是前后桌同学的"错题换做"。学生讨论的时候，王老师和往常一样，走下讲台，倾听、观察他们的交流，了解学生们的掌握情况。这次遇到了两位学生各执一词的情况，王老师让两位学生在大家面前说出理由、引用相关知识点进行论证，然后让同班同学来评判对错、归纳总结。看到学生们主动参与其中，热烈讨论并快速查找材料来确认，王老师感觉到学生们真的把错题本"用"起来了。

今天课后，王老师没有同往常一样回收错题本，因为她想到实施错题本新方法已有一个多月了，是时候让学生归纳总结了。于是她给学生布置了"强化版错题"任务——整理近期自己的高频错题，同时提醒学生下周举行首届"错题大家做"活动，负责海报制作的小组提前做好"守擂"工作，其他同学做好"攻擂"准备。

"错题大家做"的海报展示，除了希望可以发挥错题的公共价值，还藏着王老师的一己"私心"，她想把班级同学每一次的"错题大家做"收集成册。这样不仅可以为将来的总复习留下资料，还可以成为今后教学的备课智库，让自己可以长期跟踪、把握学生学习日语的特点，做到有的放矢，为个性化教学提供最真实有效的一手数据。

回顾这一个多月，王老师发现用在检查学生错题本上的时间明显减少，但是教学效果显著提高，学生们不但认可了错题本的价值，而且在课堂上把错题本真正用起来了，真的是事半功倍。

点睛 ▶▶

• 知错就改，善莫大焉。错题本是学习过程中的重要法宝，但是个性化教学要求在错题本的整理和应用上也要推陈出新。

• 传统错题本的功效不高，究其原因：一是给学习习惯较差的学生带来压力，使得部分学生开始漏写缺交；二是教师疲于查缺补漏，会给自己带来较大的教学负担；三是题目答案同时呈现在纸上的制作方式反而让错题本难以为学生所"用"。

• 错题整理的目的是应用，最终学会，不再出错。与其要求学生精编错题本，不如要求他们巧用错题本。教师应该把关注点放在夯实"用"的基础、创造"用"的机会和增强"用"的效果上。

• 教师设计和错题本相关的课堂活动，要让学生认识到错题本不是一个用来交差的作业，而是在课堂上真实可用的个性化题库，通过累积和使用，可以帮助自己检验相关知识的掌握程度。

• 开展"强化版错题""错题换做""错题大家做"活动，可以延伸个性化错题本的功效，让学生从内心认可错题本的制作价值。

阅读记录	
我的收获	
我的反思	

建议十九
真实的情境推动真实的表达

课堂还原 ▶ ▶ ▶

现在担任高二日语教学的小王老师有一件烦心事,那就是觉得日语写作课堂的推进有点困难。

学生们已经学了一年多的日语,虽是高中零起点,但是词汇量和句型都有了一定的储备和应用能力。小王老师运筹帷幄,高二就开始实行日语写作常规训练。原因有二:一是觉得写作能力的养成不可能一蹴而就,需要日积月累,慢慢提高;二是觉得学生对写作有畏难心理,想通过日常练习来帮助同学慢慢适应,最终克服恐惧,提高写作技能。

然而布置了三次写作作业后,小王老师发现不知如何去修改学生的作文。里面既有单词和语法等表达层面的问题,也有内容结构、思维逻辑层面的问题。通常她要花好几天的时间才能看完。不仅如此,她还要花费大量的时间去准备讲评作文的课件。

面对辛苦准备的课件,学生们的听课效果却令人失望。一到作文讲评课,学生们就萎靡不振、反应迟钝、满脸困惑……对于学生来说,日语写作似乎无法点燃他们表达自我的热情,从来就只是为了交作业而写作。

小王老师一开始从自己身上找原因,认为自己的教学不得法。于是在讲评之后,她煞费苦心地要求学生们根据老师的批改反馈,进行修改或二次写作。但是收上来后发现,除了那些被老师明确指出的语法错误得到了修正之外,很少有同学会根据讲评课再仔细思考,对自己的作文进行大修大改、推倒重造,完成真正意义上的二次写作。

这个问题实在让她头疼。她总感觉自己一头热，设计课堂、讲评作文，又正面指出了学生的各种问题，但是为什么学生无法对写作充满热情呢？特别是明明知道了自己的问题所在，为何却不在修改、重写的时候，再次挑战正确的表达、清晰的构架、高深的立意呢？为此她找班级里的学优生和学困生谈心交流，学生们也都表达了想好好写的意愿，可为什么很难看到实际行动呢？

小王老师为了彻底弄清楚这背后的原因，把最近写过的作文题目都罗列了出来：

1. 大学を卒業したら
2. 環境汚染について
3. 日本で一番行きたいところ

看着这些题目，再想到自己的这些学生，小王老师似乎觉察到了什么。

教学妙招 ▶▶▶

其实小王老师已经敏锐地感知到了问题的所在。她发现了学生对写作缺乏热情的一个主要原因——写作主题远离学生的日常生活，学生对主题内容没有真实经历，无法与写作主题产生共情。

学生们才上高二，连高中都还没有毕业，如何能够想象出自己大学毕业后的事情，又如何能够在文章中有理有据地阐述做出选择的理由呢？学生们每天大多重复着两点一线的学习生活，如果缺乏敏锐的观察力和教师的有效引导，如何能够具体又精准地捕捉社会问题、阐述环境污染呢？同样，许多学生对日本也只有一个模糊的概念，如何能够具体地写出想去的地方和理由呢？

小王老师开始明白，虽然作文主题并不一定都是学生经历过的或是熟悉的，但是至少在起步练习日语作文的阶段，陌生且远离学生日常生活的主题不应掣肘学生的表达热情。在挑选起步阶段的作文主题时，应该尽可能地选择一些他们生活中真实存在的情境，激发他们对主题的共鸣，从而产生表达和写作欲望。

意识到这个问题，小王老师设计了一套适合初级阶段写作训练的"知ってもらうための、自分に関する作文シリーズ"，里面包含了8个和学生自己有关的作文主题。因为和学生自己的生活紧密相连，所以每个学生的脑海里很快加载出了想表达的内容。

在进度安排上，第一周写作文初稿，第二周教师反馈修改。所以一个月可以推进2个主题，一共8个主题，可以覆盖一个学期的写作练习，见表1。

表1　一个学期的作文主题

作文主题	写作要点
私の家族	1.简单介绍家庭成员，并描述他们的体形、性格特征。 2.通过一件事，具体描述家庭成员之间的相处。
私の趣味	1.简单介绍一个自己的兴趣爱好。 2.阐述拥有这个兴趣爱好的契机。 3.说明它对自己的影响。
私の一日—週末の過ごし方	1.简单介绍自己的某个周末是如何度过的。 2.表述对这样度过周末的具体感受。
大切な場所	1.描述自己最喜欢的一个场所。 2.说明喜欢这个场所的理由。
憧れの職業	1.介绍自己憧憬向往的职业。 2.阐述向往这个职业的理由。 3.介绍为了实现这个梦想，做过或在做何种努力。
好きな料理	1.介绍自己最喜欢的菜品或食物。 2.简单描述其做法、味道等。 3.阐述喜欢它的理由。
心に残った一言	1.介绍自己印象深刻的一句话。 2.描述接触到这句话的场景，说明对其印象深刻的理由。 3.阐述这句话对自己的影响。
高校三年生の私へ	1.给一年后读高三的自己写一封信。 2.想象一年后自己的变化。

以上8个主题都是围绕学生如何正确认识自我、表达自我而展开的，前后衔接形成一个作文系列，内容更贴近学生的日常生活，让学生有话想说、可说、可写。

从另一个角度来看，这些主题分别能够训练学生对人、物、事的描写，从要点设置上充分考虑了文章逻辑思维的有序推进。按部就班地坚持练习下来，学生的日语写作基础就夯实得差不多了。

接下来小王老师再下功夫，遴选出其中5个作文主题，规划和组织了4次相应的课堂活动。活动特别注重营造真实的情境，结合了辩证思维能力培养、励志教育理念等，让学生的作文中有亲身经历、真情实感；同时活动中加入日语会话、问答、演讲等内容，让学生体会到用日语表达的快乐和成就感，具体见表2。

表2　各作文主题的课堂活动

作文主题	对应课堂活动
私の趣味	匿名展示学生的作文，让学生凭借对彼此的了解，猜出写作文的人，促进学生间的了解和交流。
大切な場所	第二次修改完作文后，组织学生依据作文文本实地拍摄，制作短视频，在课堂上多模态展示对自己而言重要的地方，体会分享和表达的乐趣。
好きな料理	每位学生提供一张作文中描写的食物照片，大家手持照片，尽量脱稿完成演讲，让学生体会演讲的情感表达和气氛渲染的效果。
憧れの職業 高校三年生の私へ	完成作文修改后，发放信纸，让学生当堂完成誊写，并装入信封。封口并写好名字，交由日语教师保管。教师在高三新学期开始之际把这封信交还学生，让学生重温高二时候的梦想和憧憬，鼓励他们不忘初心，勇往直前。

实践案例 ▶ ▶ ▶

真实的情境推动真实的表达。虽然新作文写作方案才实施2个月，小王老师明显感觉到了学生们在写作态度上的转变。

拿"好きな料理"的写作举例，很多同学在一开始写作的时候仅凭口味喜好选择了一种菜品或食物，在描述为什么喜欢这种食物的时候也仅仅说是因为好吃，所以文章整体上显得空洞又单薄。

小王老师没有直接点评这篇作文，而是先介绍了其他同学的优秀作文，引导学生发现美味背后的故事，发现美食与自己的联系，让学生把写物与写人、写事有机结合，达到深化作文主旨、逻辑条理化的目的。比如同学A介绍了她喜欢的菜品是番茄炒蛋，并写下了如下文字（经过小王老师修改过的二稿）：

> 私にとって、一番好きな料理はトマトと卵の炒め物です。なぜなら、それは仕事に忙しい母が最も頻繁に作る料理であると同時に、私にとって最もおいしい料理だからです。母はサラリーマンで、普段会社から戻るといつも夜6時半を過ぎています。それでも、母はできるだけ家で料理をして、衛生で栄養が摂れる料理を家族に食べさせようとしています。中では、トマトと卵の炒め物が我が家で最も人気です。酸味のあるトマトと香ばしい焼き卵の相性は抜群で、匂いを嗅いだだけでも涎が出るぐらいです。塾や学校から戻ったとき、食卓にこの料理さえあれば、一日の疲れが消えてしまいます。私にとって、この料理はただの料理だけでなく、母が家族にささげる愛情でもあります。ですから、私は思い出がたくさん詰まっている母のトマトと卵の炒め物が大好きです。（348字）

在此主题作文的课堂活动上，同学A展示了妈妈制作的番茄炒蛋的照片，同时进行了脱稿演讲，引发了其他同学的共鸣。课后不少学生主动要求修改作文，而且为了像同学A那样，表达出自己的真实情感，挖掘出食物和自己之间的小故事、小插曲，在表达方面，也积极主动地去使用或是查询相关单词、语法。

最后，部分同学主动要求进行脱稿演讲，整个活动期间，全班同学没有一个走神或开小差的，都精神高度集中，沉浸在演讲同学的故事中，听得津津有味。真实表达不仅让作文真情流露，更能引发读者的共鸣。

面对写作课，学生们从畏惧、恐惧、困惑、痛苦的心理，逐渐转向有想法、有感情、有内容、有深度的切实写作行动，态度上也更加积极主动，写、改、再写、再改……学生们在写作课上展现出了前所未有的热爱、认真和勇敢，这就是真实表达的力量。只有先设定让学生有话可说的主题，将真实的情境再现于课堂，才能让学生爱上日语表达，迈出爱上日语写作的第一步。

点睛 ▶ ▶

- 许多时候，学生对写作缺乏热情的一个主要原因是写作主题远离学生的日常生活，学生对主题内容没有感受和共鸣。
- 在作文课上，教师应该引导学生发现作文主题背后的人、事、物，让学生把写物与写人和写事有机地融合，起到深化学生作文主旨的作用，达到表达有条理、真实可信的目的。
- 只有先设定让学生有话可说的主题，将真实的情境再现于课堂，才能让学生爱上日语表达，迈出爱上日语写作的第一步。

阅读记录	
我的收获	
我的反思	

建议二十
我们的交换日记

课堂还原 ▶▶▶

周一早上第三节课,我抱着作业本气冲冲地走进日语教室并质问学生:"为什么这么多人不交作业?"刚做完课间操,满头大汗正要喝水的学生吓得赶紧把杯子放下。看见我生气,大家都面面相觑,谁也不吱声。

"我就奇怪了,为什么每当周末留作文都完不成?有那么难吗?来,没交的都说说怎么回事吧。"

同学甲:"老师,我写在纸上了,纸忘记带来了。"

同学乙:"老师,我忘了作文作业。"

"还有谁是用翻译软件完成的作文?我是不是说过查单词可以,不要上网直接翻译整句话?"

同学丙:"有的不知道怎么写,就查了一下……"

……

总之,每次学生们都可以列出各种理由,写作总是拖拖拉拉、推三阻四。为了解决作文拖延和依赖翻译软件的问题,我将写作挪到课上完成,每两周安排一次连堂的写作课。

写作课的开设确实解决了学生们拖延和依赖翻译软件的问题,但久而久之,我却发现学生对写作课提不起兴趣,甚至感到头疼。

教学妙招 ▶▶▶

如果学生对写作不感兴趣,一方面是学生的原因。由于语言"输入"

不够，故而难以呈现"输出"效果（词汇、语法方面）；另一方面是题目本身的问题。题目固定、无趣、脱离学生实际，难以调动学生的写作积极性，言之无物。除此之外，还有一点对于激发学生写作热情至关重要，即学生不知道文章写给谁看，不明确阅读对象，则难以言之有物。

因此，前思后想，我决定为每名学生准备一本精美的密码日记本，正式开始"先生との交換日記"。首先，教师可通过日记鼓励和肯定学生。这对日语表达能力不足、语法基础较弱的学生来说尤为重要。无论写作质量如何，学生愿意尝试动笔才是关键；其次，抛开语言限制，学生对写作内容感到困惑、无从下笔的主要原因是平时的写作训练脱离实际生活，因此应着眼于创造真实的情境，这也是课标和核心素养的要求；最后，"交换日记"面向教师，写作对象十分明确。我只是任课教师，不是班主任，无法全面了解学生平时在校的重要活动和他们生活中的重要片段，导致师生之间生疏不少。因此，这也是一个增进师生相互了解的好机会。

以下是具体实施步骤：

第一步，每周收一次日记本。我觉得日记是学生自己有感而发的内容呈现形式，因此不规定书写时间与主题，不限定书写字数，每天都可以写，但至少保证每周写一篇日记。结果我发现部分学生每周的日记内容都大同小异，无非是我吃了睡了、看了个电影，如此反复，其实并不利于写作进步。

第二步，改进写作内容的规定方式。我将具体写作内容分成三种：不指定主题、指定主题但不指定题目、指定题目。前者占比50%，后两者共占比50%。

"不指定主题"部分任由学生自由发挥，继续激发学生的创造力；同时我有针对性地指导了一位"记流水账"的同学。例如，"每周都看电影"扩展为"发表几句电影观后感"，取代之前单纯记叙电影名称和梗概的写作方式。我非常愿意批阅学生的这类日记，因为没有指定主题和题目，学生可以自由发挥，利于教师了解学生的兴趣、性格、生活片段等，并从中发现学生观察力和感受力的差异，有利于个性化辅导。

"指定主题但不指定题目"和"指定题目"部分主要基于教材内容、

校园生活等进行指定，以下为示例，见表1、表2。

表1　写作内容规定1

\	指定主题但不指定题目		
教材内容相关	《义务教育教科书　日语》九年级第二课 "农业体验" 主题：自选角色写一篇参观日记。	《义务教育教科书　日语》九年级第八课 "曹冲称象" 主题：向日本朋友介绍一个中国传统故事。	《义务教育教科书　日语》九年级第十一课 "漂洋过海的茶" 主题：调查同学及家人的饮茶习惯并写成报告。
校园生活相关	运动会	校园义卖	日语体验课（品尝纳豆、品茶、画风铃、大富翁游戏……）

表2　写作内容规定2

\	指定题目	
教材内容相关	《义务教育教科书　日语》九年级第三课 "机器人" 主题：描述你想要的理想机器人。 题目：私がほしいロボット	《义务教育教科书　日语》九年级第十二课 "留在心里的话" 主题：回顾初中生活，写一写令你印象深刻的话。 题目：心に残っている言葉
校园生活相关	主题：日本友好学校的同学要来你的家乡游玩，请向他介绍你的家乡。 题目：私のふるさと	

教师根据实际学情进行灵活调整，指定主题或题目不一定会降低学生的积极性。例如，学生写农业参观日记时，除了从课文主人公的角度进行写作外，还有的学生选择以黄瓜、玉米、昆虫等视角进行写作，创意十足、逻辑合理，这是我完全没有预料到的。

第三步，尽量保证长期、持续发展。随着学年的增加，写作主题可以突破教材或校园生活的内容，加入对社会时事等话题的探讨与分析。

教师在实施交换日记写作教学法的过程中，有以下几点注意事项：

1. 如何评价——教师评价的注意事项

写作能力需要长期积累，才能有所提升。母语写作尚且如此，更何况外语写作。因此，教师实施交换日记时，切不可急于求成，应摸索行之有效的评价方式，助力学生写作能力的提高。

（1）耐心+放心+关心

耐心：培养学生写作能力并非一朝一夕之事。学生刚开始写的句子长短不一，有的只有几句话，此时教师需要有足够的耐心，一视同仁，不可厚此薄彼。

放心：批改学生日记时，若是教师遇到学生因尚未学过的单词、语法出现错误时，可以适当批注纠正；若是文体、接续等简单的语法错误，不过分纠结，教师可以只用红笔标出，不做修改，放心地交给学生自己去修改。

关心：学生在用外语写作时，因害怕出现错误而畏首畏尾、不敢大胆表达所思所想，此时教师的关心、激励与认可尤为重要。首先，教师可以告诉学生写错没关系，给学生吃一颗"定心丸"；其次，教师要真诚地寻找学生写作的优点，例如，语法基础欠缺但内容构思很棒、逻辑欠缺但态度非常认真等，都可以成为教师的评语。教师可以尝试打破传统的"减分法"，更多地关注学生的优点。

（2）互评+自评

除教师评价之外，学生互评与自我评价也是促进写作能力提升的有效方式。指定主题但不指定题目、指定题目的文章，征得学生同意后可实施学生互评或集体赏析。此外，教师可在一个月内或者一学期内组织学生进行阶段性自评，建议学生将每次的自评表粘贴在日记本后面，借此建立学生个人成长档案，方便学生清晰地认知自己的写作成长过程。

下面为互评、自评、阶段性自评的样例表，见表3、表4。

表3　互评和自评样例表

互评/自评	加油！	还差一点！	做到了！	很棒！
1.内容				
2.结构				
3.读者意识				
4.语法				
5.词汇				
6.汉字				
7.文体				
8.修改态度				
9.向同伴学习的态度				

表4　阶段性自评样例表

阶段性自评时间			姓名	
1.对比本月/本学期日记，我的新发现（内容上）：				
2.有必要记录下来的重要信息（优点/改进之处）：				
3.接下来我想尝试：				

2. 如何回复 —— 教师批复的注意事项

教师用红笔批阅后，可以用黑笔回应学生日记的内容。这是与传统周记的不同之处，此时应注意：

（1）疏导建议不宜过多

表达欲望强烈的学生会将一些日常生活或困惑、烦恼等写进日记，教师作为有经验者可以适当给予疏导。但切记并非所有内容都能以"你应该这样做"等说教式口吻予以回应，有时候一句"そうですね。"可能更利于沟通。

（2）以身作则，添加适度

教师若有感而发也可以适度讲讲自己的故事，一方面学生会产生"我是独特的，我是被老师关注的"这种感觉，有利于提高学习积极性，增进师生间的感情；另一方面学生也可能从教师的文字中获得启发，事半功倍地通过写作接受德育教育。另外，需要我们格外注意：教师毕竟是一种职业身份，因此以教师身份与学生交流时，一定要把握尺度。

实践案例 ▶▶▶

交换日记已实施一年多，我发现学生对写作的抵触情绪明显减少了，已经养成用日记记录事情的好习惯。另外，用心修改日记的学生，语法错误明显减少，有两位同学的作文还入选了高考优秀作文选集，如图1、图2所示。

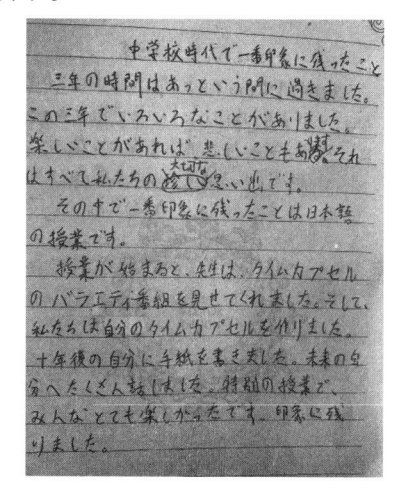

图1　学生日记1　　　　图2　学生日记2

建议二十　我们的交换日记

　　一次家长会后，有两位家长主动与我沟通。一位家长说："孩子说您每次的批复比他自己写的都长，因此他特别感动，现在总想着把遇到的新鲜事儿写进日记告诉老师。"另一位家长说："我家孩子也说老师会在日记里表扬他，都是一些白天课上课下特别细小的点，他现在最喜欢学的科目就是日语。"我听后十分感动，没想到小小的日记本竟给学生带来如此大的触动。

　　其实我才是最应该表达感谢的那个人，有的学生会把操场上发现的小瓢虫、老师的小口误、家里的小趣事、从未告诉过别人的小烦恼写进日记里。我接触到一个个可爱、鲜活的灵魂，收获了满满的幸福感。

点睛 ▶▶▶

- 明确作文的阅读对象至关重要，可以激发学生的写作热情。
- 教师对学生的信任也非常重要。例如，教师可以用红笔标出简单的语法错误，不做修改，放心地交给学生自己去修改。

阅读记录	
我的收获	
我的反思	

137

建议二十一
试试"五分钟采访"吧

课堂还原 ▶▶▶

在一次口语练习课上,我将任务卡发放给各组并在确认他们能够理解卡片任务后,下达了"では、ロールプレイを始めてください"的指令,学生们开始演练后,我在各组间观察并倾听大家的对话。此时听到有一组的一名学生对另一名学生说:"你先说这句,然后我这样说,然后你再……"我立刻提醒他们要用日语进行对话,但当我走远后,他们又开始用中文讨论。

这样的现象似乎开始"传染",悄悄用中文讨论后再展示会话的小组逐渐增多,而且这种情况屡禁不止。这完全偏离了我设置角色扮演任务时,要求学生在真实情景中使用日语解决问题的初衷。这让我十分苦恼,也开始反思:"是我布置的任务难度太大,从而导致大家不得不用中文沟通后再进行任务展示吗?或者任务内容本身太无趣,导致学生失去想要交流的欲望?"

针对以上反思,我做了诸多尝试和改进。例如,降低任务难度、调整任务内容、使主题更贴近学生的兴趣或校园生活,但效果仍不明显。我又反思:"是否学生在日语课上太过随性,缺乏紧张感。"因此在小组角色扮演时进行计时,要求学生在规定时间内完成任务,刚开始实行计时的时期,效果显著。学生能保持适度的紧张感,并尝试在规定时间内用日语完成任务。但后来我发现,学生担心规定时间内完不成任务,反而使用了更"便捷"的方法,即:先进行讨论,确定"剧本"后再"表演"给老师看。

如何减少学生在日语口语课上先讨论再"表演"的现象，从而提高口语课的课堂效率呢？这成为困扰我的一大难题。

教学妙招 ▶▶▶

角色扮演模式的学习对学生来说毫无新鲜感，因为他们早已习惯，因此是时候给他们一些新的教学方法了。然而什么样的教学方法能够阻止学生先"讨论"后"表演"的现象呢？既然更改内容、降低难度不能达成目的，那只能在形式上动脑筋、下功夫。角色扮演的益处是对话双方有信息差，并且可以锻炼口语交际中的策略能力（如不会说的句子是否可以转换成别的表达）。那么，如何能在保留这些优点的情况下又提高效率呢？

我首先想到的是"采访"这一教学模式。采访活动中双方同样有信息差，而且比角色扮演的情境设置更加真实，学生从主观意愿上更愿意完成任务。此外，比起角色扮演、采访这种需要合作的形式，更看重每个学生的个体表现。角色扮演时，学生总试图集体商量出会话内容后，再展示给教师看，但采访则更考验每名学生的个人能力。这时若再限定时间，并要求学生在有限时间内完成任务，便无形中抹去了学生互相讨论的时间，且能将精力集中在主要问题的讨论上。这便诞生了"五分钟采访"的教学方式。

具体方法如下：

第一步，按照学生日语水平确定学习目标。实施采访形式的口语课之前，首先要确定学习目标，进而才能确定采访的主题、内容等。学生学习的初级阶段，教师可以规定主题、内容，同时要确保主题、内容符合真实情境。随着学生日语水平的不断提升，可以放手让学生自己去思考主题、内容、问题链、形式乃至采访对象等。

第二步，确立采访形式。采访形式可以是互相采访，也可以是轮流采访，有条件的学校甚至可以邀请其他日语教师、外教、在中国的日本人等作为被采访的对象，例如，以"中国に来てから初めて不思議に思ったこと/もの"为主题，对外教展开采访，这样可以更接近真实生活。

第三步，初次采访时，明确采访流程。可以让学生先思考并回答采访的内容，教师再给出样例，如图1所示。同时，也可以帮助学生丰富日语表达方式，为后续的采访做准备。

```
インタビューの流れ：
1．あいさつをする
 ・ おはようございます。/こんにちは。
 ・ はじめまして。〇〇です。
 ・ 今日はお忙しいところをどうもありがとうございます。よろしくお願いします。
2．質問をする
 ・ では、さっそくですが、今日は＿＿＿＿＿についてお聞きしたいと思います。
まず、一つ目ですが、〇〇さんは＿＿＿＿か。
 ・ ＿＿＿＿＿について聞きたいのですが、＿＿＿＿＿。
 ・ ＿＿＿＿＿を知りたいんですが、＿＿＿＿＿。
 ・ ＿＿＿＿＿について調べたいのですが、＿＿＿＿＿。
3．意見を聞く
 ・ ＿＿＿＿＿についてどう思いますか。
 ・ それはどうしてですか。
4．インタビューを終わる
 ・ ありがとうございました。
 ・ とても勉強になりました。/ 参考になりました。
```

图1 采访流程图

第四步，明确采访的注意事项。在明确采访流程的基础上，教师可以询问学生："你觉得采访时应该注意什么呢？"提醒学生采访的要点，方便活动后进行评价。在时间允许的情况下，可以安排学生3～5人一组，讨论采访时的注意事项，大家集思广益，充分发挥团队的力量。课时不充裕的情况下也可以将其布置为课前作业。

第五步，分发、说明评价表。接下来分发评价表，有自评或互评，见表1、表2、表3。评价表可以基于"JF日语教育标准"进行设计。"JF日语教育标准"是JAPAN FOUNDATION为通过语言交流增进国际理解而开发的，用于指导日语教育的标准。该标准以完成任务的能力即"Can-do"作为分级的指标，而非知道多少语法或掌握多少单词和汉字，同时强调话语（discourse）能力，即能够开展话题的能力，会话中的灵活性、衔接与连贯性等。此时，向学生说明评价项目，根据学生的日语水平，必要时可以用中文解释或制作中文版评价表。

表1　采访自评表

☆自分でチェックしよう☆		
はじめ	□	相手の目を見てあいさつをする
	□	笑顔がある・リラックスしている
	□	日本語を滑（なめ）らかに話す
質問のとき	□	相手の目を見て話したり、聞いたりする
	□	聞きながら、表情やジェスチャーで反応する
	□	日本語がわからないとき、もう一度聞く
	□	相手の答えを聞いて、もっと詳しく聞く
	□	知りたかったことが全部わかる
	□	あいづちをうつ
	□	答えにくい質問がない
	□	的外れな質問がない
	□	質問の流れがスムーズだ
おわり	□	お礼を言う
	□	いい雰囲気で終わる

表2　采访互评表1

インタビューする人用　　＿＿＿さんへ		がんばって！	もう少し！	できた！	すばらしい！
はじめ	1. あいさつを返す				
	2. 笑顔がある				
答える	3. 質問の内容を理解した				
	4. 答えが外れていない				
	5. 質問がわからないとき、確認する				
	6. 聴きながら、表情やジェスチャーで反応する				
	7. 適切なアイコンタクトがある				
	8. 積極的に答える				
おわり	9. お礼に応える				
	10. いい雰囲気で終わる				

表3　采访互评表2

インタビューを受ける人用　　＿＿＿さんへ		がんばって！	もう少し！	できた！	すばらしい！
はじめ	1. 私の目を見てあいさつをする				
	2. 笑顔がある・リラックスしている				
質問する	3. 答えにくい質問がない				
	4. 的外れな質問がない				
	5. 私の目を見て質問したりする				
	6. 私の答えを聞いて、もっと詳しく聞く				

（续表）

インタビューを受ける人用 _____さんへ		がんばって！	もう少し！	できた！	すばらしい！
聴く	7. あいづちをうつ				
	8. 日本語がわからないとき、確認する				
	9. 聞きながら、表情やジェスチャーで反応する				
おわり	10. お礼を言う				
	11. いい雰囲気で終わる				

第六步，正式采访。教师要严格把控时间，可以使用计时器，根据内容安排，定时3分钟、5分钟或8分钟等。采访结束后可以进行自评、互评。若是互相采访，完成一次采访后要立即填写评价表。之后，采访者与被采访者互换身份进行第二次采访。

第七步，汇报结果。下一课时学生要以写作或汇报的形式呈现采访结果，同时匹配相应的评价方式，例如自评表、互评表、教师评价等。

实践案例 ▶▶▶

下面以人教社《义务教育教科书　日语》九年级第十一课"海を渡ったお茶"为例进行实践。教师课前提供采访思路（如图2所示），学生按照此思路课前了解家人的饮茶习惯。本课将基于学生得到的结果进行展开。

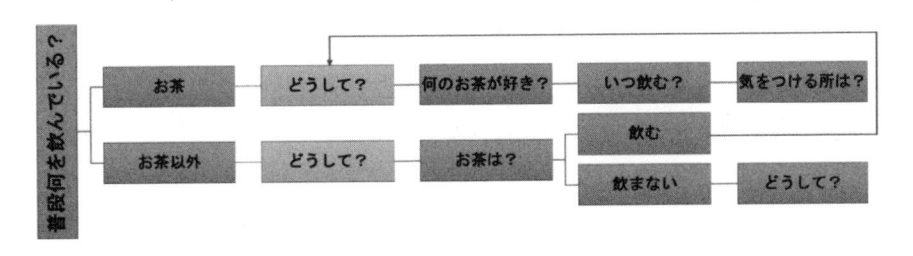

图2　采访思路示例

1. 本课时的学习目标

（1）在了解家人饮茶习惯的基础上，就自己与家人的习惯在学生之间互相采访。

（2）基于采访笔记，能够分析、总结并汇报采访结果。

2. 教学实施步骤

第一步，明确学习任务，即通过日语采访学生及其家人的饮茶习惯，并进行汇报。

第二步，将学生分为两人一组，两人需要进行互相采访。

第三步，教师与学生一起复习采访流程。因此前尝试过一次采访，所以学生都了解基本操作流程。

第四步，询问学生采访时有哪些需要注意的地方。此时有学生表示采访时如何提问等细节记得不太清楚了，但记得开头的问候语与结束的致谢语。询问要点时，学生回答最多的是"要有眼神交流""要对别人的话有回应"这两点。

第五步，分发互评表，共同确认采访时需要注意的关键点，为正式采访做好准备。以上五步共用时约15分钟。

第六步，在明确评价要点的基础上开始采访。教师分发任务单（如图3所示），学生两人一组确定谁先接受采访。教师开始计时，采访者需要在规定时间内，明确被采访对象是否有饮茶习惯，如果有，那么采访对方及对方至少一位家人的饮茶习惯并以自己的方式做笔记。如果没有，可以结束后双方整理思绪，填写互评表。接着双方角色互换，教师再次计时，重复以上采访流程，再次填写互评表。再用5分钟时间各自整理笔记，填写任务单中的感想部分。共用时约15分钟。

```
タスクシート――お茶を飲む習慣について
                                              名前：_____
┌──────┬─────────┬─────────┬─────────┐
│      │ ____さん │ ____さん │ ____さん │
├──────┼─────────┼─────────┼─────────┤
│何を？ │         │         │         │
├──────┼─────────┼─────────┼─────────┤
│どうして？│        │         │         │
├──────┼─────────┼─────────┼─────────┤
│お茶は？│         │         │         │
├──────┼─────────┼─────────┼─────────┤
│どうして？│        │         │         │
├──────┼─────────┼─────────┼─────────┤
│好み  │         │         │         │
├──────┼─────────┼─────────┼─────────┤
│いつ？ │         │         │         │
├──────┼─────────┼─────────┼─────────┤
│どこ？ │         │         │         │
├──────┼─────────┼─────────┼─────────┤
│その他 │         │         │         │
└──────┴─────────┴─────────┴─────────┘
感想：
```

图3　任务单示例

第七步，请一名或两名学生到讲台上汇报自己的采访结果。

第八步，剩余时间可以请学生讲一讲自己在采访过程中哪一点做得最好，对方哪一点做得最好。最后是本课的作业，即把今天的采访结果有逻辑地写成一篇文章。

3. 课堂效果

本课时为第十一课第四课时，在前三课中，学生对茶的种类、起源，以及茶从中国传播到日本甚至世界各地的发展历程有了基本的了解，但以上内容相对宏观和抽象，且由于年龄小（初三），学生可能对中国茶文化，以及茶对中国人的重要性不甚了解。"采访——汇报"形式的一堂口语课，可以在互动交流中帮助学生了解中国人日常饮茶的习惯。

这样的教学形式能够使学生精神高度集中，课堂节奏十分紧凑，有效地提高学习效率。还有两名学生在日记中记录了这次采访写作课的感想："インタビューの形を通じて自分の話す能力が上がった気がします。お茶についてもたくさん知っていてよかったです。""とても緊張しましたが、このような授業が好きです。"

几次采访形式的口语练习课并没有出现学生互相讨论后再完成任务的现象。每当学生得知要进行采访时，都会不自觉地有种紧张感，但是又可以借此机会增进同学间的了解，因此学生还很期待口语课。

4. 教学反思

当然，不是每节课都适合用采访的形式进行口语教学，这就需要每位教师深耕教材，发掘适合采访的课程内容。如果学生已经比较熟悉采访的形式，那么可以略过确认采访流程和注意事项，加入汇报环节，让语言练习真正受益于学生。

点睛 ▶ ▶ ▶

- 采访比角色扮演的情境设置更加真实，角色扮演需要学生团体合作，采访则更看重每名学生的个体表现，更容易激发学生的学习兴趣。
- 可利用计时器严格把控时间，如依据发表内容，定时5分钟或3分钟。
- 采访结果可在下一课时以写作或汇报的形式呈现，并匹配相应的评价方式。

阅读记录	
我的收获	
我的反思	

建议二十二
设置写作主题周，巧用教材讲中国故事

课堂还原 ▶ ▶ ▶

学生考试，作文成绩很不理想。我迈着有些沉重的脚步走进教室，走上讲台。

师：同学们，今天咱上写作课。

生：啊？唉……

（课堂气氛瞬间变得沉闷了）

师：课时紧，任务重，能拿出正课时间进行练习，大家得珍惜啊。

生：不想写作文……不会写。

师：所以要多加练习嘛。况且高考日语可能要增加写作类型，素养要求方面需要用日语讲好中国故事。

生：很多东西我也不熟悉，又没法上网查，怎么讲啊？

师：呃，回归课本呀，上面有很多相关素材和主题领域，咱们通过学习课本，好好地总结和拓展信息。

生：哦……

课堂气氛的持续沉闷，让我确信我的回答并未解决学生的困惑。虽然也有一小部分学生开始行动起来，但是他们拿练习本和笔的速度切换成了0.5倍速，内心的抗拒正在和理智做激烈的斗争。其他大多数学生则是唉声叹气，有的学生甚至已经低下头盘算着该如何熬完这40分钟，完全不在状态，赤裸裸地抗拒着写作课。面对这些消极的"抵抗"，我暗地鼓励自己要坚持，想方设法调动课堂气氛，继续推进教学任务的实施。首先给出本节课的写作任务，然后组织学生构思、讨论、试写、发表、评价、总结。然而，收上来的作文依旧漏洞百出，基础知识点掌握不牢、自造日语词、内容空泛等，与课标要求的讲好中国故事相去甚远。随着下课铃响，师生皆长舒一口气，有种完成任务后的解脱感。

　　写作是我们师生共同的梦魇。作为教师，首先要统筹把握进度，课时紧张，我选择在课上不停地讲，生怕有哪一点讲不到，影响学生写作成绩；其次，按照《普通高中日语课程标准（2017年版2020年修订）》和高考要求，我还占用自习课等时间加了写作课；并且，对学生的作文练习我都逐一批改、讲解，甚至面批，工作量很大，自己也很累。反观学生们的情况，输出练习时间被无限挤占，考场上的写作题目似乎成了仅有的练习机会；写作方面出现的问题越来越多，作文中各类单词和语法错误、逻辑混乱、要点不全或不充分等；态度上也抗拒写作，得过且过；批阅后的作文也不愿再看第二遍。这样沉闷的写作课，谁都抵触，师生均感到困惑和迷茫。

　　时间紧，任务重，所以教师就可以只顾赶进度，重视输入而忽视输出训练吗？写作训练只能在课上进行吗？大量的知识输入后就能直接写好作文吗？学生对中华优秀传统文化所知有限，会讲中国故事吗？该如何整理所学，按照《2020年修订版课标》的要求讲好中国故事呢？

教学妙招 ▶▶

　　首先，必须重视写作训练。在时间安排上，可以把写作的准备环节放在课下，利用课上进行发表交流、评价。既然学生对知识的大量输入不等于考场上能写出好作文，那就在日常学习中加入实际运用操练的环节，让学生模仿练习；既然要落实课标要求，最终目标是讲好中国的故事，就要引导学生加深对中华优秀传统文化的理解。在有限的时间里挖掘教科书中的素材，关注中国故事，培养思考能力和习惯，在考试和实际应用场合才有的想、有的讲、有的写。

　　基于上述思路，我先从"吃透"课标入手。根据《2020年修订版课标》对写作主题的要求和建议，结合教学进度和实际生活，每周或每两周设置一个写作主题周,比如"健康生活周""茶文化溯源周""礼仪文化周"等。主题的选定建议与具体的学习阶段相适应,保证学生的接受度。确定主题后,将学生分组,以小组合作的形式有效利用课下时间去总结教材所学、搜集相关材料,在规定的时间完成本周写作任务,进行主题发表、交流评价。具体步骤如下:

1. 学生分组

每组成员控制在10人以内,保证每个成员都能分配到任务。组内推选2名组长,负责任务协调、督促和把握进度,按时上交发表材料,并在规定周内的课堂上完成发表。

2. 选定主题

主题紧紧围绕课标中生活、人文、社会、自然四个范畴,具体内容包括校园生活、传统文化、健康生活等。主题的选定主要有人教版教材内容、日常的节日时令、有关中日文化的时事热点等。其中,教材是重点参考素材。原因有两个:首先,人教版教材是课标教材,其内容编写依据课标进行,在主题文章素材的选择上已经过严格筛选,是高考命题的主要参考对象;其次,教材中的文章包含写作训练可参考的语句表达,以及讲中国故事的角度与思路。

以下为不同学习阶段教材中具有代表性的主题示例:

(1)人与动物周(出自八年级第3课;主题:人与自然)

(2)志愿活动周(出自八年级第7课/必修1第3课;主题:志愿服务)

(3)垃圾分类周(出自必修二第8课;主题:生态环境)

(4)家乡介绍周(出自必修二第5课;主题:休闲生活)

(5)网上购物周(出自选择性必修一第7课;主题:消费观念)

3. 任务分配与时间规定

可提前准备1~2个主题,由学生选定感兴趣的主题,周一开始组内任务分配。小组利用课下时间讨论发表内容及所需的参考素材,然后由小组长统筹分配到个人,保证每个成员都有任务可做;课下的任务可借助书籍和网络完成。

4.形成展示文稿或海报

周二至周四组织一次碰头商议，确保进度并确定最终使用的材料。周五开始参照教材撰写文字稿。利用周末，小组成员汇总各部分发表材料，形成最终发表用的文稿或展示海报。

5.完成主题周发表和评价

利用第二周周一的日语自习时间做班内发表，教师点评，小组互评，并将海报等发表成果张贴于班级外墙的展示栏。

6.回顾总结

师生总结本次主题周的收获，包括语言知识的运用和主题发表带给自己的深入思考。同时选定新一周的主题，下周发表的小组做准备。

实践案例 ▶▶

下面省略分组和选定主题的过程，直接从选定的主题开始介绍。

1.学生分组

将班内学生分为6人一组，学生自己推选组长。

2.学习对比

通过学习八年级第6课课文「日本の古い家」，可进行中日传统住宅元素对比，思考其背后中日文化的异同。确定本周为"中日传统住宅周"，此主题属于课标人文主题下的传统文化。发表内容包含两个方面：归纳日本传统建筑的特点并思考其传统房屋多为木质建筑的原因；简述中国传统建筑——四合院的特征。

3.组内分配并督促完成任务

一人负责整理课文内容，归纳日本传统建筑的特点。一人探究日本传统建筑多为木质构造的原因。三人仿照「日本の古い家」的内容，整理四合院在材质、房门、墙壁、庭院等方面的特征。一人负责展示课件的制作或海报的设计。小组成员将各自承担的部分形成文稿，并分配发表任务。

4.具体的发表内容准备如下

（1）结合图1，归纳日本传统房屋特点。

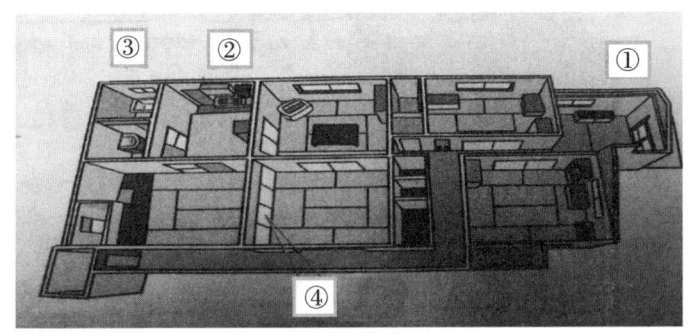

建议二十二　设置写作主题周，巧用教材讲中国故事

图1　日本传统房屋特点

①これは_____です。部屋は玄関より_____です。玄関で靴を脱いで部屋に_____。

②ここに_____があります。ここ_____おいしいご飯を作ります。

③これは_____です。_____の隣にあります。日本人はよく_____に入ります。

④これは_____です。部屋と部屋の間に壁は_____。そこには_____があります。ときどき_____を_____に引いて開けて、部屋を使います。

（2）介绍日本传统房屋多为木质建筑的原因。

地震や津波などが多いからです。

（3）参照图2、图3，借助教材所学过的单词及"日本の古い家"中的表达，介绍中国传统建筑四合院的特征。

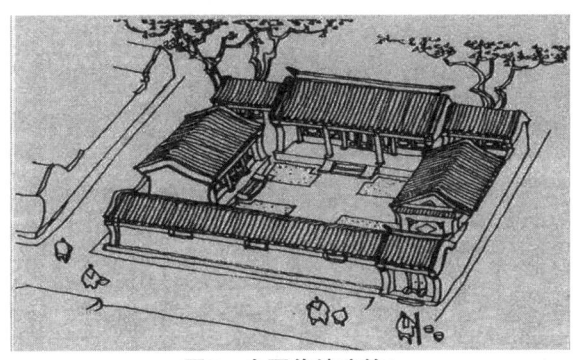

图2　中国传统建筑1

151

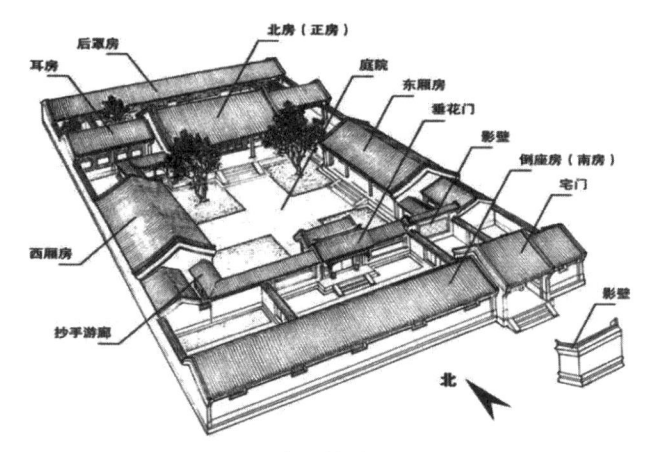

图3　中国传统建筑2

单词及相关句型、例文：
①木・石・花・草；部屋・庭・壁・間・入り口；
　　北・東・西・南・左・右・まんなか；
　　小さい・大きい・小さな…
②～について　　～に～があります　　　　～で作ります
　　～や～など　～と～の間に～があります

按照《2020年修订版课标》要求，创设情境：你所在的高中将举办中日中学生友好交流活动，你作为中国学生代表团的交流使者，在听完日本学生代表对日本传统房屋的介绍后，将对中国传统的四合院建筑进行介绍。在具体的情境下完成所准备的发表内容。

これから、中国の四合院について紹介します。日本の古い家は木で作りますが、四合院は木や石で作ります。北、東、南、西の四つの方向にはそれぞれ部屋があります。四合院のまんなかに庭があります。庭に花や木などがあります。日本の古い家の部屋と部屋の間には壁はありませんが、四合院の部屋には壁があります。ほかには「口」や「目」の字のような形の四合院もあります。

私たちの発表はこれで終わります。ご清聴、ありがとうございました。

（4）评价和总结。

点睛 ▶▶▶

• 在课时紧、任务重的教学压力下,重输入轻输出的教学模式导致学生对知识点掌握不牢、输出能力较差,写作成为日语学习的软肋。

• 学生对写作存在畏难心理,作文质量低,与课标中讲好中国故事的素养和能力要求相去甚远。即使多加写作课,也收效甚微。

• "吃透"课标,按照课标中的主题范畴,重点依托课标教材,设置写作主题周。引导学生充分利用课堂以外的时间,总结所学,搜集材料,加深对中日文化的对比理解,关注中华优秀传统文化,合作完成小组写作任务。创设情境,指导学生完成主题周的小组发表。在此过程中,学生能够梳理和拓展信息,培养思考角度和习惯,利用所学知识进行真实有效的写作训练。

阅读记录	
我的收获	
我的反思	

建议二十三
用好教材，铺垫式教写作

课堂还原 ▶▶▶

在今天的日语课堂上，我带领学生学了人民教育出版社《普通高中日语教科书日语》必修一第二课「部活の活動」。因时间充裕，我打算让学生完成「やってみよう」的写作训练，然后再讲一讲。

1. 学校にはどんなクラブがありますか。

運動系	
文化系	

2. 何部に入りたいですか。その理由はなんですか。クラブを選ぶ時、どんな不安がありますか。

入りたいクラブとその理由	
不安なこと	

3. グループでアドバイスをし合い、その内容をまとめましょう。

4. 入るクラブとその理由をクラスで発表しましょう。

课后写作训练的要点很清晰：有什么社团、加入意愿、写明原因。因学习了相关语篇，我觉得学生应该能顺利完成，便让他们自由写作。

结果，10分钟过去了，只有部分日语成绩好的同学开始动笔，一多半学生仍在发呆。20分钟过去了，竟然还有接近一半的同学一脸愁容，扮演起了思考者。还有一小部分同学光聊天。我一边提醒时间，一边有意无意地暗示他们翻翻课本找找思路、语句等。临近下课，我看着零零散散交上来的作文，完整的作文并不多，很多同学只写了一两句话，还有同学光写了开头和结尾。

我私下找了一些平时表现尚可的同学谈心，询问原因。

"我想写加入动漫社，但是很多词语都不会，就没写。"

"除了课本上的，别的想不出来，我也没参加过社团，想象不出来其中的乐趣，也不知道怎样写不安的理由。"

"有很多想法，但不知道怎么用日语说，查了很多单词还是感觉不大会写。"

平时沉默寡言的同学们，谈论到日语写作的困难便开始喋喋不休。

听完学生的一系列反馈，我感觉他们的"吐槽"并非全是夸张。于是我开始自我反思："我是否在教学过程中遗漏了什么？或有些地方讲解得不够细致才导致语言输出课效果不佳？"

自我反思后，我觉得自己的写作教学存在以下两个问题：第一，只是"教"教材，没有"用"教材教学；第二，写作铺垫不到位。学生这一阶段的日语学习就像婴儿学说话一般，根基很重要；而日语写作就像小孩爬楼梯，必须一步一层台阶往上爬，最终才能爬上楼。

我目前的教学中，只是告诉学生有多少层台阶和需要达到的高度，完全疏忽了带着他们一起爬楼梯，体验新高度。

教学妙招 ▶▶▶

基于大部分学生目前的学情，若想输出写作，教师必须带领他们体验写作的过程，前期的写作铺垫就尤为关键。

如何铺垫呢？

首先，必须得铺垫一个学生熟知并能实际接触的情景；然后，基于情景衍生出关联词语，再由这些词语调动大脑中存储的词语，进而连词成句，写出表达原因或不安的句子。教师可以带领学生写句子，进而让他们举一反三，写出自己想表达的语句。这样可督促学生将自己学习、积累的知识加以理解与内化、整合与创建、运用与实践。最后，学生再将语句整合成段落语篇。

于是，我重新设计了这堂写作课。

第一步，语篇拆分铺垫，降低难度。

完成写作：加入社团的原因和所担心的事
↓
多个论据＋转折关系（担心的事）＝文章写作要点
↓
多种原因＋并列、累加的语法表达＝段落
↓
句子＋表示原因的语法表达　　＝表达原因的句子
↓
话题词汇＋语法表达　　　　　＝句子（事实论据；论点）
↓
论点　　　　　　　　　　　　＝总论点

通过拆分，学生基本掌握了写作要点，确定了文章撰写思路，同时从心理上降低了语篇写作的难度，增强了写作信心。

第二步，思维铺垫，激发思维。俗话说"三个臭皮匠顶个诸葛亮"，此时教师可放手让学生使用汉语或日语，自由、激烈地讨论，这样可以使学生相互梳理思路，解决没有逻辑思路的问题。讨论结束后，学生可在黑板上标注论点、论据。

第三步，关键词语与表达铺垫，形成语句。教师带领学生梳理句子，促使学生记住日式表达，学习正确句子，书写正确语句。这样更能激发优等生的写作思维；亦可帮助学困生巩固课堂所学，做到生生有进步、堂堂有收获。

第四步，语法练习铺垫，连句成篇。例如：原因表达、连词表达等写作关键语法需要当堂练习。学生通过课堂练习及时改正接续表达的用法，才能创建与运用语言能力。

教师铺垫至此，便可放手让学生创作；或带领学生创作后，再换话题让学生自己创作。

当我们在教学中遇到学生语法写作、口语表达、书面表达等方面的学习困难时，不妨试试拆分、铺垫式教学。尤其是基础阶段的学生，有时可能因单词、语法表达等不熟悉而无法开口，以及写作时，无法用学过的语法进行造句时，不妨通过教师铺垫，带领他们走一遍，促使他们走出自己的"路"。

实践案例 ▶▶▶

【教材出处】人教版《普通高中教科书 日语》必修一第二课

【写作要点】学校里有哪些社团活动？你最想参加的活动是什么？请说明理由。

【创设情境】班级中组织成立一个日语表演社团：使用相应的日语表达并以课件展示的形式介绍日语表演社团"演劇部"。日语班的表演社团是根据最近的话题或者熟知的动漫等，运用所学语法知识创作日语剧本，自编自导自演的社团。

【语篇创作】我们日语班设有表演社团，你是否想参加日语表演社团？说明原因和担心的事情。

第一步，带领学生拆分即将创作的语篇。

第二步，给定表格，小组讨论（日语汉语皆可），搜集参加表演社团的优点。

	あなたにとっていいところ	心配すること
入りたい		
入りたくない		

教师在学生讨论过程中，若发现事实与论点杂糅在一起的情况，就需要带领他们进行归类与整理。例如：

①最近勉強した知識をしっかり覚えることができる。

②今まで勉強したことを復習することができる。

③日本語がだんだん上手になる。日本語の発音も上手になる。

④教科書以外の日本語を勉強することができる。

⑤いろいろなことや知識などを学びました。
⑥自分の手で好きな道具を作るのはおもしろいと思う。
⑦みんなと一緒に相談することで、自信がついてきた。
⑧演劇の内容について話し合ってきめる。友達ができる。
⑨アイディアも豊かになるかもしれない。
⑩時間がかかるから、勉強の時間が少なくなる。
⑪セリフが覚えられない。
⑫みんな入っている。自分一人で寂しい。

分类列举赞成的观点与反对的观点，力求一目了然。我们从赞成的观点中很容易发现：①～⑤都是参加社团有助于日语学习的例子。于是，我们便能提炼论点"勉強にいい"，后面再附上事例。教师可用同样的方式引导学生提炼论点与论据。

第三步，语法铺垫。教师可引导学生回忆、总结"から、ので、おかげ、せい；それで、だから"等各种表示原因的接续表达，为形成段落语篇作铺垫。例如：以「日本語の勉強にいいと思うから、演劇部に入りたいです。」带有原因接续表达的句子开头，通过①②③④⑤的事例佐证，便可形成语篇。教师可引导学生使用多种接续表达连接语句，避免语句表达过于单调。例如，可适当使用"でも、しかし"表达转折的接续词进行连接。

第四步，段落安排。教师引导学生按照提出的观点（论点）、佐证例句连接成的段落（论据）、担心的要点（论据）、总结话语等安排段落，最终形成语篇创作。

教师需要把控全局，铺垫充足，逐步带领学生探路前行。唯有前期输入的铺垫，才能保障后期写作的输出。每一次的学生创作，都是教师作为总导演的试炼。

日语教学要求教师不断提升自我，教师不单纯是单词、语法等知识点的搬运工，还是把握全局，设计每一步的课堂总导演。然而若要设计好课堂、把握课堂节奏、总揽全局，教师就必须做足铺垫，每一次铺垫，都是教师课堂设计的一次演练。学生只有在教师的铺垫式引导下，才能根据具体语境，提高自身的语言运用能力，才会积累与理解日语知识，才可能达到内化与运用、整合与创建的学习要求。

教师可将写作技巧、要领传授给学生。但对大部分日语学生而言，没有前期铺垫，没有一步一步陪走的经历，仅靠自己的写作技巧，是很难完成创作的。因此，只有教师进行充足的铺垫，才能提高学生对日语课程的学习兴趣，提高自主学习意识，学会与他人合作，具备不断探究的学习能力。这样，日语教学才会更上一层楼。

点睛 ▶ ▶ ▶

·日语写作就像小孩爬楼梯，每一步都要到位，这样才能爬过每一层台阶，最终爬上楼，达到新高度。如果只告诉他们有多少层台阶，需要达到什么高度，疏忽了带着他们走一走，体验体验，引导他们掌握上楼的方法。

·基于大部分学生的学情，要想输出写作，教师前期的铺垫必须到位，带领他们体验写作过程。

阅读记录	
我的收获	
我的反思	

建议二十四
专治作文困难症的三副特效药

课堂还原 ▶▶▶

（作文课上）

王老师："今天的作文题目是「わたしがほしいロボット」，请同学们按照写作要点，30分钟之内完成300～350字的作文。"

（课后在办公室批改作文）

王老师："李波又一个字儿没写，交了白卷。王小云也就写了三句话。肖媛媛这次字数倒是写够了，但逻辑不通，语法乱用，中日文混搭，如'做饭のロボットが好きです'，几乎没有一句正确的语句，真让人哭笑不得。就连成绩名列前茅的陈行之，作文也完全偏题了，机器人写成了外星人，令人非常头疼啊！此外，其他学生的作文中，敬体简体混用、动词变形错误，助词、副词、连接词等误用现象接连出现……"

王老师深深地叹了一口气，既恼火又非常担心，学生们已经高三了，虽然每周都练习写作，但进步缓慢、效果甚微；而且单词、语法的误用、无话可写、偏题跑题的写作乱象没有太大改观。

王老师经过一番思索后，总结出了学生写作文的三大难题，即"写不出""写不够（要求的字数）""写不对"。

一种无力感顿时袭来。

教学妙招 ▶▶▶

作文作为高考日语试题中唯一的主观题，一直是令师生头疼的、最难拿分的题目，且学生写作能力的提升是一个漫长的过程，需要长期有效、持之以恒的专心练习。王老师针对"写不出""写不够（要求的字数）""写不对"这三大难题，配制了三味特效药：语言降维、补丁能手和找碴游戏，希望能帮助师生"对症下药"，力求"药到病除"。

语言降维：把抽象的写作要点"降"成具体的短语；把复杂的短语"降"为能用日语表达的"大白话"。例如：规定的写作要点是"下雨天做的事情"，可将其"降"为"看书、做饭、看电影、室内运动、专注思考"等具体的行为动作。如此一来，学生便清楚所要书写的内容了。再如：将"喜极而泣""降"为"高兴得不得了"，学生就知道该如何用日语表达了。"语言降维"可以很好地解决"写不出""偏题""写不够"的难题。

补丁能手：老师根据教学需求，将一篇完整的文章适当地删除语句，留空，并让学生根据上下文逻辑关系，填入正确的单词、语法、语句，使文章前后逻辑正确、行文通畅、内容丰富。一篇优秀的范文经过教师的妙手，可成为完形填空、完形填句，甚至是完形填一段话。若需提高学生的逻辑能力，建议针对连接词和文章的总结句挖空；若需解决文章字数"写不够"的问题，建议针对具体展开的内容挖空，锻炼学生的内容拓展能力。先补单词、再补句子、进一步补齐整段话，逐渐增大难度，逐步将学生培养成逻辑大师、补丁能手。

找碴游戏：老师批改完所有作文后，记录、整理同学们的典型错误，然后将这些典型错误全部编入同一篇作文中，研制出一篇错误百出的"终极改错"范文。之后再让学生从中挑选语病、错误，并加以改正。有一点很有趣：他们可能对自己的错误不太上心、屡教不改，但挑别人的毛病却快、狠、准，且记忆深刻。找碴游戏正是利用了学生们的这种心理，找碴的同时让他们在潜移默化中养成自己的避雷攻略，借此解决学生"写不对"的难题。

实践案例 ▶ ▶ ▶

下面以"高考日语突破模拟测试六"的作文题目为例，实际运用"语言降维、补丁能手和找碴游戏"这三味特效药,开展作文教学实践活动。

近年来,研究机构研制出许多人工智能机器人,为人类解决了不少实际问题。假设你需要一个机器人,你希望他是什么样子的呢?希望它能为你做些什么呢?请你以「わたしがほしいロボット」为题写一篇短文。

写作要点:

1.描述你想要的机器人的样子。

2.举例说明你希望它能为你所做的事情。

3.阐明理由。

首先,运用"语言降维"的方法。老师可带领学生将写作要点"降"为具体的内容,描述机器人的样子:外形、身高、五官、特点等。它能为你做的事情:做饭、洗衣服、按摩、打扫房间、聊天、唱歌、读书、叫我起床、解答难题等。阐明理由:为什么需要这个机器人?为什么需要它做这些事情?"我们很累,很忙,很需要陪伴"等原因都是贴近学生生活的具体内容。鼓励学生将写作要点转化成可动笔的内容,是解决"写不出"难题的第一步。然后,在实际写作过程中,鼓励学生对大脑中的长难句再次降维。例如:当学生想表达"需要机器人的陪伴"时,可将"陪伴"降维成"在我身边(そばにいてくれる)";当学生想表达"机器人可以按照我们的需求变身"时,可降维成"按照我们的需求,机器人能发挥不同的作用'ニーズに応じて役割を果たす'"。

其次,运用"补丁能手",主要培养学生的逻辑梳理能力和内容展开的能力。下面是一篇补丁游戏的范文,通过挖空具体内容,解决内容匮乏的"写不够(字数)"问题。

(括号为学生需要打补丁的部分,画线内容为参考答案)

時代の発展とともに、種類さまざまなロボットが作られるようになりました。私も自分のロボットがほしいです。見た目は人間のようで、大きい頭をしているやつがいいと思います。なぜかというと、(頭が大きければ大きいほどより多くのプログラムを載せることができて、もっと賢くなると思う)からです。

もしこのようなロボットが手に入ったら、私の生活はきっと楽になるでしょう。(栄養のバランスが取れた料理を作って)くれたり、(部屋を掃除して)くれたり、(いろいろな家事ができる)上に、落ち込んでいる時は(励ましの言葉を話してくれて、)悲しい時は(慰めてくれます)。

今の時代、(生活のペースが速くなって、一人一人急いで前へ進んでいます)。疲れの原因でストレスもたまってきました。そばに可愛いロボットがあれば、(日常生活にも心の健康にもとても役立つ)と思います。

最后，运用找碴游戏，让学生寻找错误，思考正确的表达，从而养成自身的避雷攻略，实现从"写不对"蜕变为"写得好"。

下面提供一篇错误百出的找碴范文做参考。

（画线部分为错误的地方）

時代の発展とともに、種類さまざまなロボットが作れるになりました。私も自分のロボットはほしいです。見た目は人間で、大きい頭をしていることがいいだと思います。なぜかというと、頭が大きくば大きいほどより多いプログラムを載せることができる、もっと賢になると思うからです。

もしこのようなロボットが手に入れたら、私の生活はぜひ楽になってでしょう。栄養のバランスが取った料理を作ってあげたり、部屋を掃除してあげたり、いろいろな家事ができる上で、落ち込む時は励ますの言葉を話してくれて、悲しい時は慰めてくれます。

今の時代、生活のペースが速いになって、一人ひとり急に前へ進んでいます。疲れの原因でストレスもたまっていきました。そばで可愛いロボットがあると、日常生活でも心の健康でもとても役立つと思います。

从一张空白的作文纸，到一篇逻辑完整、主题明确、用词恰当、语句通顺的文章，本就是一个漫长且艰难的过程。如果把空白的作文纸看作"0"，把令老师满意的作文看作"90"，这中间的距离不是一蹴而就的，也不是老师下发一张作文纸，学生就会返回一篇好作文。我们得先帮助他们从"0"到"20"，从"20"到"60"，再从"60"到"90"，逐级、逐步研磨写作技能、技巧，如此方能实现目标。语言降维的方法、补丁填空的练习、找碴改错的过程就是具体的，看得见的，用得着的抓手，让学生和老师都能找到努力的方向，促使作文教学落地。

点睛 ▶ ▶ ▶

- 老师认为作文难教，不知如何教；学生觉得作文难写，不知如何写。针对作文"写不出""写不够（字数）""写不对"这三大难题，特送上三味特效药：语言降维、补丁能手、找碴游戏。
- 如果学生不知道该写什么或不清楚该怎么样用日语表达自己的想法，请选用"语言降维"的药方；如果学生逻辑不清晰、内容贫乏、思路狭窄，请选用"补丁能手"的药方；如果学生中日文混用、自行造词、接续语法混乱，请选用"找碴游戏"的药方。
- 越是看不见摸不着的主观题，越要采用具体的、看得见的、用得上的方法，实现教学落地。

阅读记录	
我的收获	
我的反思	

建议二十五
"两点一线"勾画优秀作文

课堂还原 ▶ ▶ ▶

高二的时间总是过得飞快，高一零起点学习日语的学生经过一年左右的学习，基本上掌握了日语的基础发音特点和词、句、语法的规律。有了一定的语言基础，学生可以初步做到识读、自主学习和探究合作学习。高二上学期，在开足马力全面展开初高中阶段教材学习的过程中，学生的词汇量和语法储备量有了较大程度的提升，能够掌握语篇概要和主旨，理解能力也有了大幅提升。

但是在说和写的语言输出层面，还存在较多问题。尤其是在平时的作文教学中，教学效果总是不尽如人意。学生普遍反映写作文不知该如何下手，想写的东西写不出来，学习过的单词和语法不会用。在平时的考试中，280人的作文平均分只有13分（满分30分），语句结构错误（「わたし好き映画です」）、自他动词混用（「このことはわたしの印象に残しました」）的情况屡见不鲜，更不用说作文框架、思想内容层面了，经常出现思维走到哪里就写到哪里的问题，整篇文章没有规划、信马由缰，实在让人头疼。

针对这些问题，课下我和学生进行了沟通、交流。学生普遍反映在学习某一个独立的语法项目或者单词的时候基本能够理解，而且在做相应的基础练习时也可以正确作答。但是在写作文的时候，完全没有了依靠，无从下手。知识学得不少，却在大脑里面杂乱无章好像一锅粥，不能在写作的时候提取自己需要的有效信息。

教学妙招 ▶ ▶

这些问题困惑了我很长时间，知识讲了N遍，对课堂达标环节学生的表现也还满意，为什么在写作环节却屡屡不得法、毫无成效呢？于是，我利用每次考试阅卷的机会，把学生写作中出现的问题进行记录、汇总，经过梳理归纳后，发现问题主要有以下几个方面：

1.内容空洞贫乏、千篇一律。选材单调乏味，缺乏真情实感，没有感染力。

2.语言平淡无味，表达形式单一。缺乏能够体现日语素养的高级词语和优美表达。

3.思路不明确、文脉混乱、缺乏逻辑。没有形成文章的整体布局，想到哪儿写到哪儿。

针对这些"病症"，我慢慢摸索试验，总结出"两点一线"的作文教学方法。

第一，"点"就是引导学生关注生活。之所以学生在写作的时候内容空洞无物、无话可说，是因为他们缺少对生活的认真观察和感悟，平时只在教室学习，忽视了生活万象。即使是简单的学习生活、相对封闭的校园环境，也是大千世界、包罗万象。学生只是欠缺观察生活、环境的认真态度和耐心思考，只有对生活有真正的感悟、体会才能发现生活的真谛和世间万物的美好，才能引发读者的共鸣。

第二，"点"就是丰富语言知识。语言平淡无味、表达形式单一大多是因为对语言知识的运用不够熟练，平时的积累太少。学生只是走马观花式的读书，机械做题，并没有发现这些语篇和题目也恰恰是学习、模仿的作文素材。

有了语言知识的积累，有了对生活的感悟，没有对文章构成的全局把握、对行文顺序的把控，也很难写出文脉流畅的文章。因此，"一线"，即掌握写作策略，尤为重要。用"一线"串联上述"两点"的框架结构，用日语讲生活的感悟，用优美、动人的语言表达出来，才能获得读者的赞同和共鸣。

实践案例 ▶▶▶

1. 紧贴教材，关注生活

学生平时在校时间较长，宿舍——教室——餐厅三点一线的生活比较单调，体验生活的机会较少，自然也就缺少生活的阅历。"读万卷书，行万里路"，既然没有机会去体验生活，没有机会行万里路，那我们就来读万卷书，从书中汲取营养，挖掘对生活的思考、对美的赞扬、对恶的批判。

比如在学习"鉴真精神"这一课时，不仅要教会学生读懂文章，更要积极引导他们穿越历史，再现情景，开展"如果我是鉴真"的活动，鼓励学生发挥想象、发表感想。学生们热情高涨，纷纷展开讨论、联想。其中一个学生说得很好，鉴真在第五次东渡失败的时候，是多么地沉痛和绝望，东渡之路漫长，成功遥遥无期，作为后来人，我们知道第六次即可成功，但是当时的鉴真在经历五次重挫后，仍然决定第六次启航东渡，这需要多么大的勇气啊。鉴真面对失败时的豁达、不服输的勇气和不放弃的决心极大地震撼了学生们的心灵。

再比如，大家一起鉴赏与学习宫泽贤治的"雨にも負けず"这首诗时，学生们感触颇多，思维活跃，想法独特。有的学生认为，宫泽贤治不畏风雨的生活态度和鉴真精神多么相似啊！同样的不畏艰难困苦，鉴真更多了一分坚毅，宫泽贤治则多了几分坦然。

"東に病気の子供あれば、行って看病してやり。西に疲れた母あれば、行ってその稲の束を負い。南に死にそうな人あれば、行ってこわがらなくてもいいと言い。北に喧嘩や訴訟があれば、つまらないからやめろと言い。"

朴实无华的诗句，让学生体会到了人间的疾苦、诗人悲天悯人的情怀。学习和讨论让学生感受到了思考的快乐，于是我趁机鼓励他们在周末、假期的时候放下手机，多走出家门，去体验生活、发现生活。

2. 丰富语言知识，开展"阳光读写"活动

读： 教室内准备一些学生感兴趣的阅读资料，如《日语短文精华》《日本民间故事》《日语晨间美文》等，供他们平时阅读使用，每周安排一节阅读课。

写：培养学生写日记的习惯，写一抹美景、一件小事、一缕真情或一点感悟。学生通过每日的练笔积累，原先普通的口语化表达经过模仿、思考化为己用，慢慢地变得凝练、优美、流畅、自然，学生的句型表达方式越来越丰富，描写也更加真实、生动。如使用授受关系"てくれる、てもらう、てあげる"表达感谢之情；使用比喻修辞"赤ちゃんの笑顔はまるで朝の花のようです"更形象地表达所见；用"雨の音がして、気持ちが楽になってきました"表达对自然的感触等。慢慢地学生关于助词、时态的错误越来越少，句型的使用更加娴熟，高级词语信手拈来，句子之间的衔接也更加流畅自然，对日语语言思维习惯的理解也更加深刻。（详见表1）

表1 "阳光读写"每日练笔模板

阳光读写	
记一句美文	**写**一句感悟
每日一**读**	

3. 掌握本领，磨炼写作技巧

文章的结构有"绪论、本论、结论"三段式结构，也有"起承转合"的四段式结构。总体来看，不论哪种形式，文章的结构都可分为三个部分：开篇段、主体段和结尾段。然后再结合写作要点，基本可以判断出文章的大体结构和每部分的内容。在实际操作环节，教师要先引用例文，介绍说明记叙文、议论文、应用文等常见类型文章的结构特点；接着引导学生把握文章结构，列出行文提纲；最后进行写作练习。

以记叙文为例，先明确文章构成所必需的六要素，即时间、地点、人物，事情的起因、经过、结果。叙事的目的在于表达情感和观点，行文基本以"起承转合"四段式结构为主。经过列出各类型文章提纲的训练，学生在审题后，很自然地根据写作要点来思考文章的结构构成，并对文章进行宏观思考和整体布局。

没有规矩不成方圆，写作亦是如此。学生们经过多次训练，不仅积累了许多优美的词句，写作技巧也逐渐娴熟。他们的作文慢慢变得既有情感，又规范，甚至出现一些让人惊艳、拍手叫好的地方，优秀作文不再是梦想。

点睛 ▶▶▶

- "两点一线"写作法，以对生活的感悟和丰富的语言知识为基点，以写作策略为手段，三者有效地结合在一起，提高写作素养，让学生们不再"巧妇难为无米之炊"。（详见表2）

表2 "两点一线"写作法示意表格

	内容	意图
两点	关注生活	通过对生活的感悟和体会来发现生活的真谛和世间的美好，从而丰富写作素材
	丰富语言知识	减少语言使用错误，增强词语和表达形式的多样性，提高日语语言素养
一线	掌握写作策略	明确写作目的，把握文章构成，列出提纲，按照要点完成写作

阅读记录	
我的收获	
我的反思	

建议二十六
将听力材料用到极致的七遍学习法

课堂还原 ▶▶▶

王老师:"进入高三已经一个月了,从最近两次的测试情况来看,听力部分不太理想。老师也和一些同学沟通过听力的问题,大家普遍的反映是听不太懂。那今天的日语课,我们就一起来找一找哪里听不懂。首先,是语速的问题,会不会还在思考刚说过的一句话,没听出来是什么意思,音频就已经读到下一句或是更多的内容了。"

一名同学举起手,喏喏地说:"王老师,我就是这样的,然后越听越紧张,越紧张越慌乱,思考受阻,慢慢就害怕做听力题了。"

王老师:"那大家有没有过这种情况呢?听力音频里的单词是我们背过的单词,看见这个单词我们一眼就认出来了,但是放在听力材料里,很熟悉,却不能立即反应过来。"

另一名同学说:"是的,看到听力材料的原文,都觉得很简单,但是听的时候,就是听不出来。"

王老师:"好的,老师明白了。昨天和一名同学聊天,听力里出现了'日本はじしんが多い',本来表达的是'日本多发地震',但是这名同学理解成了'日本自信很多'。这样的同音异义词,也会给大家带来困扰吧。"

同学们纷纷点头,看来有类似问题的人不在少数。

教学妙招 ▶▶▶

从以上的课堂交流中可以看出，学生的听力问题主要在于：（1）大脑的反应速度跟不上日语音频的速度；（2）背单词仅限于视觉记忆，忽略了听觉记忆，也就是缺少听力单词积累；（3）缺乏情景感和联想能力。

问题找到了，再探讨一下解决的办法。我们一直说学生的听力不扎实，怎样才能扎实呢？给大家推荐的方法是"将听力材料用到极致的七遍学习法"，如图所示。

第七遍：小组会话
两位同学为一组，将2~3段听力材料拼凑修改为一段逻辑正确的长篇会话文，分角色朗读长文，并录音发表。

第六遍：模仿跟读
跟读音频，模仿原音，纠正语音、语调。

第五遍：自我纠错
朗读文章，检查单词、语法、逻辑错误。再用写出的原文和音频对比修正。

第三&四遍：精听全文
写出原文，细致到每一个单词、语法，甚至结尾语气词。

第二遍：复述关键句
针对关键句做笔记，组织语言进行复述。

第一遍：泛听全文
听文章大意，选出正确答案。

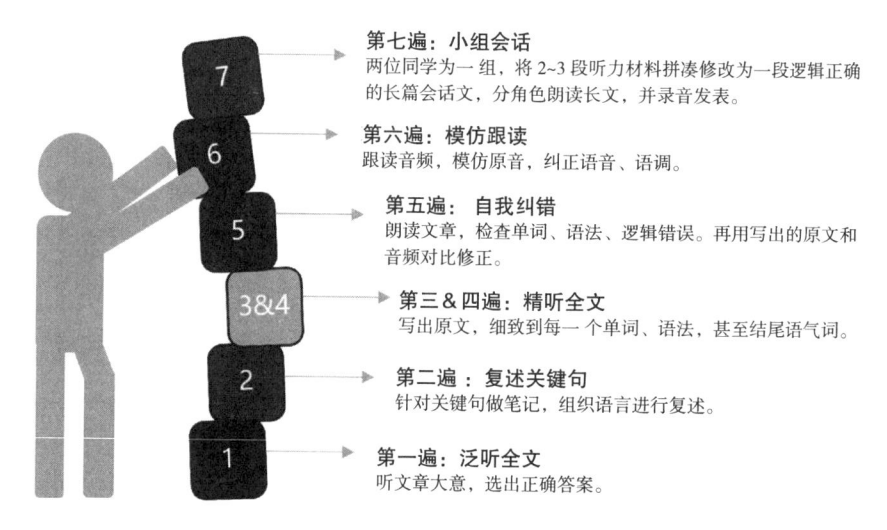

图　听力七遍学习法的操作过程

为什么要设置七遍呢？神经语言学的研究成果表明，大脑会对由听力输入的语言信息进行解码处理，处理完成后将信息进一步编码，完成口语表达、词义理解。因此，外语的听力学习必须遵循大脑对语言信息的处理规律，"七遍学习法"就是对从听力输入到口语输出的每一个环节进行强化练习，全面提升学生的听说能力。同时通过听力练习，同步锻炼阅读能力，对单词和语法加以巩固，帮助学生思考语篇之间的逻辑关系，也为文章阅读与写作打下基础，详见表。

表　听力七遍学习法流程表

过程	步骤	解决问题 & 提升能力
听力输入	1. 泛听全文	**抓大局**：短时间内整体把握日语语音信息，慢慢让脑速跟上语速
口语输出	2. 复述关键句	**抓重点**：锻炼在大量信息中获取并记录关键信息的能力，提高做题正确率
文字输出	3、4. 精听全文	**抓细节**：通过对听力材料的充分利用，把听到的语句落实成纸上的文字，加强单词和语法的听觉记忆
相乘效果	5. 自我纠错	**抓理解**：把精听写下的文字当作阅读材料，通过自我纠错夯实单词和语法基础，实现听力、阅读、单词记忆、语法运用各环节的联动，达到语言学习的相乘效果，同时培养细心的学习习惯和逻辑思维能力
会话输出	6. 模仿跟读	**抓语感**：培养语感，强化记忆，纠正发音
会话输出	7. 小组会话	**抓运用**：实际运用环节，提升从"短篇"到"长篇"的写作构思能力，实现从"听"到"说"的蜕变，从静止的文字变为灵活生动的情景

实践案例 ▶▶▶

解决的方法有了，下一步进行实际运用。以人教社《高考日语突破听力强化》综合模拟题一为例，借用学生实际提交的作业进行讲述。因篇幅限制，案例部分仅展示两个题目。

第一遍，泛听全文：播放音频，选出正确答案。

1. 山本君は明日コンサートに行きますか。

　　Ⓐ.行きます　　　　B.行きません　　　C.行きたくありません

5. 明日の待ち合わせはどこにしますか。

 A. 本屋の中　　　　　Ⓑ. スーパーの中　　　C. スーパーの入口

第二遍，复述关键句：做笔记，组织语言复述关键句。

1. 笔记：歴史の授業、明日　×　⇒　行ける。

 复述：歴史の授業は明日じゃないから、コンサートに行けます。

5. 笔记：本屋⇒工事中　スーパーの入口⇒人が多い　　中　○

 复述：本屋は工事中だそうで、スーパーの入口も人が多いから、中で会いましょう。

第三、四遍，精听全文：写出原文，细致到每一个单词、语法，甚至结尾语气词。

第五遍，自我纠错：朗读文章，检查错误，再用写出的原文和音频对比修正。该步骤要带着疑问去阅读文章，一边读一边思考单词、语法、语序等每个点是否正确、合理。（括号内为修改后的正确内容）

1. 女：ねえ、山本さん、あした時間**が**（**が**）ある？よかったら一緒にコンサートに行かない？

 男：えーど（→と）、まだわからないな。歴史の宿題がまだ終わっていない（ん）だ。コンサートに行けるかな。

  ↓

 ┌─────────────────────────┐
 │ 思考：形容词不应该以"だ"结句，这里应该写错了， │
 │ 　　　再听音频确认一下。　　　　　　　　　　　 │
 └─────────────────────────┘

 女：**絶対**（→**絶対**）行けるよ。だって、歴史の授業は明日じゃないよ。

 男：あ、そうか。それなら、コンサートに行けるね。

5. 男：明日の**町あわせ**（→**待ち合わせ**）はどこにしましょうか。

 女：いつもの本屋はどうですか。

 男：あの本屋は今工事中**の**（→**だ**）そうです。

 女：そうですか。じゃ、本屋の隣のスーパーはどうですか。

 男：いいですね。では、スーパーの入口**で会いましょうか**（→**にし**

ましょうか)。
　　女：入口は人は（→が）多いから、中で会いましょう。
　　男：わかりました。そうしましょう。

> 思考：这句话怎么有两个"は"，这里应该是表达大小主语，大胆猜测后一个"は"应该改为"が"，一会再听音频验证猜测。

第六遍，模仿跟读： 跟读、模仿音频，纠正语音、语调。标注不熟悉、不正确的发音和语调。

1.女：ねえ、山本さん、あした時間ある（↗）？よかったら一緒にコンサートに行かない（↗）？
　　男：えーと、まだわからないな。歴史の宿題がまだ終わっていないんだ。コンサートに行けるかな。
　　女：絶対行けるよ。だって、歴史の授業は明日じゃない（↘）よ。
　　男：あ、そうか。それなら、コンサートに行けるね。

5.男：明日の待ち合わせはどこにしましょうか。（↘）
　　女：いつもの本屋はどうですか。
　　男：あの本屋は今工事中だそうです。
　　女：そうですか（↘）。じゃ、本屋の隣のスーパーはどうですか。
　　男：いいですね。では、スーパーの入口にしましょうか。
　　女：入口は人が多いから、中で会いましょう。
　　男：わかりました。そうしましょう。

第七遍，小组会话： 两位同学为一组，将2～3段听力材料拼凑修改为一段逻辑正确的长篇会话文，分角色朗读长文，并录音发表。拼凑时适当加入衔接语句，统一听力材料为敬体或简体，让文段更加自然。将上文中的第一题和第五题组成一段长篇会话，下文的灰色部分为修改和增加的部分。

女：ねえ、山本さん、あした時間ありますか？よかったら一緒にコンサートに行きませんか？

男：えーと、まだわかりません。歴史の宿題がまだ終わっていないんです。コンサートに行けますか。

女：絶対行けますよ。だって、歴史の授業は明日じゃないんですよ。

男：あ、そうですか。それなら、コンサートに行けますね。

女：コンサートは午後の2時からです。1時半に駅の近くのどこかで会いましょう。

男：そうですね。明日の待ち合わせはどこにしましょうか。

女：いつもの本屋はどうですか。

男：あの本屋は今工事中だそうです。

女：そうですか。じゃ、本屋の隣のスーパーはどうですか。

男：いいですね。では、スーパーの入口にしましょうか。

女：入口は人が多いから、中で会いましょう。

男：わかりました。そうしましょう。

点睛 ▶▶▶

• 学生听力问题的具体表现：听到单词不能形成有效反应，这是听觉记忆的训练不到位；听到句子不能准确理解含义，这是在听力过程中缺乏情景感和联想力；欠缺单词、句子的听力、记忆练习，所以学生的脑速跟不上语速，越听越不懂。

• "七遍学习法"的作用：前四遍通过语音的输入，逐步培养学生抓大局、抓重点、抓细节的能力，让脑速跟上语速，实现对听力单词和语法的有效反应，同时打好单词和句子的基本功。后三遍通过文字、会话的输出，实现听、说、读、写能力的全面提升，同时培养学生逻辑思维、细心检查等学习习惯，帮助学生"在情景中用日语表达"。

建议二十六　将听力材料用到极致的七遍学习法

阅读记录	
我的收获	
我的反思	

建议二十七
三段七步法，走出高效课堂

课堂还原 ▶▶▶

近几年，高中零起点学习日语的学生明显增多，大部分是因为英语基础较差、英语成绩不理想而改学日语。英语成绩不理想固然有教育大环境改变等客观原因，但也不乏方法不对、效率不高或者学习习惯不好等主观原因，即使由英语改学日语，学习过程和效果上也存在诸多问题。

教师在实际课堂教学实践过程中也会遇到一些困扰，因此需要在教学方法和专业素养上不断学习和成长。据调查，教师课堂教学效率不高，很大原因在于无法调动学生的学习积极性。教师在讲台上滔滔不绝，学生在课桌前浑浑噩噩，这是艺体生的课堂常态。因此，在针对艺体生的教学中，教师夯实基础、狠抓教材固然重要，但是激发课堂中学生的学习兴趣、提升学生的学习内驱力才是"釜底之薪"。

我刚接手艺术班时，认为只要简化复杂问题、降低教学重心，学生就能学得好、学得会。因此，一堂课结束后，我常常就只留一些基础性作业，但是第二天批改作业时，我发现学生甚至连课堂上讲的基础内容都没掌握好，基础应用练习都无法完成达标任务。

我陷入困惑：是我没有讲明白，还是学生没有学会？为什么没有学会？是我低估了教材的难度，还是高估了学生的能力？第二天课堂上，我稍微改变了教学方式，每讲一处知识点就马上提问并让学生总结，结果很多学生都没明白刚讲完的知识点。这让我开始反思。我细心观察学生的课堂表现，发现教师的"教"没问题，问题在于学生根本没有"动"起来，大脑一片混沌，不想动、不愿动。

简言之，课堂上只有老师在"讲"，学生没有在"学"。

教学妙招 ▶▶▶

"三段七步"教学法

基于课堂中发现的问题，教师应该如何调动、提升学生的内驱力？如何促进教学相长？这是我们急需解决的问题。这里我推荐"三段七步"教学法。

"三段七步"教学法的"三段"为"预习展示、精讲点拨、训练提高"；七步为"预习认知、展示新知、讨论质疑、教师精讲、训练巩固、小结提升、达标检测"；"三段七步"教学法每个步骤环环相扣、段段铺垫、步步拔高。

"七步"的具体操作步骤如下：

1.预习认知

教师课前下发本节课内容的导学案，提出预习要求，明确预习重点、难点突破的方法；明确学习范围、参考书籍和基本要求。目的是使学生通过预习，认知教材的浅层次和中等层次的问题。导学案中预习的内容约占三分之一，教师精讲和训练巩固的内容约占三分之二。

2.展示新知

学生以阅读、书写、讨论、对抗、讲解、辩论、表演等多样的形式，充分展示自己的学习成果，通过展示，激发学生预习的学习热情，强化自主学习的意识。

3.讨论质疑

学生根据预习的展示结果进行讨论并质疑，借此让学生学会交流与表达，从而调动学习的主动性和积极性。

4.教师精讲

（1）教师根据学生的展示结果和学生质疑的情况对重点、难点、易错点、易混点，以及规律性的知识点进行适时点拨。通过点拨解决学生自主学习时发现的浅层次和较深层次的问题，借此提高课堂效率。

（2）教师根据学生的展示结果和课程目标要求，对重点、难点、易错点、易混点，以及规律性的知识点进行归纳整理，提炼方法，形成规律性的逻辑定式和知识网络。

5.训练巩固

教师根据课程目标要求，对重点、难点、易错点、易混点，以及规律性的知识点进行当堂训练，使学生巩固知识、熟练方法、提高学习成绩。随后，教师公布答案，进行反馈讲评，借此实现问题节节清，不留课下尾巴。

6.小结提升

通过小结归纳形成规范的规律性思维方式，实现知识拓展与能力升华。

7.达标检测

教师根据课程目标要求，对本节所学知识进行当堂检测。

"三步七段"教学法可使教师与学生分工明确、重点突出，可有效增强课堂教学效果。

实践案例 ▶▶▶

我以人教社《普通高中教科书 日语》必修第三册第11课的"中国アニメの発展を知る"为例，在高二日语艺术班实践了"三段七步"教学法。

第一步，预习认知。

本节课有七个语法项目，其中"Vようになる、Vてくる、Vていく、ほど"四个语法是本课的教学重点和高考的高频考点，"Vてくる、Vていく"的用法对比是本课的学习难点。我根据高考所涉及的本课语法的考查形式、每个语法点的易错点或易混点、往届学生中常见的问题等，提前编制好预习学案并印发给学生，学生以学案为抓手展开导学预习。

第11课 中国アニメ　　　　　　　　　　学案

1. 受身文②
基础句型：_____
思考：思考并写出受身文②与受身文①的异同。

_____

▲2. Vようになる
接续：_____
含义：_____
例句：_____
思考：思考并写出"ようになる、ようになった、ようになっている"的区别。

_____

3. Nっぽい/Vっぽい
含义：_____
例句：_____

▲4. Vてくる
含义：_____
回顾归纳：
用法1：_____
用法2：_____
例句1：_____
例句2：_____

▲5. Vていく
含义：_____
回顾归纳：
用法1：_____
用法2：_____
例句1：_____
例句2：_____
思考：总结对比"Vてくる、Vていく"的用法。

_____

▲6. N/V/Aほど
接续：＿＿＿＿＿＿＿＿＿＿＿＿＿＿＿＿＿＿＿＿＿＿＿＿
含义：＿＿＿＿＿＿＿＿＿＿＿＿＿＿＿＿＿＿＿＿＿＿＿＿
回顾归纳：
用法1：＿＿＿＿＿＿＿＿＿＿＿＿＿＿＿＿＿＿＿＿＿＿＿＿
用法2：＿＿＿＿＿＿＿＿＿＿＿＿＿＿＿＿＿＿＿＿＿＿＿＿
例句1：＿＿＿＿＿＿＿＿＿＿＿＿＿＿＿＿＿＿＿＿＿＿＿＿
例句2：＿＿＿＿＿＿＿＿＿＿＿＿＿＿＿＿＿＿＿＿＿＿＿＿

7．Nまでに
含义：＿＿＿＿＿＿＿＿＿＿＿＿＿＿＿＿＿＿＿＿＿＿＿＿
例句：＿＿＿＿＿＿＿＿＿＿＿＿＿＿＿＿＿＿＿＿＿＿＿＿
特殊性：＿＿＿＿＿＿＿＿＿＿＿＿＿＿＿＿＿＿＿＿＿＿＿

第二步，展示新知。

上课后，随机挑选不同水平的学生，借助电脑高拍仪展台向全班学生展示自己的预习成果。我惊喜地发现学生的预习学案上字迹满满，这是好兆头。暂且不论学生填写的学案内容的对错，起码从形式上看，学生完成了自主预习。就像练武，先练把式，再练内容。比如：

▲2．Vようになる
接续：前接动词的基本形和可能形。
含义：表示事物的变化。
例句：高校生になってから、日本語を勉強するようになります。
思考：思考并写出"ようになる、ようになった、ようになっている"的区别。
时态不同。

▲4．Vてくる
含义：表示某种动作或状态、性质的变化从过去一直持续到现在，常用"Vてきた"的形式。
回顾归纳：

用法1：表示以说话人为参照点，动作、行为主体由远及近地移动。
用法2：表示某种动作或状态、性质的变化从过去一直持续到现在。
例句1：たくさんの鳥が飛んできた。
例句2：この10年間、中国に来る留学生の数が増えてきました。

第三步，讨论质疑。

学生展示预习成果期间，其他人都认真听讲，对比自己的学案，找出不同点，记录疑惑点。发表结束后，学生们开始自由讨论、交流，展示结果，借此学会了表达观点，学生们也因此提高了学习兴趣，每个人都积极思考，参与学习活动的热情空前高涨。

比如："高校生になってから、日本語を勉強するようになります"为什么要用"なります"？为什么不是"なりました"？"たくさんの鳥が飛んできた"这里用"飛んでいった"是否可以？

第四步，教师精讲。

教师根据学生的展示结果和学生讨论后总结的问题点，结合本节课的语法特点和高考考查方式，指导、鼓励学生对知识点进行归纳整理，提炼方法，构建知识网络。归纳、整理知识点后，学生掌握、运用知识点的逻辑更加清晰。同时，学生结合高考的考查方式，直击重点，能够有效地提高学习效率，也有利于培养自己的学习能力和思维品质。（见图、表1）

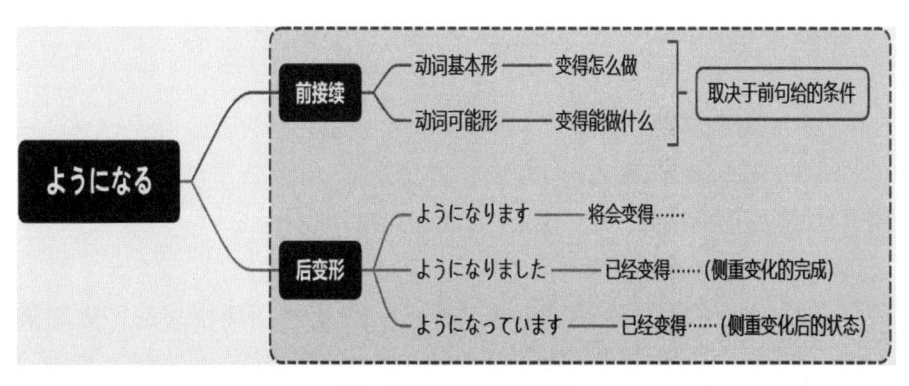

图　知识网络思维导图

表1　知识网络表格

	Vていく	Vてくる	说明
空间	由近及远	由远及近	注意位置关系的移动
时间	由现在到未来	由过去到现在	一种变化，注意时态

第五步，训练巩固。

根据本节课所学的知识内容进行当堂训练。训练分为基础训练和应用训练，难度和综合程度逐渐增加。通过训练巩固知识、熟练方法、提升能力，训练之后教师公布答案，进行反馈讲评，实现问题节节清，不留课下尾巴。

基础练习：

意味を考えながら、（　　　）から正しいものを選びましょう。

①ほら見て、鳥が山の向こうに飛んで（いった/きた）よ。

②もう大丈夫です。やっと新生活に慣れて（いきました/きました）。

应用练习：

「いく」か「くる」を適当な形に変えて、文を完成しましょう。

①隣に座っていたお客さんが怒って、「出て_____もらえますか」と言った。

②いままで勉強して_____こと、思い出してみてください。

第六步，小结提升。

回顾、梳理本节课的学习方法、学习过程，记忆本节课的知识点，反思学习过程中的不足，总结知识性收获和思维性收获。

（1）牢记本节课所学语法的接续、用法和特殊性。

（2）切忌割裂语法用法和语境练习，学会在语境中理解、运用语法。

第七步，达标检测。

教材中规定本节课的教学要点是"指导学生学习和梳理在完成介绍某件事物、阐述某件事物发展变化等任务时密切相关的词语表达和语法现象"。根据教学要点要求，给出以下相关达标测试。

根据本节课所学语法，翻译下列句子。

①经过一个月的练习，我现在会游泳了。

一か月練習して、泳げる**ようになりました**。

②今后大家一起努力吧。

これから、みんなで頑張っ**ていき**ましょう。

③见到久违的家人，高兴得流下了眼泪。

久しぶりの家族に会って、涙を流す**ほど**うれしかったです。

点睛 ▶▶▶

- 调动、提升学生的内驱力，不能只靠"鸡汤"式的说教。"三段七步"教学法从基础学习入手，引导学生逐层深入思考、自然地进入学习状态，让学生享受学习的成就感。教师的精讲点拨和学生的自主学习互相引导、互相促进，有效地提高了课堂学习效率，见表2。

表2　三段七步法的设计意图

三段	七步	设计意图
预习展示	预习认知	学生通过自主预习解决教材中浅层次和中等层次的问题
	展示新知	通过展示学习成果激发学习兴趣
精讲点拨	讨论质疑	学会交流，学会表达，学会思考
	教师精讲	指导学习方法，培养学习能力
训练提高	训练巩固	实战演练，查缺补漏，巩固知识
	小结提升	总结—反思—提高
	达标检测	学以致用，当堂达标，收获学习的成就感

阅读记录	
我的收获	
我的反思	

建议二十八
高考复习打基础，单词要集结
——建立听写纠错本

课堂还原 ▶▶▶

我今年执教了日语复读生的班级，本以为经历过一次高考洗礼的他们，语法问题应该不大。我以一次随堂摸底测验开启了新学期的第一课。学生们在听力、单选、阅读部分的得分尚可，但作文部分可谓各种问题，这令我颇感意外。

这次摸底测验的作文题目为「インタネットについて」，要求有三：

（1）写出网络在日常生活中的应用。

（2）网络的弊端。

（3）你将如何使用网络。

结果，作文中的语法错误百出，单词使用之乱令人咋舌。

我在课堂上将错误案例进行展示，并与学生们一起修正，要求他们提出写作的困惑：

生：経済発展につれて、インターネットもいいなります。

~~経済発展~~ → 経済発展　~~いいなります~~ → よくなっています
　　　　　　↓
経済発展につれて、インターネットもよくなっています。

生：インターネットは个人信息を泄漏します。

　　个人信息　→　個人情報　　　泄漏します　→　漏れる
　　　　　　　　　　↓
　　インタネットには個人情報が漏れる恐れがあります。

生：インターネットは方便です、夫好です。

　　方便　→　便利　　　夫好　→　とても好き
　　　　　　　↓
　　インターネットは便利ですから、とても好きです。

生：私の心中、インターネットは一番いい学習工具です。

　　心中　→　考えでは
　　一番いい学習工具です　→　勉強に一番いい方式だと思います
　　　　　　　　　　　↓
　　私の考えでは、インターネットは勉強に一番いい方式だと思います。

师：各位同学是不是把日语作文当中文作文写了？以为句尾加个"です、ます"就万事大吉了？

生：哈哈哈哈哈哈哈哈。

师：你们以前学习日语时，是怎么背单词的？

生1：我是高三才开始学日语的，当时的老师没让背单词，光让背语法了。

生2：我是高二开始学日语的，一开始背过单词，后面都刷题去了，没空背。

生3：我一般就只背汉字词，来得快，就是容易写错。动词太多了，背不了。

师：不背单词，可能连最简单的单词都会写错，那你们打算怎么用日语写作文呢？

生：背例文范文，写作文的时候就一段一段写上去。

师：但背的句子并非都能和作文要求相吻合，偏题了怎么办？

生：总比不写好吧，我之前都写不到字数，只能抄阅读。

在师生间的一问一答中开展的初步学情调查，结果令我"无语凝噎泪两行"。原本以为日语单词中的汉字是日语学习的先天优势，如今日语汉字却成为学生最不重视的一部分。他们以为只要能看懂日语汉字，就可以不管词尾的变形、不管时态、不管肯定或否定，一律按照自己的理解拼凑汉字，强行理解句子的含义，结果可想而知。

背单词反而成为作文突破的最大难关。正所谓"不积跬步无以至千里，不积小流无以成江海。"唯有单词过关，才能写出好句子。

可是，这群经历过高考的学生们对夯实基础毫无兴趣，每天抱着习题册来求解的人却络绎不绝。只要我一抽问题中的单词读音，学生们立刻鸦雀无声。更有甚者直接表示："老师，我看得懂、做得对就行，记了单词发音还会忘的。听力部分的单词简单，我记记听力上常用的单词就行。大规模背单词太耗费时间了。""名词那么多、动词那么难，还不如多刷几套单选题或几套阅读题。作文给分，背单词也不见得能拿高分啊！"

作为老师，我非常理解高考考生们对高分的渴望，但这种不打地基就盖房子的做法真的不可取！考虑到复读生要在不到一年的时间内，面临高考6大学科的"围追堵截"，背一整本高考日语单词书于他们而言确实不现实，且落实效果欠佳，因此，我们必须思考出一个既能突破单词难关，又能循环背单词的有效的教学方法。

教学妙招 ▶▶▶

市面上任何一套高考日语系列<u>丛书</u>中都有词汇书。通过学情调查，我发现绝大多数学生不会脚踏实地地背单词。课堂上也无法检验成果。

针对以上问题，我重新思考了自己的教学方法。

首先，梳理强制过关的背诵内容，提高准确率。很多学生容易忽视基础单词，老师也容易忽略基础单词的讲解，认为<u>这些</u>是学生常见、常用的单词，不容易出错。但<u>一旦</u>落实到听写，就暴露出不少问题。我根据新课标的词汇附录和教材中的必背单词，梳理出了必背内容，装订成册。

主要包括以下几个部分：

（1）50音平片假名默写表格

（2）常用数量词（数字、时间、月份、个数、量词）

（3）常用形容词组（《新版中日交流标准日本语〈初级〉》上册）

（4）常用动词短语（30组）

（5）高考常用自他动词词组（60组）

（6）敬语默写（特殊优先形）

（7）高考必备单词、句型语法（参考词汇书勾选）

以上内容皆为最基础的部分，词汇量不大，多为学生们耳熟能详的词语。教师须反复强调其必要性，要求学生准确无误地记忆，监督他们利用早读时间朗读背诵，默写修正。

其次，听写订正，制订统一的听写纠错本。记忆要通过反复才能巩固，因此听写纠错本用于单词复习阶段，每周两节日语课上我会抽10分钟听写单词，并要求学生将错误单词抄写5遍，以此作为当日家庭作业的一部分，以便帮助学生再次强化记忆。

每次听写要求学生使用《听写纠错本》以便老师检查，也方便学生整理归纳。有些学生长期使用同一本草稿本，各科笔记杂糅，一撕就没，写完就扔，因此无法系统地归纳。我提醒他们单独装订一本听写本，如图1所示。

時間	年　　月　　日　　　曜日
第　　課	
書き直し（改错）错误的每个用红笔抄写5遍	

图1　听写纠错本模板

教师听写时，要尽量避免一味按照顺序念读单词，听写单词的内容也可灵活把握：可听写考题中常用的单词、常见的单词活用形式、耳熟能详的例句等。教师先进行综合听写，加强从词到句的练习；学生再在听写中根据单词串联成相关短句。

再次，纠错单词的定期循环。很多学生都知晓艾宾浩斯遗忘曲线，但无法长期坚持，难以形成有效记忆。有些学生甚至只背自己熟悉的单词，选择性地忽略自己不熟悉的单词。因此，教师便需要定期循环抽查背过的单词，针对已完成听写、纠错的单词，利用早读时间要求学生默写、朗读、记忆，培养学生定期重复背单词的习惯。纠错单词记录表如图2所示。

已纠错单词/必背单词									
序号	单词	发音	词义	朗读背诵时间及打卡记录						
^	^	^	^	第1次	1h	1天	2天	6天	14天	30天
1										
2										
3										
4										
5										
6										
7										
8										
9										

图2 纠错单词记录表

语言知识是语言能力的基础，是语言技能形成的前提，而单词无疑是最基础的元素之一，学生需要在理解、积累与运用单词的过程中，打好基础，如此才能不断提高对语句、语篇的理解能力。

实践案例 ▶▶▶

下面我将分别以高考复习阶段第一轮（形容词听写）、高考复习阶段第二轮（句型语法听写）为例，展示听写纠错本的用法。

考虑到复读生之前采用的教材各不相同，因为高考第一轮复习，是以

《新版中日交流标准日本语（初级）》（以下简称《标日〈初级〉》）上下册作为基础教材，《标日（初级）》上册的大部分单词都是高考必备的基本单词。因此，高考第一轮复习的单词听写以教材为主。

听写形容词时，要求下字上音（下面写日语汉字，上面为平假名注音），并且听写相关的句型。

教师抽选一位学生上黑板听写，方便听写后，直接面向全班学生进行修正。

（1）写出以下形容词及其反义词。【只念中文】

（擅长的——不擅长的）　　（温暖的——凉爽的）

（热闹的——安静的）　　　（有趣的——无聊的）

（大的——小的）　　　　　（多的——少的）

（宽广的——狭小的）　　　（干净的——脏的）

……

（2）写出下面单词的日文汉字【只念假名发音】

（こわい）　（あかい）　（いたい）　（わかい）

（3）写出对应的句子【形容词活用变形】

①这个汤不太热。

②昨天天气不太好。

③（远眺的）景色极好。

④热闹繁华的城市。

⑤喜欢音乐。

⑥懂西班牙语。

⑦请运用汉语和日语中有关"宽广"的三个单词，写出三个比较句型。

⑧所有的季节中，我最喜欢的是春天。

从读中文到读假名发音，再到相关语法的连词组句，我针对形容词进行了整合听写。随后我引导学生修正黑板上的听写内容，引导他们一起念出答案，要求他们立刻用红笔修正，如图3所示。

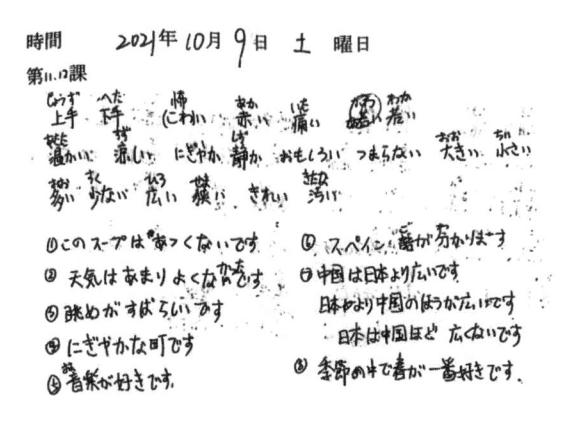

图3 《标日（初级）》上册9～12课形容词、句听写——学生示例

　　高考复习第二轮（句型语法听写）。高考复习的后期阶段已经逐渐脱离教材课本，走向综合练习。因此，会有学生搞不清楚怎么去背句型语法（に系、を系、其他句型语法）。在讲评单选题时，依旧有不少学生分不清"によって""にとって""として""について"等的区别。

　　有学生认为句型语法易混淆、易错，所以没必要背，仍处于一种畏难的学习情绪中。然而不久前，在本市举行的第一次诊断性考试中，就考查了大量的句型语法。单选题、阅读理解题中均出现了对句型语法的考查，学生在考查易混淆句型语法的题目中失分惨重。考试的惨败，才令学生们充分意识到背句型语法的必要性。

　　因此，我特意在早读和晚读期间加入了朗读和背句型语法的任务。众多高考语法书中均配有句型语法的相关讲解和练习，讲解后，我有针对性地让学生进行练习题的翻译训练，并要求学生记忆。另外，我还会在课堂上抽查，让学生翻译练习题的句子、翻译相近选项的意思，但课堂抽查只能覆盖部分学生，因此定期听写必不可少。

（1）写出听到的句型语法，并写出中文含义【只念日语】

にとって、によって、にわたって、として、にかかわらず、にもかかわらず

（2）易混淆句型【只念中文】

与"わけ"相关的句型：

①不能做

②行不通

③没理由，不应该

④并非，并不是

⑤不限于

⑥通过某种手段，某种方式（两个句型，请写全）

⑦代替，替代（两个句型，请写全）

⑧必须，不得不（三个句型，请写全）

（3）常考句型默写

默写出比较句型（三个句型）

ことになる・ようになる（写出含义和区别方式）

ことにする・ようにする（写出含义和区别方式）

……

对黑板上的听写内容进行修正后，我引导学生一起念出答案，要求他们立刻用红笔修正，如图4所示。

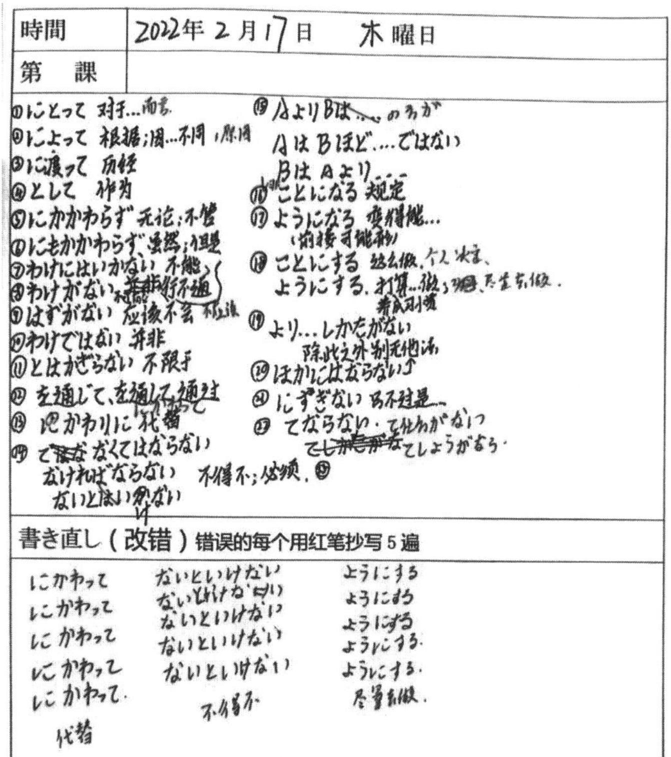

建议二十八　高考复习打基础，单词要集结

图4　听写纠错本的修正示例

高三复习阶段，我们一定不能忽视单词和短句的重要性。自从启用了《必背默写册》和《听写纠错本》后，在期末的第二次诊断性考试中，高三学生的句型短语、体言用言、单词等相关题目的得分情况，与第一次诊断性考试相比有了大幅度好转。部分学生反映："以前此类题目让我很纠结，很容易混淆，觉得哪个都差不多，现在基本能准确地选出来，能准确地翻译出句子的意思，因此提高了答题的效率，增强了考试信心。"学生们还表示，每当需要纠错时，就会翻看《听写纠错本》，如果发现自己听写时就做错过，就会意识到自己的循环记忆没有做到位。因此，学生们能

195

立刻抓住问题的本质并着手解决，不再像之前那样摸不着头脑了。

"好记性不如烂笔头。"这句话是各科老师都会反复提及的学习方法。如何让高三复读学生们积极地朗读与记忆呢？我们不妨尝试利用考试的结果推进学习的进程，鼓励学生发现问题、分析问题、提出解决方法并实践。通过实践获得成绩上的反馈，客观评价自己的学习成果，从而肯定自身的学习方法，提高学习效率，坚定学习信念。

点睛 ▶ ▶ ▶

- 不打地基直接盖房子的做法不可行！
- 梳理出必背内容。
- 好记性不如烂笔头。

阅读记录	
我的收获	
我的反思	

建议二十九
语言知识运用讲评课的魔法棒

课堂还原 ▶ ▶ ▶

进入高三已经两个月了,从周测、月考的成绩来看,学生们语言知识运用部分的成绩不太理想,授受表达部分等模块的出错率依然较高。月考结束之后,我让学生写了总结和反思。

张同学:"每个词语都认识,放在一起组成句子就读不懂了。"

段同学:"习惯用汉语的思维去理解,句子一长,越看越迷糊,也不知道主语是什么。"

贺同学:"做题的时候,习惯看到一半就把答案选出来。"

牛同学:"明白考查的语法点,但放在不同的题目中,和其他选项一混淆,就不明白了。"

其他同学的总结和反思中也有不少类似问题,看来课堂教学和学生的掌握情况存在严重的脱节。

教学妙招 ▶ ▶ ▶

从上述总结和反思中不难看出,学生的语言知识运用问题主要有:

(1)语法的学习主要依靠记忆汉语的意思。

(2)缺少情景感,没有在语境中真正理解。

(3)欠缺句子分析能力。

在后来的教学中,我尝试做出改变,努力提供更加有效的课堂教学,尤其是针对语言知识运用部分的讲评,我提炼出了"七步教学法"。

第一步，课前反馈，检测预热。

部分学生在黑板上展示，其余学生写在听写本上。表面上是让学生尽快进入紧张有序的课堂学习状态，实际上是以此敦促他们课下的自主学习和巩固复习。

第二步，导入释标，分析目标。

指导学生做题思路和规范，提高抓住重点知识、核心考点和关键的能力。

第三步，自主学习，分析错因。

学生根据详细答案，在试卷上用双色笔修改错题，将有疑问的题目进行重点标记，反思、总结错题中所暴露出的知识点漏洞，之后老师检查、批阅错题本。

第四步，合作学习，相互促进。

同桌互助解决部分问题，小组就疑难问题展开讨论，将无法解决的问题做好标记。这一步的目的是培养学生的合作意识，提高学习和课堂效率。

第五步，课中反馈，展示交流。

各小组派代表进行问题解决的展示并回答其他小组的提问，检验各组合作探究的学习成果。

第六步，点拨提升，归纳总结。

教师用精练简要的语言归纳解题方法，规范答题思路，补充学生遗漏的内容，对试题中的重点语法进行整体梳理，帮助学生形成知识框架。

第七步，课后反馈，当堂巩固。

要求学生完成相同考点或题型的变式训练，检验本次讲评课的实际效果。

实践案例 ▶▶

下面以复习过程中授受表达部分的专项练习为例，介绍"七步教学法"。

第一步，课前反馈。

黑板展示情况由老师批阅，其他学生将反馈内容写在听写本上，完成后同桌之间交换、互阅，老师课后抽查部分小组的完成情况。示例如下。

（1）父（を・に）パソコンの雑誌（を・に）買ってあげました。

（2）分からないんですか。じゃあ、教えて（あげましょう・くれませんか）。

（3）が、を、すてきな、お父さん、携帯電話、くれた（排序）

（4）森先生让小李带他游览了北京。（中译日）

（5）列举所学授受表达方式，及其相应的主语。

第二步，导入释标。

练习授受表达，让学生在不同的语境中，准确地找出句子的主语，判断出语句或情境中出现的人物关系。然后通过游戏的方式复习，提高学习兴趣，巩固学习成果。

情境设置：三名学生，一名学生用日语下指令，另外两名学生根据指令完成相应的动作。

（1）解さんは張さんに写真を撮ってもらいました。

（2）解さんは張さんに英語を読んであげました。

第三步，自主学习。

学生根据答案修改错题，画出句子的主语，分析句中出现的人物关系，并标出个人无法解决的问题（课下完成）。

第四步，合作学习。

同桌互助解决部分问题，小组组议解决疑难问题。学生在导学案上整理、记录答题思路，将组议无法解决的问题的题号写在黑板的问题答疑处。小组长负责纪律，教师进行指导，关注小组讨论的投入度和各组间共通的疑难问题。因篇幅所限，只列举部分题目，详见表。

表　黑板问题答疑处展示的题目

一组	11，19
二组	12，18，19，20
三组	19，20，23
四组	11，12，20，23
五组	12，19，20

第五步，课中反馈。

由小组代表讲解本组没有但其他小组有疑问的题目。重点讲解做题思路，讲解的同学先读句子，然后说出句中的主语和所涉及的人物关系。

（1）中学生の頃、うちでよく私の宿題を見て（　　）のは父でなくて、母でした。

　　A. あげた　　　B. くれた　　　C. もらった　　D. やった

（2）指導教官に紹介して（　　）人と結婚することになりました。

　　A. くれた　　　B. やった　　　C. あげた　　　D. いただいた

（3）先生にこの言葉の意味を何回説明して（　　）、まだよく分かりません。

　　A. いただいても　　　　　　B. くださっても

　　C. くれても　　　　　　　　D. さしあげても

（4）「李さんの地図はいいですね。どこで買ったんですか。」

　　「買ったんじゃなくて、ホテルの人が（　　）んです。」

　　A. もらった　　　　　　　　B. くれた

　　C. やった　　　　　　　　　D. あげた

（5）林さん、山田さんが場所が分からないって言っているので、会場までの地図をかいて（　　）。

　　A. やっていただきますか　　B. いただいてください

　　C. あげてください　　　　　D. もらってください

（6）子供が病気で苦しんでいる。代われるものなら、私が代わって（　　）。

　　A. ください　　　　　　　　B. やりたい

　　C. もらいたい　　　　　　　D. くれたい

第六步，点拨提升。

对学生存在的共通问题进行点拨，归纳答题方法和答题规律，对试题的重点知识进行整体梳理。

授受表达题目的做题思路如下：

（1）根据"は"或"が"找出句子的主语，结合句意判断人物关系。

（2）句子无主语时，考虑第一、二人称的省略。

（3）若说话人与听话人的对话涉及第三方，可默认说话人和听话人为一方。

第七步，课后反馈。

限时完成导学案上的题目，之后由学生进行题目讲解。

（1）子どもは自分の感情を表現できないこともあるので、その時大人が助けて（　　）。（2014）

  A．くれましょう　　　　B．あげましょう

  C．もらいましょう　　　D．さしあげましょう

  ……

（4）私が新しい店を出すので、父は銀行からお金を借りてきて（　　）ました。（2013）

（5）王さん、私にももう持てないから、李さんの箱を持って（　　）ください。（2016）

课后反馈的题目是从历年高考的真题中选取的，要求学生进行变式练习，然后由学生就做题思路和方法进行分享，达到当堂巩固的目的，促进学生学习语法的积极性。

点睛 ▶▶▶

- 课前反馈，检测预热，提高讲评课的效率。
- 课中反馈，展示交流，调动学生课堂参与的积极性。
- 课后反馈，变式训练，检验讲评课的实际效果。

阅读记录	
我的收获	
我的反思	

建议三十
高效试卷评讲课，让复习不再单调

课堂还原 ▶ ▶ ▶

学生进入高三阶段，考试成了家常便饭。整个高三复习的过程中，试卷评讲课是常见的课型之一，占据授课时间的多数。尤其是高三下半学期，日语复习进入两三轮真题加模拟题的轮番演练环节，课堂节奏基本变成"考试—评讲"的形式。

在某次考试后的试卷评讲课上，学生已然产生了厌倦情绪。上课开始前，班上多数学生的情绪不高，机械地拿出试卷，核对答案后放下了笔。部分学生稍显激动，急于知道自己的分数，但得知自己的客观题总分后状态随即萎靡。由于还未完成作文评分，完整的试卷数据无法当堂呈现，我先口头询问了各题目的错误数量、大致的题号等，然后按照试卷顺序从听力部分开始讲解。学生们已经标注了正确答案，因此当我再次播放录音后，他们反应木讷，不愿再听。我邀请成绩优异的同学为大家讲解知识运用、阅读部分，自己在台下指导并补充，但这好像成了我和讲题学生的独角戏，其他学生在座位上兴味索然，或者机械地做一下笔记，或者全程盲听。因课堂时间有限，有时作文部分的评讲被省略，直接给学生提供范文。学生在没有教师引导的情况下很少主动钻研范文，更有甚者直接告诉我学不来范文。

试卷中多次考查的语法接续、含义等问题依旧屡错不止，反复强调的听力做笔记、善用排除法等技巧也毫无用武之地。在整个复习——考试——评讲的过程中，教师倾尽全力却收效甚微，达不到预期的教学效果，这让我更加焦虑。

教学妙招 ▶▶▶

通过观摩优秀教师的试卷评讲课、查找相关文献资料、分析学生对试卷评讲课的反馈等，我开始反思自己试卷评讲课的不足之处。

首先，试卷评讲的方式与手段较为单一，基本都是以教师为主，按顺序依次讲解，导致学生参与度较低，课堂沉闷枯燥。课时有限、教学内容多等因素致使我难以放手引导学生自主评讲，抑制了学生的思维活动，降低了教学效果和教学质量。其次，由于考试频繁，有时作文部分的批阅滞后，导致成绩分析缺乏时效性。一份高考日语试卷的题量非常大，听力、知识运用、阅读理解共75道题，外加一篇作文。因此，容易出现评讲目标不明确、重难点不突出等问题，我过于关注"教"，而忽略了学生的"学"，使课堂呈现事倍功半的低效局面。另外，我惯于就题讲题，缺少对同类试题的归纳总结和适当拓展。尤其是作文部分，由于讲解时间较长，我带领学生重新审题后直接将范文呈现给学生，并没有关注学生的实际写作问题，对他们写作方面的培养收效甚微。

基于目前不理想的试卷评讲课现状，我认为可以在"以学为中心""以学生为主体"的理念指导下编写试卷评讲任务清单，按照课前、课中、课后三个阶段来划分试卷评讲课的进程，学生根据教师提供的任务清单做到课前自主修正、课中合作纠错、课后拓展提升，实施"自主—合作—拓展"的试卷评讲方式，优化试卷评讲结构，切实提高试卷评讲课的教学质量，打造高品质课堂。

1. 教师课前精心准备

教师按照考试要求让学生闭卷完成试卷后核对参考答案，作文部分也要求学生尽量写完。这样有利于教师研判试卷的命题情况，整体分析试卷的难度及知识点分布。教师批阅完试卷后，还要及时统计学生的成绩数据，包括平均分、优秀率、合格率、高频错题等，确定评讲的重点。按照听力、知识运用、阅读理解、作文四大板块编写相应的试卷评讲任务清单，根据实际情况分配好各部分的评讲时间。

2. 课堂上的三步曲

自主探究——为避免教师直接提供答案导致学生自主思考的缺失，试卷评讲任务清单的第一部分是考点解析，学生拿到清单后会有15分钟左右的时间参考解析自主核对答案、修正错题、分析出错原因、总结得失。教师同时利用智学网等教学辅助手段展示本次考试的数据，让学生清楚了解简单题目和难题的分布，借此让学生反思自己的优势和尚需努力之处，做到重点突出、心中有数。

合作交流——首先要按照高中低三个层次分配6人左右的学习小组，形成互帮互助的组合。分配各小组15分钟左右的时间讨论自主探究阶段没有解决的问题。试卷评讲任务清单的第二部分需要各组详细记录组内成员合作交流后仍无法解决的问题，按照组名、存在的问题等格式做好记录，等待其他小组协同讲解或者教师讲解。小组讨论过程中，教师在台下走动并参与其中，及时解决小组内的共性问题，监督并确定小组展示环节的分工任务。小组讨论完成后开始小组展示，教师应根据题型的特点负责引导听力、知识运用的小组着重讲解难题、易错题；负责阅读理解的小组要清楚表达阅读解题的思路；负责作文讲解的小组要从审题、构思、语言选择等角度解析写作技巧。整个评讲过程充分发挥学生的互助作用，让学生沉浸式体验试卷评讲的乐趣，巩固所学知识。

有效拓展——试卷评讲任务清单的第三部分是根据试卷中错误率较高的题目，尤其是听力、知识运用板块，设置一些关联度高的题目，让学生当堂巩固练习，强化知识点。

3. 重视反馈，加强训练

试卷评讲结束后，学生需要再次修正，教师也要及时进行抽查反馈，检验试卷评讲效果，督促学生完成错题整理，归纳知识点和解题要点。教师还可以进行平行或延展训练，针对评讲中错误率较高的题目，变换题型再次进行归错训练。

实践案例 ▶▶▶

下面我以2020年全国日语高考试卷为例，阐述试卷评讲课的教学方法。

我利用监考的间隙完成了这套试卷。通过分析试卷，我认为这套试卷考查了学生的基础技能。试卷整体难度和往年持平，甚至有所下降。听力主要考查听取基本信息的能力；知识运用的40道选择题均是常考的基础语法点；阅读理解难度适中，体裁为随笔、叙事感想文和议论文，基本按照先难后易的顺序排列，各题的设问方式也很常规，8道画线题，4道填空题，2道填写接续词的题，4道全文大意理解题，2道逻辑推理题。作文是议论文，要求学生阐述自己对纸质书和电子书的看法。

我及时批改完试卷，参考智学网的数据分析后发现，试卷难度为0.7，高中文科班40人的平均分为105.6分，最高分为140分，最低分为71分，一节课可以完成这套试卷的评讲。

我开始编写试卷评讲任务清单，第一部分先按照得分率列出难题、较难题呈现给学生，再简要地写出试卷中每道题的考点、知识点或提示词，提醒学生需要从哪些角度思考问题，听力板块附上原文。如16题标注为他动词，提醒学生思考格助词"を"的用法；17题提示学生哪些格助词前接时空范围表示限定的含义；18题错误率较高，平时教学中多用"～ば～ほど"搭配练习，我给出了中文句意"人们常说睡眠时间越短体重就越增加"来引导学生留意"ほど"表示程度的用法。

第二部分适当留白，小组讨论后由学生自行记录。

第三部分针对错误率较高的题目，筛选合适的拓展性题目。如18题的考点为"ほど"，我筛选了12道真题进行拓展训练。

（1）壁が厚い（　）熱の逃げかたは遅くなる。（2001-19）
　　A. ぐらい　　B. まで　　C. ほど　　D. だけ

（2）ふだんほとんど笑わない小林さんでさえ笑う（　）、先生の冗談はおもしろかった。（2002-23）
　　A. しか　　B. ほど　　C. でも　　D. だけ

（3）体の弱い者にとっては、医療費が安い（　　）ありがたいことはない。（2003-26）

　　　A. では　　　B. こそ　　　C. だけ　　　D. ほど

（4）美千子はみんなが騒ぐ（　　）優秀ではない。（2004-18）

　　　A. ほど　　　B. のに　　　C. けど　　　D. より

（5）若いころ（　　）お酒が飲めなくなりました。（2005-19）

　　　A. まで　　　B. ぐらい　　　C. ほど　　　D. しか

（6）北国の冬は大変です。特に大雪の時は、雪が降り積もって、2階から出入りしなければならない（　　）です。（2005-21）

　　　A. まで　　　B. うえ　　　C. ほど　　　D. だけ

（7）王さん（　　）親切な人に会ったことがありません。（2012-18）

　　　A. ばかり　　　B. まで　　　C. ほど　　　D. ながら

（8）車社会が発展すれば（　　）地球上の石油が少なくなる。（2013-46）

　　　A. するなら　　　　　　B. するほど

　　　C. するばかり　　　　　D. するしか

（9）今日の試験は、思った（　　）難しくありませんでした。（2014-46）

　　　A. ほど　　　B. しか　　　C. さえ　　　D. ばかり

（10）今日は昨日（　　）暑くありません。（2015-20）

　　　A. ほど　　　B. より　　　C. だけ　　　D. さえ

（11）ごちそうは食べられない（　　）たくさん出してくれました。（2017-47）

　　　A. わけ　　　B. ため　　　C. ほど　　　D. のに

（12）電気製品は機能が多ければ多い（　　）使いにくいと言われています。（2022-47）

　　　A. しか　　　B. ほど　　　C. さえ　　　D. まで

教师在试卷评讲课前先下发任务清单，展示本次考试的数据，限时15分钟让学生参考第一部分再次判断每道题的答案，纠正错误题目并思考、总结。然后按照提前分配好的小组进行15分钟的合作讨论，主要解决试卷中仍然不懂的地方。我则随机走动指导，参与某些小组的讨论，观察每个小组记录下来的难题，临近结束前安排小组成员的发表任务。接着安排小组展示，听力、知识运用部分都较为简单，其他小组基本可以帮忙解答完成。解答18题的共性错题时，我会引导学生查看任务清单第三部分的扩展内容，让学生梳理、归纳"ほど"的用法后再次进行训练，以此强化学生对"ほど"的掌握与运用。

阅读板块安排4个小组分别讲解4篇阅读，某组学生讲解第一篇时谈道："第一篇题目考查细节方面的信息获取能力，有4道题都是这种考查形式，采用自下而上法，先看题目，带着问题去文中寻找相关信息能加快文章的阅读速度，如47题中提到的'你喜欢我吗'，这是以什么样的心情询问的呢？答案在这段的最后一句，我们马上就能判断出是不安的心情。"

课堂时间有限，作文部分被安排在下一节课继续讲解。首先，由我评讲这次作文中普遍存在的问题，即作文要点给得太满：电子书的优势和劣势、纸质书的优势和劣势、写出自己的选择和理由，导致学生们想涉及每个要点，但又都写不了几句话，可以看出学生对写作要点的审阅还不够清晰。其次，是卷面不整洁、语言表达等常规错误。我带领大家一起熟悉评分标准后，大家在组内互相评价对方的试卷，从作文的卷面、要点、结构等方面打分。班上大多数学生都饶有趣味地完成了这一步，然后我抽查了几名学生对组员作文的评价、反馈，他们积极主动地推荐了几篇优秀作文并让我在全班展示。最后，由作者自己点评，分享他在写作时的构思、选词造句等过程，为大家提供一些比较实用的建议。

完成整套试卷的评讲后，我提醒学生们再次整理、更正错题笔记，有疑问的同学则继续提出问题，同时完成试卷的拓展部分。

点睛 ▶▶

• 学生是课堂的主人，"自主—合作—拓展"的教学模式能让学生在课堂中实际参与并体验试卷评讲的魅力，能更多地激发学生的学习兴趣，提升日语教学质量和复习效率，打造高品质的日语教学课堂。

阅读记录	
我的收获	
我的反思	

建议三十一
玩中学、做中学、赛中学
——"沉浸式"日语文化体验课

课堂还原 ▶▶▶

在今天的日语课上，我围绕单元教学的主题，为学生们补充介绍了日本最有特色的美食之一寿司，从历史发展、种类、制作方法等方面，围绕寿司进行了深入讲解，随后布置了作业：让学生们在看视频的同时，用日语记录寿司的制作过程。学生们对这节课非常感兴趣，大部分作业采用了图文并茂的形式。在某位同学的作业中，我看到了这样一句话："寿司を作ってみませんか。"虽然只是简短的一句话，却让我久久不能平静。我们的日语课是不是一味地追求教学进度的完整性、及时性，只重视日语知识的讲解，忽略了学生们的真实感受呢？特别是日本文化课，如果只是停留在知识传授层面，感觉就是一节"未完待续"的课。学生不能深刻地理解相关文化内容，即使他们对内容感兴趣也无法直接体验，有些意犹未尽的感觉。于是，我萌生出开设一节"沉浸式"寿司制作体验课的想法。

教学妙招 ▶▶▶

"沉浸式"日本文化体验课，是将日语语言知识学习与日本文化体验相结合的课程，是常规课型的延伸和补充。体验课能够将文化知识进行现实化、立体化呈现，更加注重令学生在实践体验中获得感悟，让学生加深对知识的理解、内化，使学生将所学知识在实际生活中灵活运用。日本文化体验课因教学进度、学校要求等条件限制，每学期开设1～2节。在课程设计上，需要参考学生的年龄特征、日语能力和实践能力。顾名思义，"沉浸式"是强调学生亲身体验日本文化，重在"做"，让学生动起来、参与到真实情境中，拓宽视野，感受应用知识获得的成就感。组织形式可以灵活多变，例如以班级或年级为单位的竞赛、展示、体验等活动，一般要利用两个课时来完成。

体验课的主题可以参考《义务教育日语课程标准（2022年版）》，从生活、人文、社会、自然四大主题的范畴进行考虑。例如，预备年级作为日语学习的起始阶段，书写和语音两项基本功是教师们关注的重点，所以我设计了相关的书法体验课；初三年级的教科书中有「海を渡ったお茶」一课，所以我设计了"日式茶道体验课"，借用了学校的"樱和轩"茶室作为体验场馆。

日语体验课的内容可以根据学生的兴趣爱好和热点话题进行适当调整。以下是我在初中日语教学过程中设计的"沉浸式"日本文化体验课，见表、图1、图2。

表　初中日语文化体验课示例

学段/活动	第一学期	第二学期
预备年级（小学6年级）	假名书写大赛	日本传统故事演剧表演
初一年级	创意寿司大比拼	走遍日本——地图拼图大赛
初二年级	日本和服体验	日本动漫配音比赛
初三年级	日式茶道体验	川柳创作展评

图1　创意寿司大比拼　　图2　川柳创作展评

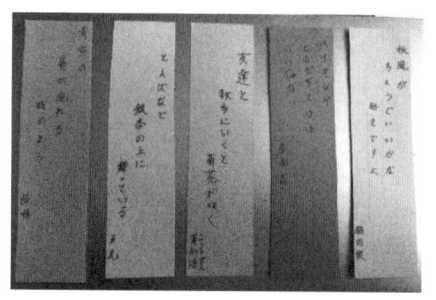

在开展日语体验课的过程中，我也在不断地进行总结和反思。我认为，在设计日语体验课时，应关注以下几个方面：

1. 培养学生学习日语的兴趣，激发学习动力

学习的动力源自学习兴趣和成就感。通过每个学期的日语体验课，学生可以"沉浸式"地学习日语、感受日本文化。体验课以比赛、体验或展示的形式展开，具有很强的参与感和"仪式感"，能够激发学生的学习热情和动力。体验课关注全体学生，让每位学生都参与其中。即使是比赛形式的体验课，学生们也处在轻松愉快的氛围中。为了培养学习兴趣的"持续性"，教师在课程设计上要注意纵向阶梯式的难度进阶。即随着年级的增长，体验课内容的难度和对学生的要求也要不断提高。

2. 引导学生感知中日文化的异同，坚定文化自信

对于高年级初中生来说，除了体验，教师还应引导学生加深对文化现象的深度思考。以初三开设的"日式茶道体验课"为例，教师要在授课前做充分的准备，制作学习任务单，以任务型教学和文化体验相结合的方式，通过问题的设计引导学生对中日茶文化进行深入的探究。就本节课来说，教师也可以通过跨学科知识（历史、语文等）对学生进行引导。如在体验前，教师可以让学生现场讨论或通过电子设备完成预习，即"茶叶的发祥地是哪里""茶是从中国传到世界各地的，那么茶叶在传播到日本的过程中有哪些关键的历史人物和事件""中国的工夫茶和日本茶道的茶具及制作过程有何异同之处""目前茶叶在中国和日本的发展如何"等。学生在寻找答案的过程中，会发现中国的茶文化对日本茶道乃至世界茶文化有着深远的影响。而同样的茶文化又因地域和文化等诸多因素，在中日两国有了不同的发展，如中国的奶茶、日本的抹茶食品等都是现代人享受茶叶的方式。学生在体验日本文化的同时，也在思考自己的传统文化，茶道体验课让学生深入探究了中日茶文化的关系，感知与比较了两国茶文化的异同，加深了对中华文化的理解和认同，坚定了文化自信。

3. 关注学生核心素养的培养，提高学习能力

日本文化体验课侧重于实践，但不是单纯地"玩"。教师要对每节体验课做精心的准备，注意"体验前""体验中""体验后"三个环节的关联性。学生通过"玩中学、做中学、赛中学"的形式，对体验课的各个过程进行认真仔细的观察、模仿、体验、质疑、探索、反思，逐渐学会用日语发现问题、分析问题、解决问题，提高自主学习能力。在"沉浸式"体验课的实施过程中，学生从理论学习进入实践应用，提高了学习能力。

当然，由于日语体验课是以竞赛、体验或展示的形式开展的，在实施过程中难免会遇到一些困难，如调整课时、安排活动场地、邀请评委、布置作品展示等。首先需要日语教师统筹人员，如协调日语教研组、日本外教、学生家长、相关社团等人员，做好沟通、交流、合作。在教学资源方面，利用教材、网络等资源制作课件，收集相关的视频、图片等材料，把一节讲授知识的文化课变成"理论+实践"的系列课程；利用学校的硬件资源，如日式茶室、日本和服等。虽然组织一次实践体验课比较辛苦，但看到照片中学生们动人的笑脸、专注的表情，还有他们精彩的作品时，我能感受到学生们是真正"沉浸"在体验课中的，希望这些经历成为他们在初中日语学习阶段中美好的回忆。

实践案例 ▶▶▶

下面以制作、品尝寿司为例，介绍"沉浸式"文化体验课的实施过程。

1. 体验前

人教版《义务教育教科书日语》八年级第二单元第四课"箸とスプーン"介绍了金英珠到日本同学美月家做客的情景，涉及日本饮食文化和习惯的内容，以此为契机，我给学生们介绍了他们熟悉的日本寿司文化，并设计了一次"沉浸式"日本寿司文化体验课。

体验课的形式非常灵活，没有正式课堂中的严肃。为了活跃体验课气氛，我选择了久石让的《summer》作为背景音乐，将气氛缓和了下来，学生们也轻松愉悦地慢慢跟着哼唱，完全"沉浸"其中。制作寿司的材料——米饭、海苔等各种新鲜食材，还有工具——竹制卷帘、砧板等已由今天的值日小组摆在桌上。另外，本节体验课由生活委员和日语课代表两位"小老师"主讲，而我这位日语老师则临时变为摄影师和美食评审专家。

2. 体验中

两位"小老师"先为大家播放了一段《艾琳学日语》中关于寿司制作的视频，然后结合制作的PPT，用日语讲解了制作寿司的食材，用"クイズ"的形式让大家了解了寿司的历史、种类、制作过程等。

在初步了解了关于寿司的知识后，学生们开始动手制作。学生们主动参与制作的全过程，发挥主观能动性和无敌的想象力，撸起袖管，大显身手。为了显示创意，有的小组在寿司的外形上做了改良，将圆形的寿司卷变成了三角形的；有的小组在食材上进行了个性化创造，在寿司卷里加入了水果、虾仁、巧克力粉；还有的同学在思考如何能让摆盘更美观。每个人都面带微笑，品尝着自己制作的寿司。教师指导学生使用日语进行表达，如吃之前说"おいしそうですね"，开始吃寿司时说"いただきます"，评价时可以用到一些形容词和副词，如"新鮮、柔らかい、うまい、あっさり"等。

3. 体验后

最后，各小组用日语进行简单的互评并分享制作寿司的心得。设置最佳创意奖、最佳团队奖、营养丰富奖等奖项，作为奖励，允许获奖者品尝其他小组的寿司。

当然，教师也应做好体验课的反思和总结。这节"创意寿司大比拼"体验课的重要意义在于让学生感受日本寿司文化，学习相关日语表达。同时，教师还应在德育教育方面对学生进行进一步引导，如体验制作料理的快乐，学会珍惜粮食，与他人分享劳动成果等。这也正是"五育并举"中劳动教育所倡导的。

点睛 ▶▶

- 知识的学习比较平面、枯燥，再生动的课堂讲授都需要实际的操练进行效果检验。

- "沉浸式"文化体验课的设置，既是学生理论应用于实践的需求，也是教学方式的改革和创新的需要。围绕体验设置的一系列课程，涵盖了日语学科的核心素养要求——语言能力、文化意识、思维品质、学习能力的各个方面。

- 教师需要协调各方面的人员配置，利用好现有的或可创造、改善的教学资源；从理论教学到实践操作，引导学生全程、全员参与，发挥学生的主体作用，培养他们统筹协调、合作学习、知行合一的综合能力。

阅读记录	
我的收获	
我的反思	

建议三十二
让日语学习"活"起来

课堂还原 ▶▶▶

　　王老师从事日语教育20余年，教授过基础日语、日语视听说、商务日语等课程，高中一年级时，学生还比较积极地参与课堂讨论和课堂活动，可升入二、三年级后，随着日语语言知识学习的不断深入，学生课堂讨论的参与度却没有随之提高……作为一名日语教师，你是否也有过这样的教学经历？

　　高三的一次日语会话课上，王老师根据课文的主题，按照顺序依次讲解了单词、语法、课文等内容，并请同学回答问题。为提高学生的积极性，王老师独创了一套较为灵活的提问方式，时而根据座位、时而根据学号随机抽取学生回答问题，督促学生保持高度的注意力。同时，她也会根据学生的语言水平分层次提问，语言水平较高的学生匹配有难度的问题，语言水平一般的学生则匹配相对简单的问题，这样可以激发不同层次学生的积极性，增强他们学习的自信心。

　　然而，每当轮到课堂讨论环节，王老师便迎来了最无奈的时刻。今天，为了让更多的同学参与到课堂讨论中，她特意导入一段视频做示范，此外，还安排班级成绩最好、性格活泼的小明和成绩平平、性格内向的小A一组讨论，并且事先叮嘱小明多帮助小A，王老师觉得这个方案万无一失，以为同学们会讨论激烈，课堂效果良好。然而进入课堂讨论环节后，无论小明如何努力地帮助和引导，小A依然很胆怯，不张口。讨论很快结束，轮到上台发表时，小明很着急，小A还是不言不语，只是低头看着手中的教材……

就这样，王老师的尝试又一次在无声中结束，更糟糕的是由于小A的不配合，小明也没能上台展示，平时成绩受到了影响。如何让小A这样的学生真正参与到日语课堂讨论活动中呢？王老师又一次陷入了思考。

教学妙招 ▶▶▶

我们为激发学生课堂讨论的兴趣，绞尽脑汁想出诸多自认为的妙招。然而，学生不参加课堂讨论的原因有很多，例如，有的学生只能勉强背出五十音图，有的学生学的是"哑巴日语"，有的性格内向担心说错，有的不明白题目要义，不知如何回答。

同样的班级，不同的老师授课，学生的反响不同，这说明教师的教学方法极大地影响着课堂教学效果。学生课堂讨论不积极，除去学生的自身因素，教师与教材也是重要的影响因素，其中，教师无疑起决定性作用。教师采取怎样的教学方式、如何设计课堂教学至关重要。教师要真正做到以学生为中心，引导学生参与课堂教学活动。

学生的思想意识是影响课堂讨论活动质量的关键因素，而德育教育是提高学生思想意识的有效途径。唯有学生自己意识到课堂讨论活动的重要性，教师才能因材施教，根据学生的实际情况制订学习计划，让他们有目标、有计划地参与课堂活动，提升学习的积极性，为实现人生目标夯实基础。

下面是提升学生学习兴趣，鼓励学生积极参与课堂活动的教学妙招：

1. 劳动教育入手

如小A这样不积极参与课堂活动的学生往往没有学习目标、思想上不进取、行动上又懒惰。《中小学劳动教育指导纲要（试行）》指出劳动教育是指发挥劳动的育人功能，让学生动手实践、出力流汗，接受锻炼、磨炼意志，培养学生正确的劳动价值观和良好劳动品质的教育。为解决学生的思想问题，教师应有意识地在课堂内外安排学生参与力所能及的劳动。教师应在日语课堂小组活动中加入能够体现"劳动教育"的角色，将劳动教育融入课堂教学，让学生参与劳动实践、学会分工合作，从而体会劳动价值。例如在课堂活动中，安排学生通过小组合作的方式完成桌椅摆放、资料发放、材料汇总、活动记录等任务，从小事入手，让学生有成就感，逐渐建立自己的学习目标，甚至制订职业发展规划。

2. 德育教育助力

调研中得知，小A这样的学生从小听到的批评多于表扬，各个方面都不被认可，因此缺乏自信。长期缺乏的自信导致学习跟不上，做事没信心，甚至自暴自弃，不愿参加任何活动。教师需要帮助学生建立信心，首先，教师可以在课堂上为这类学生分配简单并且易于完成的学习任务，无论完成度如何，都给予表扬。当学生的自信心积累到一定程度后，再为其分配更加复杂的学习任务。其次，发挥全员育人的功效。任课教师与班主任配合，令这类学生参与班级活动，使他们在班级中发光发热，为班集体贡献自己的一份力。学生参与各种活动，充分发挥自己的特长，可循序渐进地建立自信心。学生通过参与活动找回自信后，教师可引导学生从活动方面晋升到学习方面，最终提升综合素养。

3. 课堂学习提效

劳动教育助力学生确立学习目标；德育教育助力提升学生自信心，激发学习兴趣。教师尚需在课堂教学活动中想办法、下功夫，引导学生积极参与课堂教学活动，提高学习效率。教师设计小组活动时，可根据学生的学习程度安排学习任务；分组时关注学生的日语水平和能力，结合学生的个性和特点，注重各方面能力的搭配，激励学生积极参与课堂活动。

对于小A这样难以独立完成任务的学生，教师可以先安排讨论记录、资料整理等任务，再逐步增加难度，如写出关键词语再到读出句子等，分阶段提升学习的自信心。

4. 学习成绩提高

教师的精心指导和规划，激励了学生对日语学习的热情，学生的日语水平也随之提升。此时，教师应不失时机地为学生量身定制学习计划，逐步提高日语学习成绩。每个学生都是拥有各自学情背景的独立个体，教师为学生制订学习计划时要充分考虑学生的学习基础、接受能力、时间管理、心理因素、阶段评价、监督管理等因素，力求周全、详尽，如此才有可能帮助学生提高计划达成度，提升学习效率，达到预期目标。

实践案例 ▶▶

下面我以小A的经历为例，具体说明如何让日语基础较差、不参与课堂教学活动、不张口说日语的学生提高日语学习兴趣，增强课堂讨论活动的参与度，提高日语成绩，从而达到全面发展的。

第一步，学情分析。

为更好地了解小A的学习风格和特点，我首先采用"所罗门学习风格量表"对小A实施了问卷调查。调查结果显示，小A拥有视觉型学习风格，属于活跃型学习风格的大类，据此可知，图片、图表、视频等能刺激小A学习日语。调研结果显示小A更喜欢互动式的学习方式。同时，调研结果表明小A喜欢唱歌，愿意参加集体活动。

第二步，劳动教育。

虽然小A日语成绩不佳，性格内向，但做事比较积极，愿意为同学服务。首先，我在日语课堂上采用合作式教学方法，以组内异质、组间同质的方式分组，安排关系融洽的同学与小A同组，借此实现课堂活动时的优势互补、相互促进。其次，基于小A不自信、不张口的情况，进行初级阶段的课堂活动时，我安排小A为小组成员收集和整理资料、记录小组讨论等任务；课余利用小A视觉型的学习风格，收集日语学习图片、日语视频学习资料等帮助其扩充单词量、掌握知识点。在此过程中，我还发现小A自认为发音不好、说日语不好听的认知也是问题的原因，于是我尝试利用"影子跟读法"让其练习口语，改善语音面貌。经过一个月的训练和日籍外教的指导，小A的学习效果良好。小A与小组同学共同合作完成的学习任务令他获得较强的成就感，教师若在此时趁热打铁，循序渐进地引导他树立学习目标，便可事半功倍。

第三步，德育教育。

我从班主任和同学处了解到，虽然小A比较内向，但与同学相处融洽，也愿意为班级做事情。第一阶段的引导为小A建立了自己的日语学习目标，那么如何才能使小A在学习等方面更自信，全面提升自身素养呢？

恰逢此时，学校开展了一年一度的"校园外语歌曲大赛"，每个班都要派学生参加，我跟班主任商量后选派小A代表班级参加歌曲大赛，同时建议小A选唱日语歌曲。经过音乐老师和外教的指导，小A在老师和同学们的期待中，信心满满地登上了舞台，令人惊喜的是小A入选了"校园十大歌手"！我们看到了舞台上闪闪发光的小A，也看到了与同学有说有笑的小A。更令人欣喜的是，小A开始在日语课堂上说日语了。

第四步，课堂学习。

两个月后，小A进步明显，学习目标更明确，活动中信心更足，性格更开朗了。在取得了良好的开端后，如何提高小A的课堂学习效率便成为亟待解决的问题。在课堂活动中，当小A完全胜任组内整理和记录等学习任务，日语语音得到改善，愿意开口讲简单的日语后，我逐步加码，给他安排了更复杂的任务。先让小A将听到的日语读音、日语歌曲等中的词语及句子写出来，再让他读出单词甚至简单句子，逐步使小A从完成简单的学习任务过渡到完成复杂的学习任务。实现"改善发音""写出日语""读出日语"的分阶段、分层次的日语学习过程，从回答简单的提问逐步过渡到回答较复杂的日语提问，使小A逐渐跟上课堂教学节奏，逐渐缩短与其他学生的差距。

第五步，日语学习。

小A在日语学习上取得的可喜进步，离不开教师的周密计划与辅导。为了使他"更上一层楼"，还需制订详细的学习计划刺激他的学习积极性与主动性。首先，出具一套日语测试试卷检验他日语的短板和不足。测试后发现小A在掌握词语、语法知识点上有所欠缺。其次，根据小A的视觉型学习风格制订了整体计划和阶段计划，加入阶段评价、监督管理等机制。整体计划以一年为期限，阶段计划以一个月为单位，结合课内教材的单词和语法内容，辅以适合小A的词语图片和日语视频，每月进行阶段评价。考虑到小A的接受能力、时间管理、心理因素等实际情况，我决定让他每天学习一小时日语，力争一年后达到日语能力测试N4的水平，三年级时达到N3水平，力求行之有效地提高小A的日语学习成绩。

小A通过老师的指导和自己的努力，在三年级时达到了N3的水平，实现了学习目标，最终以日语作为外语高考科目考取了自己喜欢的专业，为今后的发展奠定了扎实的基础。

作为一名教师，通过对小A的个性化引导，我真正明白了如何让学生的日语学习"活"起来，让我们的日语教学"活"起来！我们不仅要静待花开，更要积极思考对策，借助劳育、德育、学科教育督促学生养成良好的习惯、提升学习兴趣、树立远大目标，同时根据学生的特点提高课堂学习效率，基于学生的学习风格，定制学习计划，进而提高学生的学习成绩，为学生的终身发展出一份力、尽一份心。

点睛 ▶▶

- 德育教育入手、劳动教育助力，这是解决学生思想意识问题的有效途径。
- 只有增强课堂讨论的意识，学生才能提高认知，积极主动地参与课堂讨论，助力成绩的提升，实现人生目标。
- 教师需对每位学生设定个性化指导方针，为学生的终身发展出谋划策。

阅读记录	
我的收获	
我的反思	

建议三十三
做一名"会偷懒"的老师

课堂还原 ▶▶▶

  高二上学期的一节日语课上,我提问:"'感觉很好闻'用我们刚学过的一个语法怎么翻译?"学生A说:"匂いがいいです。"学生B说:"不对,老师说要用刚学过的语法,应该是'いい匂いがします'。"我微笑着用钦佩的目光看向学生B。下课后,学生B得意扬扬地告诉我,其他的语法他都不会,就会这个。学生B是我们班的学困生,背单词、句子时候总是背不过。我好奇地询问其原因。原来,他在昨天就这个语法的用法,与一名成绩较好的学生争论过,而他最终被证实是正确的。原来,胜利的喜悦,让这个语法成了他"这辈子都不会忘"的知识。

  我虽一直秉持着激发学生无限可能的态度,却在教学中仍然常常无法跳出既有的思维定式。学生的状态让我开始自我反思。课堂上,"讲与听"的教学模式真的容易吸收吗?下课铃打响后,一节课的知识点大家能记住多少?自己的教学方式是否可以有所调整?我所面对的不是25个被动接受知识的容器,而是25个能够独立思考的个体,如何激发他们的学习内驱力呢?很多事情比起亲力亲为,是不是把机会交给学生,更能促进他们的发展?在一些事情上做一个"会偷懒"的老师,是不是对学生的学习和成长更有效?

  一系列的问题等待着我寻找答案。

教学妙招 ▶ ▶

美国学者埃德加·戴尔（Edgar Dale）于1946年率先提出了"学习金字塔（Cone of Learning）"理论，美国缅因州的国家训练实验室也做过类似的研究，提出了类似的学习金字塔（Learning Pyramid）理论。学习可以分为被动学习与主动学习。被动学习通常指试听、演示、阅读、听讲等被动接受式学习。而主动学习则包括教授、实践与讨论等。从学习内容的平均留存率来看，主动学习的留存率明显高于被动学习的留存率。教授给他人的留存率更是高达90%。所以，适时地把"教"的权利交给学生，或许是一种更好的教学方法，如图所示。

分类	学习方式	学习内容平均留存率
被动学习	听讲（Lecture）	5%
被动学习	阅读（Reading）	10%
被动学习	视听（Audiovisual）	20%
被动学习	演示（Demonstration）	30%
主动学习	讨论（Discussion）	50%
主动学习	实践（Practice Doing）	75%
主动学习	教授给他人（Teach Others）	90%

学习金字塔

图　学习金字塔理论

四川武安县的英语教师王老师，就曾利用这一理论，在教学实践中逐渐推行"教给他人"的学习方法，并取得了一定成功。上海华东理工大学附属中学的数学教师藏老师，也利用"学习金字塔"改进了高中数学的教学方式。

深入思考后，我便决定擦亮双眼，寻找可以做"懒老师"的机会。在高二一整年的时间里，我前前后后围绕着"放权"，适时挑选机会采取了如下三类行动：

放权一：三人行必有我师

这一类行动主要围绕"互帮互助"的原则，目的是给优等生一个夯实知识体系的渠道，给学困生一个提高自我效能的机会。比如让学生互相检查作业，互相批改小考，互相补课。或者把一些习题讲解的任务分配给学生。

互相检查作业及批改小考，利用的是人性中爱挑别人问题的特点，在找错的趣味中引导学生引以为戒；互相补课可以同时检测补课者与被补课者，一举两得；把题目的讲解机会交给学生，主要有两个侧重点：对于优等生，鼓励其与同学们分享自己记得不熟的内容，在表达的同时加深对知识点的理解。对于学困生，着重引导其讲明白重点知识点，再小的进步都要鼓励。

放权二：我能站在讲台上

教是最好的学。我将每节课的第一课时交给学生，由他们提前看网课来预习，进行语法的讲解。我坐在班级后排，扮演一名学生，和大家一样喊口令、鞠躬、举手回答问题、观察并记录。由学习委员制作"授课评分表"，全班同学对授课小组进行点评。

1. 原则与方法

（1）授课：一本书按课节数目平均分配给各个小组。每课结束后利用随堂测试进行小测验，评比各组的授课成果，设置小组加分项。

（2）声明：提前声明如果讲不出来，哪怕全班同学不上课，老师也不会当堂进行补充，不要抱有侥幸心态。

（3）反思与讨论：根据学生的讲解情况，在课后两天内与该组进行讨论，引导学生反思如何在经验中汲取营养并应用于下次的提高。

（4）知识补充：适当在第二节课给予讲解补充的机会，并在练习题讲解前协助其对所有知识点查缺补漏。

2. 注意事项

（1）目的及间接影响：①引导学生认识到学习是自己的事情。②在表达的过程中建立自信。③加深记忆。④营造班级互助的学习氛围。⑤培养预习习惯。

（2）教师需要和善且坚定：学生讲不好时不能发脾气，要用信任的眼神看着他们。筹划如何在课后的反思与讨论中引导学生正向思考：我的优点在哪里？我还有哪里想要做得更好？

（3）引导学生建立自我与集体意识：引导学生通过台上同学的教授，反思我要怎么做？我能做什么？我能为小组做什么？我能为班级做什么？

<u>放权三：我才是自己最好的老师</u>

这一部分主要是给学生多多创造建立自信的机会，把自主思考的权利交给学生。比如：自己布置作业、设定与执行自我目标、为自己写周评语，以及每次考试后，自己写成绩分析与提升计划。

首先，统一安排寒暑假作业的小部分内容，让学生根据自己的学习情况自己制订大部分内容。开学后，每月、每学期带领学生设定适合自己的学习目标。使用SMART原则，设立可实现的目标，杜绝"假大空"。其次，增设周自评栏目。自评内容主要包括：本周是否按计划完成了学习内容？有哪些待改进的地方？下周怎么做？最后，在每月的月考后，让学生自己写成绩分析与提升计划。不仅要要求学生分析自己近一个月以来的学习状态，还要分析自己在考试过程中出现的状况。以此为基准，单独和每名学生谈话，共同制定下次考试的目标，讨论执行计划。

着重疏导优等生的压力，鼓励中等生及学困生，要引导他们建立对自己的正向评价。哪怕设立再小的目标也要实打实地完成，养成自己的好习惯。适时提问，需要我的协助吗？我能为你做什么？

实践案例 ▶▶

<u>放权一：三人行必有我师</u>

以下教学实例为动词变形复习中的某次"互相检查作业"形式的作业点评。

动词的各种变形是日语教学中较为重要且令人头疼的地方。尤其是当学习内容变多后，分不清被动、可能等各种形式变化的学生比比皆是。某天的作业内容是各类动词的变形。次日，我收上作业后，直接将各小组作业进行互换，并在黑板上画出各组挑错区域及计分区域。学生一看可以给别人挑错，课堂瞬间热闹了起来。我给学生3～5分钟的挑错及讨论时间，各组需要在规定时间内将找到的错误写到黑板上的指定区域内。按照找到错误的个数及全班的出错率，为各组进行相应的加分。

1组和2组中爱睡觉的几个学生来了兴致，变得比谁都兴奋。各个小组中的学困生生怕自己被挑出太多错来，白白给别的组送分，也格外认真地逐个核对假名。3组为了在规定时间内挑出更多的错误，组长对组员进行了任务分配，两人负责找错，两人负责到黑板上抄写，一人负责查漏补缺。当然也有优等生觉得这种做法幼稚，只在旁边"看戏"，不参与。

时间到后，黑板上歪歪扭扭出现了各式各样的变形错误。有"ら""れ"不分的，有把"こい"写成"くい"的，还有把意志形与命令形弄混的。正确答案虽然只有一个，而错误却是千差万别。有的学生说"还能这么写啊？这都能错？"看着其他人的错误，很多同学大开眼界。也有同学发出了"当老师真不容易"的感叹。最后，全班一起总结出了错误率较高的几种变形，加深了对正确变形的印象。这节复习课在学生们的欢笑声中结束。

不出所料，在次日的变形检测中，学生们的错误有了明显的减少。

<u>放权二：我能站在讲台上</u>

高二下学期开始，全班同学便分组轮流上来讲语法课。五个小组在四个月的轮流授课中，每一次都有不同方面的改变。以下将第五组的第一次及最后一次授课状态作为案例进行分析。

授课内容：九年级第一课语法，必修一第四课语法

组长：K

组员：L1、L2、H、M

学生特点：

①L1：优等生。学习能力及习惯优秀。参与度不高。

②H：优等生。非常聪明，情绪稳定。懒得做太简单的事情。适合充满诱惑力与挑战的任务。

③K：组长，有责任心，资质一般，踏实肯学型。课堂积极活跃，学习态度非常端正。

④M：非常聪明但是经常"摆烂"。找不到学习的意义。人缘好，有亲和力。需要多给机会、多表达对他的需要及认可。

⑤L2：成绩中等，时而偏下。对自己没有特别高的目标，课堂参与度高，需要随时给予正面肯定。

课堂表现及课后引导：

九年级第一课：

组长积极投入，成员几乎未参与。

由于是第一次讲解，有的学生以为老师只是闹着玩的。全班都抢着看热闹。组长K出于责任心，赶鸭子上架，匆忙看视频预习。由于K出色的临场应变能力及相对扎实的基础，虽然部分问题无法回答清楚，但是出乎意料地完整讲完了一节课。加上我坚决的态度，第一堂课的讲解为后续学生授课的开展起到了很好的示范作用。

课后引导：

该小组全部由男生组成，有3名优等生和2名中等生。部分优等生的特点就是事不关己高高挂起，认为小组合作并不值得自己费工夫。于是我对K的认真付出给予了肯定。第一节课后的会议上，我侧重引导学生们认识了小组合作的重要性及如何在小组合作中找到自己的位置。

必修一第四课：

本次授课整体有了实质性的突破。经历了两次授课后，优等生L1意识到了参与的意义，积极投入了进来，起到了带动作用。同时，因为该生对于知识点的理解和记忆非常扎实，能够及时修正课堂上出现的问题，成员参与度明显提高，整体来说进步非常大。不足之处在于虽然理解了知识点，但是疏忽了例句，个别词句不能正确读出。仍然有很大的提升空间。

课后引导：

我对L1的认真态度给予了充分的肯定，同时认可其在授课过程中使用日语的行为。我倾听组长K的想法，问他："当自己的光芒明显被削弱后，要如何调整？如何通过自己的弱点看到进步的可能？"不愿意参与授课的 L2 也主动讲解了两个知识点，我认可了他的大胆尝试。懒得学习的 H 也参与了两个知识点的讲解。学困生 M 尚未参与。

我真诚地肯定全组的表现后提出问题："下次必须改进的地方在哪里？"大家回答："不光要把语法理解透，还要有人负责查生词，把所有的例句读熟。"随后进一步引导学生，每次一点点的进步就是最大的进步。同时提及我在课堂上看到的现象：同组人讲解的时候，没有人配合。同伴在台上讲解时，"我"要怎么做？

不仅是第五组，全班五个小组各有特色。我针对不同小组的特点，在课后进行相应的引导。必修一结束后，各小组平均经历了3次授课，均有不同程度的进步。其中最令人欣慰的是平均成绩最差的第二组，在第三次的讲解中做到了我期望的最佳授课状态。不是说要讲得多么好，而是要在完整地讲完一课的语法时，引发全班同学的积极思考和讨论。几名同学还在下课后立刻通过班级的电脑寻找自己想要的答案。这也为我创造了一个非常好的鼓励他们的机会。最后一次授课时，该组成绩垫底的一名学生在讲解授受关系前，精心在黑板上绘制了关系图，并配上了有趣的讲解。当全班同学看到这一幕后发出了"哇塞"的感叹，我意识到，他们被这名学生的改变深深地影响了。我知道，这就是我要的：学生真正的内驱力和一点点的改变可以形成群体波及效应。

我在9年级课程结束后，针对学生授课这一形式对全班同学进行了调查。全班80%的学生愿意继续采用这样的上课方式。大部分学生的反馈是（1）自己准备的那一课，记得最扎实。（2）别人讲得不好的时候，总会溜号。（3）更愿意听老师上课了。针对以上三点我又向大家提出了新的问题：记得扎实的根本原因是什么？老师的课堂，老师的付出，你真的珍惜了吗？两个问题的抛出最终得出了我想要的答案。学得好不好，到底取决于什么？当然是取决于"我"的付出、"我"的用心、"我"的踏实努力。

这是我在进入高三前，想要在日语班奠定的学习基础。

放权三：我才是自己最好的老师

这一类放权主要将部分学生的周总结、月考成绩分析与提升计划进行了分享。

周总结的主要内容：本周做了什么？做得好与不好的地方分别是什么？下周如何改进？

优等生H同学：

> 本周讲了第二课，语法基本掌握，但是单词还没有全部背过。要加紧背单词，每天20个。

> 本周学习了第七课，因为是自己组讲的，语法基本掌握了，但是单词还没背，下周到学校要重点背单词，每天背10个。

中等生G同学：

> 单词完成得非常好。每天也在听听力，同步练习有点赶。下周任务与上周一样。

> 单词完成，听力完成，语法有两天没完成。下周任务：单词一天10个、一天十遍。听力30分钟，语法30分钟。课课练和同步练习一天一道大题。

学困生Z同学：

> 上周第一课背了一半，这周背另一半。

> 本周什么都没背完。下周继续背。

优等生与中等生的周总结一般都很完整且进行了全面的自我反思，明确了下周的计划。而在学困生的周总结中，明显能够感受到学生对自己的评价很模糊，对自己做得"好"与"不好"的地方没有清晰的认识。我会通过周总结这面"镜子"，及时给予学生学习及成长上的正向反馈。

成绩分析与提升计划，主要要求学生：1.要真实地分析自己的成绩，不说类似于"成绩很差""没有考好"这样的"套话"。2.提升计划必须落实到具体的"怎么做"，见表。

表　成绩分析与提升计划

姓名	成绩分析	提升计划
L同学	这次考试的目标达到了。但是语法和单词还是不太熟，考试时没有把握好时间，作文没有写完	每天背的单词由3个增加到5个。语法继续每天复习，希望下次考试的成绩继续保持在90分左右
S同学	这次考试太过粗心，浪费了太多时间，写了又改，改了又涂。没有时间写作文，也没打完草稿。有一些单词还是很模糊	每两周坚持背40个单词（复习之前的）。在下次考试前把重要的助词整理完（大概每周两三个）。每周最少听三次听力（每次不少于15分钟）

由老师单方面进行的成绩分析容易导致评价片面。而在先看过学生对自己的考试评价后再针对特定学生的特定问题进行面对面的沟通，更能找到该学生在这一阶段学习过程中存在的偏差，更容易及时对其引导、矫正。同时，结合该同学近一个月的总结及上次小测验的成绩分析，能更好地把握学生此时的学习状态。

点睛 ▶▶▶

- 把思考的机会留给学生。这也是我的初衷。我在"三人行必有我师""我能站在讲台上""我才是自己最好的老师"这三类"放权"的行动中，看到了自己和学生的无限可能。但是，在"放权"的过程中，仍然需要注意以下几点：

（1）三种方法无法适应所有的课堂。如何根据班级情况适当组合、搭配、使用"放权"的量和度，需要教师适当调整。

（2）这是一个锻炼耐心的过程，教师要知道自己究竟想要什么。否则，当看到学生把课讲得一塌糊涂的时候，看到台下学生不配合、乱糟糟的场面时，教师心中的愤怒足以把自己淹没。如何专注于自己的目标，不被表面现象迷惑，少一些"反应"，多一些"回应"？这是我必须面对的事情。

（3）"懒老师"懒的是行动，勤的是思考。教师上课前应充分了解学生，用逆向思维应对"差生"；把成绩下滑、学生犯错的时候看作进步的最佳时机；把"烫手的山芋"交给学生，让他们自己想办法解决等。有时"怎么做"比"做什么"更重要。

阅读记录	
我的收获	
我的反思	

建议三十四
教育奖惩艺术

课堂还原 ▶ ▶ ▶

最近,我注意到一个奇怪的班级现象:粉笔盒里教师们用过的小粉笔头变少了,而这两周,日语课代表到办公室找我领取粉笔的次数增多了,每周几乎比以前多领一盒。我觉得这很蹊跷,便悄悄把日语课代表叫到办公室,让他留意是哪位同学乱扔粉笔头。课代表王强接受了这个特殊任务。

四天后,"罪魁祸首"就被抓到了。那天,我刚下班准备回家时,课代表王强领着一个女生走进来,气冲冲地说道:"快跟王老师说说怎么回事?你一个女生怎么能干这样的事,真丢人!"我看了一眼,原来是李小霞同学,她平时话不多,性格内向,家庭条件一般,父母常年在外打工,她和妹妹被寄养在奶奶家。但该同学学习刻苦,不太像是能偷东西的孩子。于是,我让王强先回班级,并嘱咐他在这件事情调查清楚之前,不许声张。

作为教师的您也一定遇到过类似的事情吧,您是怎么处理的呢?

教学妙招 ▶ ▶ ▶

学生犯错就像学习中遇到难题,作为教师应该像解题一样帮助他们分析。

1.了解情况,收集资料

首先,教师应该平心静气地了解真实情况。通过与学生本人交谈,寻找事件背后的真实原因，借此了解该生的想法、情感、情绪和态度等。

2.分析问题，寻找原因

根据收集的信息，分析问题，找出原因。把收集来的信息与该生平时的行为习惯、情绪态度、学习品质相结合，再进行思考。

3.制订策略，共同实施

如果学生偶尔为之，我们可以根据情况对其加强教育，给出解决方案。如果该学生已经形成某种不良行为（如偷盗）且难以改正，那么教师就要与学生共同制订详细的方案，加大教育力度，帮助该学生彻底改正不良行为。

4.以小见大，点面教育

如果该学生所犯的错误并不具备普遍性和借鉴性，那么教师点到为止，帮助该学生改变即可。若能从中吸取一些经验方法，效果更佳。

实践案例 ▶▶

下面我将结合小霞同学的实际情况说明教育中教师奖罚手段的艺术。

1. 分析学生的行为动机

我们要树立一种意识：学生们都会犯错，但错误的性质却不同，因此教师需要区别对待学生犯的错。

针对小霞拿粉笔这件事情，我先询问了原因："小霞，你跟老师说说原因，你是个优秀的学生，老师相信你！"没想到，听我这么一说，她哭得更厉害了。过了一会儿，她哽咽道："是我拿了粉笔，我错了！"接着又哭了起来。

我安慰她："你先别哭，老师又没有批评你！"

"课代表说我是偷粉笔的贼！"

"那你跟老师说说是怎么回事？"

经过我的安抚，小霞渐渐平复了情绪。然后告诉我，原来每天晚上她都会到讲台上捡白天课堂中用剩的粉笔头，在家里的水泥墙上练习粉笔字，这样她还能教妹妹写字。小霞之所以要练字，是因为有次她和另一位同学到黑板上写句子，虽然句子写得没错，但她的粉笔字写得又细又小，很不美观。于是，我说了句："小霞你要好好练练字呀，字犹如人的颜面，写一手好字会让我们受益终身。"没想到我的随口一说，却坚定了她练字的决心。

2. 确保"区别"对待错误的方法

我了解情况后对小霞说："老师知道你是个懂事的好孩子，不会无缘无故地拿粉笔，但是粉笔毕竟是班级财物，如果大家都随便拿，老师没粉笔可用，还怎么上课呢？"我首先肯定了小霞同学的优良品质，不会随意偷拿粉笔，借此让孩子放松心情，不要完全否定自己。然而站在班集体的立场，我似乎应该好好批评她，但事件背后还隐藏着孩子积极向上的进取心，她因为教师的一句话才发奋练习，而且还主动教妹妹写字，说明她是有责任心、有担当的好姐姐。因此，教师理应"区别"对待学生犯的错，教会学生正确的做事方法，若是不管不顾地批评，很有可能毁了学生的前途。

3. 寻求最佳解决之法

"这样好不好，我安排你每天负责讲桌的卫生，确保讲桌上没有粉笔灰残留。然后长度不超过食指第一节的小粉笔头就归你所有。另外我鼓励你参加板报小组，如果我们班的黑板报拿到年级前三名，老师奖励你一盒粉笔。"

这时，小霞同学终于抬起了头，用感激的眼神望着我说："老师，我以后负责讲桌的卫生，保证只拿很短的粉笔头，练好字后加入板报小组，为班级争光！"

"好，老师相信你！"

果然，我们班的板报荣获年级前三名，小霞也如愿以偿，获得了一盒粉笔的特别奖励。

我通过安排小霞为班级擦讲桌，赋予了她拿一些小粉笔头的特权；安排她为班级写黑板报，鼓励她继续练字，并且给予了一定物质奖励，极大地鼓舞了孩子的上进心。

因此，当教师发现学生内心隐藏着的美丽动机时，一定要合理利用，达到教育学生的良好艺术效果。

点睛 ▶ ▶

- 我们要树立一种意识：学生们都会犯错，但错误的性质却不同，因此教师需要区别对待学生犯的错误。
- 学生犯错就像学习中遇到难题，教师应该像解题一样耐心地分析其原因并帮助学生。
- 教师应艺术性地教育学生，帮助他们掌握正确的做事方法，这点尤为重要。

阅读记录	
我的收获	
我的反思	

教学故事

故事一
困难，是用来克服的

近几年，高考日语日益火热，市面上忽然出现了很多日语高考的复习资料，我一边感慨着现在的日语教师、学生好幸福，又时常想起我的第一届学生，想起那段我们一起走过的艰难岁月。

我校于2015年开设日语课程。当时我校有一个班的学生是高二零起点日语生，使用的是《新版中日交流标准日本语》这套教材。由于信息闭塞，我个人完全不知道还有"中学日语教师"这样的QQ群、微信群，市面上也很难找到与日语高考复习相关的资料。当时全校只有我一名日语教师，一个人摸着石头过河，没有前辈的指导，没有教参资料，能做的就是仔细研读教材，认真研究高考真题（高考真题可以通过网络搜索到）。因为日语这门学科本身属于初一零起点的课程，我校当时采用的教材不是《课标》教材，所以教材中具体的内容跟《课标》稍有出入。为了更好地做好教学工作，我在日常教学中结合班级、学生的具体情况，整合教材。平时我会自己研究《课标》的教材，对当时使用的教材内容进行删减、补充。

2016年6月，学期还没结束，我就感受到了前所未有的压力，因为我的学生马上就要高三了，经历过高考的我知道高三意味着什么，没有任何日语高考教学经验的我陷入了莫大的困顿之中。但是，当时的我有个非常强的信念：无论如何我都不能让学生毁在我手里，我一定要送他们进大学。那是当时支撑我走下去的唯一的信念。于是，我利用网络资源等搜索日语高考的相关内容、资料，可那时的高考日语资料非常匮乏。我仍记得当时在某网站上遇到一位山东省的日语高考学生,他在出售自己用过的日语高考资料,我像是抓住了救命稻草一样,拼命地跟人套近乎,问人家关于日语高考的很多事情。直到现在我都很感激当年网站上的那位学生,同时也非常感激中国网络的发达和科技的进步。当时我还自费在网上买了比较有名的日语教师的网络课程,想跟着厉害的人学厉害的教学方法,然后教给学生。

平日里,只要班里有自修课,我就一定会上日语课。只要我有空,就抱着电脑去班里放听力,每天下午下班,我不回家,等着学生们都吃完饭了,利用晚自修开始前的20分钟练习听力、听写单词。对于日语这门学科,大家都很努力,每逢假期我们必补课,补到学校里只剩下我们一个班,周五全校都放学了,我们还在上课。暑假里大家都放假了,我们仍在学校,一天上6～8节的日语课。南方的夏天异常闷热,温度动不动升到38、39、40度,我们在教室里上课,衣服湿了干,干了湿,拼命运转的空调,一箱箱的冰块也降不下酷暑和同学们学习日语的热情。

虽然条件艰苦,但是我们却很快乐。班里共25名学生,其中24名是男生,唯一的一名女生是美术生,长期不在教室,所以我每天对着24名男生讲啊讲,练啊练,他们自嘲我们班是男生班。我心想:他们是一群非常善解人意的孩子,第一年带高三的我,有时候不能讲清楚某道题,有时候会把自己讲晕,这样的情况下,班里总有声音说:"老师,这道题出错了,我们看下一题吧。"我依然记得他们当时纯粹的眼神,说话时真诚的面容,让毫无经验的我内心真的少了些愧疚。虽然如今我仍会对第一届学生感到愧疚,但是他们的善解人意给予了当时的我莫大的安慰。谢谢你们,我的小兄弟们。他们是一帮快乐的孩子,当我因为他们的听写不过关,考试不理想感到生气的时候,他们会跟我讲:"老师,开心最重要!""老师,我很满足了,你知道吗?我以前英语只能考30几分,现在我日语能考到70多分,我真的是太满足了。"看着他们无邪、真诚又快乐的脸,我真的被治愈了。知足,何尝不是一种幸福呢?他们还是一群高情商的孩子,记得有一年的教师节,我刚从教室出来,看到我的课代表被一帮人簇拥着往我办公室的方向走去，看到我，他突然从背后拿出一大束鲜花。那一刻我觉得自己真的太幸福了。

我校第一届日语班的学生是在高一下的时候，从全年级每个班里面挑选出来的，当时这些学生对英语学习不感兴趣，抱着一种"死马当活马医"的态度组成了一个日语班。当年组成班级的时候，全班英语成绩的平均分为30几分。在师生的共同努力下，2016年10月浙江省外语学考（第一次高考）时，我班的日语平均分是62.76分。又经过7个多月的学习，2017年6月的高考中，我们的日语平均分达到97.56分。两年不到的时间，我班的日语平均分比入班时的英语平均分高出60多分。两年的时间，我们向自己证明：我可以！！！

两年的时间里，我们被一些人看好，也遭到很多质疑。我们坚持努力，师生加油拧成一股绳，最后打了个漂亮的翻身仗，回应了之前所有的质疑。第一届学生已经毕业四年了，每年都会有学生回学校看我，说说近况，聊一聊过去的日子，畅想下他们的未来。有毕业生带着女朋友来看我，有毕业生复读后带着本科录取通知书来看我。他们总能给我带来快乐和幸福。

作为教师，我觉得最重要的两点是：真正地关心学生和热爱自己的职业。尤其是新教师，经验不足的时候，可以用更多的真心来弥补。学生能感受到老师是否真心地关心他们，如学习日语这件事，我经常跟学生谈论大学入学以后外语学习的问题，与学生分享生活和人生。我始终认为，教育不仅仅是为了分数，为了高考，更是为了成为更好的人。

我觉得教师这个职业让我感到很幸福，毕业生的每次探望都成为我最开心的时刻。做高中教师的几年间，我始终有种使命感：我要让我的学生通过日语高考进入更好的大学。每当听到学生的感谢，每当看到学生因为学习日语而改变学习态度，带动其他科目的成绩提高，我真心觉得：做日语教师，太好了！

做教师会遇到各种各样的困难，但是要相信：方法总比困难多。我们解决一个个困难的时候，就是成全自己的时候。在日语教师这条道路上，希望我们每位教师都能克服困难、越走越顺、越走越远!

最后,借用自己的座右铭,与各位同仁共勉:

平凡な教師は言って聞かせる。

良い教師は説明する。

優秀な教師はやってみせる。

しかし、最高の教師は子供に未来への夢をともしてあげる。

专家点评 ▶▶▶

　　学习是一项终生的事业。正像本文作者在座右铭中说的一样,伟大的教师可以点燃学生心中的火焰。这火焰不仅指对知识的兴趣和热情,也包含着在求知的过程中不畏困难、突破困难的决心和意志。本文作者虽然在刚开始教日语高考生的时候,由于客观原因,需要在零基础、零经验的情况下独自探索高考日语的教学方法,积累教学经验,克服信息闭塞、经验不足的问题,但这一过程却在不知不觉中使本文作者身体力行地教给了学生利用所学知识解决新问题、化解新矛盾的方法。对学生来说,这种克服困难、解决问题的过程,或许比知识本身更宝贵。

　　美国教育学家布鲁姆在他的教育目标分类中,将教育的根本目标分成初级认知和高级认知。其中记忆、理解、应用等知识本身属于教育的初级目标。而分析、评价、创造是教育的高级目标。尤其是创造这一目标,它启示我们:学习的最终目的是利用所学习的基本知识和过往的经验解决新的问题,创造新的价值。

　　故事中,本文作者很好地实现了目标,在教学活动中,在与学生教学相长的过程中将这种精神传递给了学生。首先,当时学校新开设日语课程,全校只有一名日语教师且处于没有教参资料、没有前辈指导的困境,这对本文作者来说是新的挑战。在这种情况下,教师需要运用过往学习日语的经验,在信息相对闭塞的情况下,充分发掘获取信息和资源的途径,在众多的信息当中拣选出有价值的高考日语复习资料。其次,有了相关资料后,本文作者还需要根据《课标》的要求和对高考真题的钻研进一步整理资料，使其更加贴合高考日语复习的要求。最后，本文作者还需要在日常教学中结合学生的学习情况对教材内容和复习资料进行及时调整，带领学生在有效学习方法的指导下不懈地练习。经过一系列的努力，我们发现，本文作者的学生在两年的时间日语成绩得到了大幅度的提高，同时，学生们和老师一样锲而不舍、信念坚定、无惧问题，有着将克服困难视为常态的自信和乐观，这种影响无疑是深远的。

故事二
港　湾

　　站在办公室的窗户前，看着孩子们走出校园的背影，那些美丽的鲜花、耀眼的录取通知书、泪水、欢笑……又一次浮现在眼前。夏日的微风拂过，轻轻地掠过我的脸颊，视线有点模糊了。如果说我是一个小小的港湾，那么我的学生们就是一艘艘小小的船。三年时光，守护着他们成长，我就陪到这里了。未来加油！带着我的希望乘风破浪，驶向远方吧！

　　教师们总说："每一届学生都类型各异，这一届学生又是什么样呢？"

　　小王：他积极参加各类活动，屡次在各种比赛中获奖。以优异的高考成绩被西安外国语大学录取，其中日语单科取得了140多分的好成绩。

　　小洋：他的成绩班级倒数，经常和其他学生发生矛盾。某节课上，我看他有点走神就叫他起来回答问题，他不说话，用恶狠狠的眼神盯着我。我继续鼓励他，他突然爆发，摔门而出。

　　大家一定喜欢小王，讨厌小洋吧。然而，我想告诉大家，小王和小洋是同一个人，他叫王洋。

　　他是一个高高瘦瘦的男孩，微微有些驼背，眼睛很大，但是目光却游离躲闪。通过两个来月的接触，我发现他桀骜孤僻，好像对什么都不感兴趣，不参加课堂活动，常常不能按时完成作业。期中考试时各科成绩都是倒数。把他叫来办公室，他用恶狠狠的眼神盯着我，似乎已经认定了我要批评他。我让他坐下，一起分析试卷，最后微笑地拍拍他的肩膀说："考试常常有确定的正确答案，但是人生不一样，没有一开始就设定好的正确选项。敢于在高中选择日语的人都是敢挑战人生的人！努力让自己的选择成为正确选项哦，加油，相信你！"一向高傲的他对我点了一下头，从牙缝里挤出了"谢谢"两个字之后，拔腿离开了办公室。一个多么执拗又可爱的孩子啊！随后的家长会，是他的外公来参加的，这是位满脸皱纹面色蜡黄的老人。我和他聊了孩子的学习情况，希望家里人多鼓励他。临走时，外公说："李老师，拜托您以后多照顾他。谢谢啦！"老人的眼角似乎闪过一丝异样的光。

其实此时，他的外公已是癌症晚期。五个月后，他的外公去世了，摔门而出的事件就出现在他参加完外公葬礼回来上学的第一天。我在学校操场的角落找到他，安静地坐在他旁边，他深深地低着头，完全不看我，突然哭得像个孩子。默默地陪他哭了很久后，他抽泣着告诉我，他很小的时候爸爸就不在了，妈妈在各地打工，艰难地支撑着家里的开销。他从小跟着外公生活。那时我才明白，他平时都是在用高傲的外表掩饰内心的卑微。他说，外公走了，他不想上学了，这样就不会给妈妈添负担了。我拍着他的肩膀告诉他，妈妈宁愿那么辛苦也要让你上学，不就是希望你以后不用再受妈妈那样的苦吗？你要努力长大，让妈妈过上幸福的生活。后来，在大家的鼓励和帮助下，他渐渐走出阴影，开始融入集体。他的日语成绩从班级倒数提高到班级前列，他也在学校的各类日语比赛活动中取得了优异的成绩。

然而，生活又一次给了他沉重的打击。高三刚开学，学校有一个公费去日本读专科的机会。综合成绩较好的同学目标都在国内名校、日本名校。这次去日本读专科的机会，自然落在了他这个完全没有希望上二本线的学困生身上。当他欣喜若狂地报完名，却发现虽然是国家公费项目，但是免掉的只有学费。妈妈完全无法承担剩下的杂费。他再一次消沉了。一日，他来办公室交作业，我让他坐下。他深深地低着头，完全不看我。他明明还是个孩子，却没有人帮他挡风遮雨，这些苦难都要自己承担。于是，我给了他一个大大的拥抱。他先是一愣，然后用嘴角挤出了一个微笑，说："没事，我本来就不想去。"我说："在这里，你不用假装坚强，人生的不如意是暂时的，我相信你一定会给自己拼出一个不一样的人生。"自那以后,他更加发奋努力,最终成为一匹黑马,以高出一本线50多分的优异成绩被西外录取。

老师们都有这样的感觉:爱学生不难,但是爱所有的学生很难。总有一些问题学生让我们头疼。其实,"每个孩子都是天使",这些问题学生只是想用面具遮挡自己受伤的样子罢了。他们常常要比其他孩子承受更多生活的风雨。常常听说爱打架的孩子背后是容易动手的家长,早恋的孩子背后是父母关爱的缺失……虽然他们表面上很叛逆,然而,内心比其他孩子更需要关注,更需要鼓励。让我们多一些耐心、关注每一位学生、关爱每一位学生,做每一个孩子的港湾,助他们成长,守望着他们远航。

"李老师!"孩子们的呼喊声把我的思绪拉回,他们看到我还在窗边望着他们。"ありがとう!""がんばります!"王洋的呼喊声格外地响亮。窗外悠悠的白云舒展,突然悲喜都淡了,我只是他们漫长航程中的一个小小港湾,今后他们也许不能再在我这里避风躲雨,但是我会一直在这里做更多小船的港湾。

专家点评 ▶▶▶

每个教师在职业生涯当中都会遇到各式各样的学生。因材施教,是教育事业中最理想的状态。这篇故事就通过一个温暖生动的事例,给我们呈现了一个"问题学生"转化成功的例子。

如故事中提到的桀骜孤僻、对什么事情都不感兴趣、不参加课堂活动、不按时完成作业、成绩不佳、对教师的提问和谈话等有抵触情绪的行为,都是学困生中常见的几种比较典型的外在表现。此外,注意力不集中、学习方法不当、态度不端、动力不足等也都是学困生群体中常见的表现。而这一系列的表象下面往往有着不易察觉的深层原因。这就需要教师在面对学困生时,不能只治"标"不治"本"。只有找到问题的根源,才能制订出有效的解决方案,起到事半功倍的效果。

故事中的教师,因为有着对学生们无差别的爱和耐心,所以才能在发现问题学生时仔细观察学生的细微表现,准确地体察学生的心理反应,采用温和亲切的态度、理解和鼓励的语言正确处理了学生的抵触情绪,为今后问题的扭转打下了良好的基础。对问题学生的教育不是一朝一夕的事情，通常需要耐心地观察和引导。故事中的老师以家长会为契机，关注并了解到这位学生家人（外公）的情况，并在几个月后，学生突然出现情绪低落的行为时耐心地倾听学生的心声，了解学生内心的真实想法，找到学生行为背后的直接原因和间接原因后，采取了正确且有针对性的引导方式，赢得学生信任，引导学生唤醒内驱力，走出生活的阴影，真正解决了根本问题，最终完成了对问题学生的转化教育。学生端正了学习态度、生活态度，有效地提高了学习成绩，这种"治本"的解决问题的思路，使这位教师数次帮学生克服困难，最终考上了一所理想的大学。

教师对学生无差别的爱与耐心是"因材施教"的基础，而"治本"的解决问题的思路是准确、高效地实现"问题学生"转化教育的途径。希望每一位教师都能成为学生们温暖的港湾。

故事三
爱，就大胆说出来

　　工作以来，我上过无数堂课，讲过无数的知识点，但不确定哪一个知识点能够被我的学生们铭记终生。然而他们却比我要厉害得多，只用了一堂课，就让我学会了一个终生难忘的知识点——爱，就大胆说出来。

　　时间过得真快，6月的风拂过面颊，毕业的序曲开始响奏在草丛花木中。终于，我们即将迎来三年中的最后一堂课。

　　备课的时候我反复思考，到底要做些什么，说些什么，才能给学生们留下一堂具有纪念意义的课程，为我们的互相陪伴画上一个圆满的句号。但转念想到最近与学生们发生的几次冲突，以及彼此之间尚存的紧张气氛，内心突然涌起一阵烦躁——或许这些心意只是我自己的一厢情愿，说不定在他们的心中，我只是一个能够解答这道题为什么选A而非选B的人，那么又何必强行给自己"加戏"呢？

　　没有语重心长的教导，也没有依依不舍的告别，我们在复习错题中平静地度过了最后一堂课。这时，隔壁班级突然传来了"老师辛苦了，老师再见"的告别声。为了避免尴尬，我装作没有听到，并跟学生们礼貌地告别："じゃあ、今日はこれで終わりです。みなさん、さようなら。"说完之后，我快步走出了教室。突然，身后传来"老师，您明天还来吗？"的询问声，回头一看，是坐在班里第一排的男生。我回答道："明天大家就要开始自习了，我应该不会来了，有什么事吗？"他好像有话要说，却欲言又止地摇了摇头："那没什么事儿了，老师再见。"

　　回到办公室，我发现水杯落在了教室，便转身回去取。再次离开教室的时候，我察觉到刚才那个男孩像是趴在课桌上小声哭泣一样。是因为离

245

别吗？我的存在对于学生来说有这么重要吗？我不敢多想，快步走出教室，匆匆逃离了学校。

晚上，我意外地收到了学生的短信："老师，您明天上午有空吗？我们想请您来学校一趟。"署名是十五班学生。想了想自己第二天上午并没有什么安排，于是我回复道："好的，大概几点？""那您就8点半到教室吧。"

第二天一早，我提前几分钟到了学校，走到教室门口，刚要推门进去，却被站在门口的一个学生给挡了回去："老师，您一会儿再进！"过了一会儿，我的课代表从教室里走出来，我便问道："你们葫芦里卖的什么药？现在可以进了吗？"她微微一笑："老师，请进吧！"

虽然刚才在门外做了心理准备，但在推开门的一瞬间，我还是被吓了一跳。60多双聚光灯一般的眼睛齐齐地望向我，班长喊了一声"きりつ"，所有的孩子齐刷刷地站了起来，一边鞠躬一边异口同声地喊道："先生、ありがとうございました。"

那一刻，因为吃惊而张着大嘴的我一定很丑。

然后课代表说道："老师，这是我们为您准备的小型感谢会，谢谢您能来。原本昨天下课的时候，我们一直在等着您能够说些什么，可您却什么都没说。其实大家很舍不得您，但是谁都不好意思先表达出来，直到看见张振趴在桌上哭泣，我们才觉得应该把心里感谢的话说出来。虽然我们的感谢来得有些晚，但是我们很真诚。"

她继续说道："我们为您准备了一份礼物，请收下。"说话间，她将一个小盒子郑重地交给了我："老师，这是全班同学想对您说的话，很多同学不好意思直接说，就都写在了这里。"我端着这个满载着大家心意的盒子，发现最上面的一张纸条写着"老师，虽然我字丑，但是真的谢谢您"。我一下认出这是几天前因书写不够工整而被我批评的那个孩子，眼泪像开了闸一样奔涌而出。

这眼泪里有感动，有后悔。我意识到，那种故作淡定的样子是多么的可笑，对学生们的抱怨又是多么的幼稚！我因为自己内心的恐惧，险些错过这些孩子的温暖与善良。

就在我自责的时候，孩子们围了过来。

"老师，谢谢您在我复习一级的时候给我的帮助，谢谢您总是鼓励我，让我不要放弃。ありがとうございました。"

"老师，我最喜欢上日语课！喜欢你讲的笑话，您是被教学'耽误'的段子手！"

"老师，谢谢您总是严格要求我。"

"老师，谢谢您在食堂请我吃'大餐'。下次能不能多加一个卤蛋？"

"老师，谢谢您在我走神的时候提醒我。"

"老师……"

我抱着这个沉甸甸的盒子，不停地给大家鞠躬："不用谢，真的不用谢。"

这时，班长指着黑板说道："老师，请看这边，这是我们送您的另一个礼物。"

我转过身去，发现黑板上写满了字，仔细一看，原来是一些歌词。

"这是我们想送给您的一首歌，但是昨天晚上才开始排练，唱得不太好，您别见怪"，班长羞涩地说。伴奏响起，大家跟着一起唱了起来："又回到最初的起点记忆中你青涩的脸我们终于来到了这一天桌垫下的老照片……"此时，他们褪去了课堂上的拘谨，勇敢地表达着自己的心意，散发着青春的气息。这是我从来没有见过的一面。一曲完毕，学生们欢迎我讲几句，但是，我却是一副"座中泣下谁最多，江州司马青衫湿"的样子。

记忆中，我好像说了这样一段话："我真的很感动，谢谢大家！我从来没有想过，这是我教的一群'木讷'孩子的杰作。这三年里，我批评教育你们的时候比表扬你们的时候多，我经常挑剔你们做得不够好，说你们学习习惯太差，知识点忘记了也不知道捡回来，卷面总是写得乱糟糟的。我总觉得正是因为我爱大家，所以就应该对大家提出更高的要求，这样你们才能在激烈的竞争中获得更高的分数。但是今天，我觉得我错了，不是说对大家严格要求的做法不对，而是我认识到好的教育不应该只有严格这一种呈现形式，还必须有对你们的关心与爱护。以前我不擅长这些，总觉得太过矫情，但是今天，大家给我上了终生难忘的一课，你们用真诚和勇敢教会了我这个知识点，那就是——爱，就大胆说出来。所以，我为自己过去做得不好的地方向大家道歉，并跟大家保证，以后一定会毫无保留地把大家教给我的知识和爱，传递给你们的师弟师妹们。"话音刚落，孩子们热烈地鼓起掌来。我想也许他们还不能完全理解我的意思，但是我自己却是真真正正地明白了。

一直以来，我尽管自认为对教学工作尽职尽责，但是却很害怕跟学生建立起过多的感情连接。因为于我而言，与学生建立起亲密关系不仅代表着责任，更代表着期望与失望的交叠，情感与理智的冲突，所以我选择了逃避，并自认为找到了一种微妙的平衡——既不对工作懈怠，也不与学生们走得太近，但这些纠结像是无形的绳索束缚着我，使我无法坦然地面对学生。

然而，学生们为我做的这一切让我看到了什么是真诚与勇敢，也让我感受到被接纳、被肯定、被爱着是多么的幸福，内心的不安与不自信被孩子们的真诚治愈了，我获得了足够的勇气去直面自身的问题——我的"掌控欲"其实是源于内心的不自信，是对自己某些专业能力欠缺的掩饰。我认为学生们不喜欢我，其实是因为对自己不够满意。

所以，在师生关系中，只有不再考虑如何更好地保护自己，如何让自己免于失望的侵袭，我才能成长为一个更有担当的教师。这条路走起来或许并不容易，它要求我们要有民主与平等的意识，要有渊博的学科素养和深厚的文化底蕴，要有驾驭课堂的教学艺术。自我的改造很难靠一次触动就彻底实现，战胜自我是一个漫长的过程。所以，我感谢我的学生们，是他们让我明白"如何爱别人"也是需要学习的学问，更感谢他们用爱与包容告诉我：就算暂时做不好也没关系，你可以慢慢来。

时间已经过去四年之久，再次回忆起与学生们的点滴，当时的那份感动却并没有因时间的流逝而减少分毫。在这四年里，抱着不能辜负学生们对我的爱的朴素想法，我更加认真地研究教学，教授学生。就在这样不停地实践与反思中，我的经验日渐积累，对教育的认识比过去更成熟，对"爱学生"有了更深刻的理解。对于每一位学生，我设法让他们在学习日语的过程中获得收获与成长，努力为他们留下充满人性的温馨回忆。所以我们有了更快乐的课堂，更多样的课后活动，更有师生间的相互关爱来滋润我们的心灵。简单地说，这一切都是"爱的馈赠"。

这一切的改变都源自当初的那堂课，学生们帮我懂得了教育的真谛。所以我会继续用行动去兑现当初的承诺——把爱传递给更多的学生，也让爱帮助自己成为更专业、更幸福的老师。

后记：这篇故事读到这里，大家一定会被故事中的人物所感动。这些美丽的心灵交流会串成一段段美妙的旋律，在我们的耳畔回荡……

郭老师好：

谢谢您耐心的批阅与中肯的建议！

这篇文章中有一部分发生在四年前，这件事发生后我匆忙记下的笔记，现在因为有了您的建议，我得以再次梳理自己内心的想法，所以非常感谢您。

通过梳理我发现，我之所以会选择这件事，是因为这件事对我来说，好像是工作当中的一个转折点。在这之前，我也是认真工作的，但是总感觉那种认真是我刻意和学生们保持了一种我认为的"完美的距离"的认真，我不疏远他们，但也没跟学生保持着能够交心的距离。

因为之前受到的教育都是爱学生就是要走进学生的内心，和孩子怎样打成一片之类的。所以，有时我会怀疑自己是不是不够爱学生。而且，似乎"爱孩子"对于老师来说是一件水到渠成的事，尤其是一些优秀的老师，好像他们生来就特别爱学生似的。所以，当我觉得自己不够爱学生的时候，我会沮丧，会自我怀疑。但我现在想明白了，其实我不是不爱他们，只是不明白怎样去更好地爱他们。像有些父母面对自己的孩子，总觉得自己是爱孩子的，但是做的事情对于孩子来说并不总是正确的。

但我是幸运的，学生的勇敢、真诚把我从纠结中拖拽出来，让我能直面自己的不足。我写这篇文章，是因为听到了太多"教育不过就是养家糊口的一份工作，有什么爱不爱的"的观点，但我不这么认为。我仍然觉得师生之间的爱是教育必备的土壤，所以想跟那些"累觉不爱"的老师们分享，如果一直对学生没有感情，我们的教育效果就会大打折扣，我们也难以获得职业幸福。

但是，如果我们暂时做不到毫无保留地爱学生，其实也没关系，我们可以先做到尊重。然后我们可以去不停地追问，是什么让我们没那么爱学生？最后，在追问中发现真正的原因，我们可以慢慢地学习如何更好地爱学生。可能对于一些人来说，爱别人没有那么容易，但是我们可以去学习。

专家点评 ▶▶▶

师生关系的发展经历了以教师为单一主体、以教师与学生为教学活动中共同的主体、以学生为主体等多个阶段。随着教育改革的不断深入，随着我们对教育活动主体关系认知的不断加深，教师与学生之间的相互关系成为教育领域中的重要课题。当代师生关系的前提是建立在平等与尊重的基础之上的，良好的师生关系有助于教学活动顺利展开。

故事中的这位老师前期备课十分认真，课堂上对学生要求严格，甚至导致他与学生之间气氛紧张，就连在最后一堂课后与学生的道别都十分仓促。这样的情况使得她多数时间在课堂上成了讲授课程和主导教学活动的单一主体，从故事中的事例来看，学生也怯于主动对老师表达自己的想法（哪怕是惜别与不舍的感受）。这种带有距离感的师生关系可能会对课堂活动的丰富与活跃带来一定的阻碍。

但是，当学生们主动准备并邀请老师参加感谢会，真挚地表达对老师的感谢和日常相处的心声后，老师和学生之间的隔阂被情感的交流打破，彼此之间都感受到了理解、尊重、肯定和爱，这样的师生关系不仅更加融洽、和谐，也令每个人都十分动容。故事中的这位老师也在初次打破与学生隔阂的经验中，更加深入地了解了新时代学生的特点，明白了学生们的真诚与勇敢。

本文作者对这件事情的反思是十分深刻且值得关注的。她会逐渐打消师生关系之中的诸多顾虑，积累经验，提高教学艺术，在民主与平等意识的驱动下打破与学生之间的隔阂，将爱与包容传递给一届又一届的学生，建立和谐、平等的师生关系，从而实现教学效果的提升。

故事四
做"自私"一点的老师

这貌似不是一个立场正确的命题，却是我在教学中的深刻体会。引发我思考这个问题的契机源自一封神秘的来信。

"马老师，传达室有你一封信，记得去拿。"同事的一句话瞬间激起了我的好奇心，在这个一根网线就能连接全世界的年代，究竟是谁会用这么古老而又浪漫的方式跟我沟通感情呢？下课后，怀揣着各种疑问，我三步并作两步地去取了信，在返程路上迫不及待地拆开读了起来。

原来是我带的第一届学生寄来的信。寄信的学生高三毕业后选择复读，苦学一年，终于收获了好成绩，进入了梦想中的大学。带着激动与感谢的心情，他给我寄了这封信，信中学生质朴而真挚的感情让回想起过去美好时光的我泪眼婆娑。故事讲到这里，本该是一幕回忆过去师生和谐相处的融洽场景，但学生信中的一句话却让我陷入沉思。他这样写道："过去您总说为我们好，现在我终于明白了您的苦心。"

其实这句话单独读来并无异样，它也仅仅是学生的一句肺腑之言。甚至，读到此处，自己应该可以露出"孩子终于长大了"的欣慰笑容。然而仔细想来我才明白，原来这句话中隐含着"当初不明白，经过社会的锤炼，现在终于明白了"之深意。那么当初不明白时，我在学生心中是个什么样的形象呢？是一个性情不稳定，经常发脾气的老师，还是一个整日跟在他们身后唠唠叨叨的"翻版父母"呢？此刻，我心头一紧，惊觉原来自己是一个经常把这些话挂在嘴边的老师啊！

这既令我羞愧，也令我深思。仔细回忆后发现，原来我的口头禅还不止这一句，还有"你这么做能对得起老师吗""你说我管你是图你什么"

等一系列的兄弟姐妹版本。这些略带抱怨的口头禅，应该给人留下一个时刻为学生着想的无私教师的印象吧。

既然，我在教师生涯的起始阶段便有了这么"高尚"的觉悟，而现在又提倡做一个"自私"一点的老师，这难道不是政治觉悟的退步与工作态度的懈怠吗？恰恰相反，我觉得这是一种进步。

之所以下定决心要改掉自己之前"高尚"的认知，是在经过反复的"自我追问"——我为什么会养成这样的思维方式？我说这些，是想获得些什么？之后，我终于明白了这些话背后的潜台词。"我都是为你好"——我的人生经验比你丰富，所以我说的都是对的，你就应该听我的。然而师生关系在人格上是一种民主平等的关系，当我向学生们吼出这些话的时候，其实就是破坏这种平等关系的开始。

此外，更深层的原因，是我隐约感觉自己正慢慢陷入一种思维定式——在面对学生的时候，我先肯定自己的无私之心，继而催促自己占领道德的高地，把自己摆上权威的"神坛"。这就如同一个人的自我催眠，我让自己去相信，只要拥有一颗无私的、为学生着想的心，他们就会听从我的一切指令，教学过程就会变得一帆风顺。这种情感上的烟幕弹，似乎还可以掩盖自己教学基础不够扎实、对教育的理解不够深刻这样一个令人无法接受的事实呢！再者，面对着教学中越来越多的难题，我逐渐认识到，"一切为了学生"的心意应该只是教育的基本条件，教学难题的解决还需过硬的专业技能与教育智慧。换言之，如果真的想对学生好，仅仅"有心"还不够，还要有智慧，有行动，有持之以恒的耐力。

想明白这些，我决心纠正自己这种"无私"的观念。我不想再置身于权威的"神坛"，我渴望与"花朵们"一起享受春天，渴望成为与学生们一起创作动听音乐的指挥，渴望与他们一起欢笑，一起思索，一起成长。所以我开始带着研究的心态，伸出每一个感受的触角，观察身边的每一位学生与每一个教学现象。

例如，如果学生对日语学习没兴趣怎么办？——将知识与他们的生活建立联系，把校园内外都当作我们的课堂，将生活体验也当作我们的课本，这就是我的破解之道。记得在学习"餃子"的主题时，为了让更多的学生参与到课堂活动中来，我们分组合作，录制了用日语介绍如何制作饺子的视频；在学习"私の町"的主题时，我们利用课余时间，做出了精美的家乡旅游手册，意外地被当地政府选为宣传材料。在这个过程中，学生们表现出的学习热情让我吃惊、赞叹，他们因学习日语而收获快乐的样子让我感到欣慰。

而且，当我不再只用春蚕的奉献精神感动自己的时候，才更清楚地发现，与学生的交往是教师了解自己的一扇窗户，对教育的任何发现其实都是对自我的发现。例如，在组织上述的活动时，我也曾因与学生们的沟通不畅及一些小组成员间的矛盾而"着急上火"，为了破解这些困局，在反思自己的同时，我开始从各类书籍中寻找"解药"。那段时间，《关键对话》《非暴力沟通》《合作解决问题》等书籍成了我的枕边书。在反复阅读与思考后发现，我与学生们产生分歧的一个重要原因在于我是一个以结果为导向的人。在活动过程中，为了保证进度，我有时忽略了对学生们感受的倾听。所以，当我修正了自己的沟通方式与改变了对某些同学的刻板印象之后，我与学生们之间的合作果然变得更顺畅了。

有此经历，我更加相信，比起"只是为学生好"的心意，我们为做好这份工作所积累的经验，提升的技能，训练的思维和开拓的眼界才是我们的人生能够不断进步的基石。我们与学生们彼此激励，最后彼此达成的幸福体验，更是我们一生享用不尽的财富。

此外，"自私"一点是我们对教学工作的一种换位思考。相信大部分老师走上工作岗位之前都心怀理想主义，我们渴望奉献，渴望崇高，渴望成为"拯救每一条小鱼"的人。尤其是我们这些年轻的日语教师，总是期冀着学生在我们的指导下，不再重复他们走过的弯路。我们的初心值得肯定，但我们也不能忘记，每一个学生的成长都是一个从不会到会的自行探索的过程。在这个过程中，哪怕跌跌撞撞，反反复复，他们的每一次试错都是一次成长的试炼。所以，我们不应该，也无法代替学生们去感受、去试错、去成长。比起一心为他们好的"小心翼翼"，我们更应该教会他们如何经得起摔打。并且，我们没有权利用自己的热忱去剥夺他们独立思考、为自己人生负责的权利。比起重复某一条成功的道路，他们更应当被我们鼓励，走出自己的人生路。

所以，就让我们在与学生共处的时候，不仅仅要用教师的无私奉献去滋润学生的心田，更要在漫长的教学之路上学会"自私"。教学本身就是一种双边活动，教学相长也向各位从业者传输着这样的信息。我们会在陪伴中学会长大，会在与学生的各类"争吵""碰撞"中建立教师的自信与尊严，更能从学生的微笑中找到教育的魅力所在。

专家点评 ▶ ▶ ▶

随着我国社会全面快速发展，当前中学生普遍成长于物质与精神生活富足的环境中，具有较强的自我意识和鲜明的个性。教师在面对现在的学生时，沟通方式和师生相处的理念也应该因时而变，做出适当的改善。

故事中的教师在收到毕业生的信件时，很快地反思了过往和学生沟通过程中出现的问题，能够换位思考，仔细地感受学生当时的心理状态并积极地寻找改进途径，思考改进措施，这是值得我们每一位教师学习的。我们在从事教育事业的过程中，往往会遇到很多问题，能够时时反思并及时调整教学方式、师生间的沟通方式应该是每个教师必备的素养之一。只有这样，我们才能在教学过程中不断精进，成为优秀的人民教师。

在面对新时代的师生关系时，平等与尊重应该是教师时刻记在心中的基本准则。当代一些著名的教育家、心理学家所提出的沟通理念也大都基于上述准则。例如，故事中提到的《非暴力沟通》一书的作者马歇尔·卢森堡认为，在双方相互理解和体谅对方的前提下，充分表达自我的需求，准确理解对方的需要，有助于构建和谐的人际关系。运用好非暴力沟通的四个要素：观察、感受、需要和请求，能够拉近师生之间的心理距离，从而提高师生之间的沟通效率。

故事中的教师通过查阅相关书籍和资料，学习换位思考，尝试用具体方法，如将日语知识和学生的生活建立联系，从而提高学生学习日语的兴趣等方式，切实地改善了与学生间的沟通态度和沟通方式，采用适应学生当前心理状态和个性的方法，大大提高了与学生的沟通效率，也为自己积累了有益的教学经验。其他教师也可以从中获得启发。

故事五
海岛女教师

　　大海无言，守护着安静的小岛。正如美丽的海岛教师，默默守护着岛上留守的孩子。我相信，知识终将改变命运，我要用一年的支教时光帮助孩子们架起一座通往外界的"桥"。

　　支教是一种选择，是一种情怀，是一种责任，是人生的另一种诠释。2020年9月，我自愿申请到长海县广鹿岛第三中学支教一年（那里没有开设日语课，我负责英语授课）。那里生活条件比较艰苦，医疗、教育都相对落后。去趟学校或者是回城，必须通过公交、轮渡、步行三种方式。那时我觉得来回一趟真的好远，而且每次要回岛上，两岁的儿子都抱着我哭个不停，嘴里还一直喊着："妈妈，别走……"我也是看在眼里，疼在心里，但是我知道那里的孩子们更需要我，一想到他们渴望知识的眼神，我就马不停蹄地奔了过去。

　　支教工作开展后不久，我接到了学校"一对一帮扶学生"的任务。被帮扶的学生通常学习成绩较差，他们被老师们称为"问题生"。我帮扶的对象是孙同学，他的问题是：不完成作业，上课不认真听讲、睡觉，每天漫不经心，根本不把学习当回事。面对这样的学生，我决定先了解情况，再对症下药。我与孙同学针对学习成绩、学习兴趣及改进方法进行了由浅入深的谈话。起初他不以为意，还要与我死扛，随着我不停触及他的"痛点"，我们的谈话终于出现了转机。

　　"老师，您是大连来的，通过这段时间的接触我发现您和之前的老师不一样，您温柔，愿意听我讲话，和我们谈心，我有点开始喜欢上您的课了。其实我小学的成绩不算很差，但后来上了初中，妈妈爸爸常年忙于海上养殖的工作，没时间管我，我经常一放学就和小伙伴出去玩，玩到很晚，作业就完成不了。另外，有时候不会的题也不知道问谁好，后来知识越落越多，也就对学习不感兴趣了。"他开始承认自己存在的问题。

了解了他的情况，我有信心能够帮到他。首先，我想激发他学习的动力，于是我给他看大连市内高中校园的视频及宣传网页，让他看到高中校园内有图书馆、体育馆，更有热爱学习的学长学姐们。丰富的课外活动，让他产生想考高中的想法。随后我趁热打铁，帮他补习落下的知识。我们约定每周二、周四晚自习的时间在我办公室补习功课，孙同学由刚开始的不太情愿到最后主动找我，我从基础知识开始，让他在学习上找到自信，从那以后，我发现孙同学的表现有了很大变化。他能按时完成作业，并主动向我请教问题。在学期末，他的成绩有了一定的提升。孙同学在学习中找回了自信，整个人充满了活力，他的进步也极大地鼓舞了我，坚定了我的决心。

在支教过程中，我发现这里像孙同学一样的孩子还真不少，他们对学习抱有迷茫、不知所措的态度，他们不知道未来要从事什么样的工作，或者说学习好与不好究竟能为自己带来什么都无关紧要。由于自己在原学校担任团委书记一职，比较了解学生的心理特点及思维变化，于是，我利用业余时间给这里的学生讲述了城里学生的学习情况，用手机给他们播放一些课堂学习短视频，并和原学校班级建立友好联盟班。一系列的活动帮助这里的学生开阔视野，走出困境，帮助他们找到了学习的真谛。

我班还有这样一个女孩，她后来的变化也很大……

在我们心中，初中的女生就像含苞待放的花朵，充满朝气，给人纯净、"不食人间烟火"的感觉。我班的王欢欢（化名）则恰恰相反，她邋里邋遢的穿着、毛糙的头发、不苟言笑的表情，教室里最安静的角落永远是她的"专属座位"，就像安徒生童话里的"丑小鸭"一样，再加上学习成绩不理想，班里很多学生都忽略她的存在。

"这样的孩子，以后到社会上，肯定会被社会抛弃呀！"我心疼这个孩子，于是萌生了想改变她的想法，并想以此带动班级其他女生多与她相处。

我找她谈了几次话，效果不明显。可能是我刚来不久的原因，她对我还不了解，不愿与我敞开自己的心扉。"没关系，我可以慢慢来！"我心里想着。

通过调查，我只知道她跟着爷爷奶奶生活，父母常年在外打工，此外一无所知。我打算用自己温柔的爱融化她、感化她，唤醒她沉睡的心灵。在平时的教学中，我时时刻刻关注着她，温柔地和她讲话、交流。一次放学回家的时候下雨了，我看见王欢欢没带雨具，她准备一人抱着头冒雨跑回家，我把手里的雨伞硬塞给她，自己顶着雨跑回家。课余时间，我向她推荐《简·爱》，并要求她看完后写出读后感。课堂上，我让她试着回答一些简单的问题，并且鼓励她只要能大声地说出来就能从自卑的阴影中迈出第一步。经过一段时间的教育、鼓励，她有了些许变化。于是，我加大对她的教育力度，通过与她谈论《简·爱》，教育她做一个像简·爱一样独立的女孩。在我的鼓励下，她决定努力改变自己。第二天上课的时候，我发现欢欢同学梳着整齐的头发，穿着干净的衣服，我对她笑了笑。从那以后，王欢欢同学从内到外不断发生着细微的变化。在班级毕业典礼晚会上，她还主动接下了主持人的重任。看着一个自信、乐观的王欢欢站在同学面前，我觉得这就是爱的力量，温柔的力量，这也是我们常说的"捧着一颗心来，不带半根草去"的境界。学生的进步就是对我们最好的回报。

书籍是人类进步的阶梯。来这一段时间后我发现，学校可供学生阅读的课外书籍较少，且不少已过时，而孩子们又是如此地需要知识。加之，这所学校中有60%的在校生为留守儿童，他们更是需要各种图书的健康引导。令我难忘的是，当我把自己的想法告诉了原校的校长后，立即获得了极大的支持。因此，我在原学校领导的支持和鼓励下，开始筹备并发起了原校为这所海岛学校的捐书活动。原校师生得知此事后，很快就捐赠了各类图书近1000册。此后的每天，阅览室的门口都会排起长队，还没借到书的学生翘首盼望，借到书的学生则高兴地埋头翻阅。此情此景，不仅让我很受感动，学校的每一名老师也都深有感触。

"用一年的时间，做一件终生难忘的事情。"这是我来这里工作和学习时，对自己提出的基本要求。著名教育家陶行知先生把教育作为人生的事业，人大附中的校长刘彭芝也说："人生为一大事来。"教育是立国的事，是利民的事，基础教育更是为每一个人的一生打根基的事。而我，在自己的青春年华里，有幸参与到这样重要的事业中，是多么幸运啊。我要把在这里所学的东西带回原学校，带到自己未来的工作岗位上，为祖国的教育事业奉献自己的力量。

从此，"海岛女教师"成为我生命中最美丽的标记。

专家点评 ▶ ▶ ▶

支教是巩固我国脱贫攻坚成果，实现教育公平的崇高事业。支教教师不仅要有对教育事业的热情与情怀，还要有面对艰苦环境的勇气和克服各种困难的决心。支教教师所面对的学生往往需要更多的关爱和耐心的引导。

故事中的小男孩和小女孩分别代表着这一特殊学生群体中的典型问题，本文作者通过细心观察、了解两位学生问题背后的原因，采取了有针对性的、个性化的措施，最终达到了良好的效果。小男孩的核心问题是家人疏于陪伴和管教，导致他"知识越落越多"，从而失去了对学习的兴趣。对于这一问题，本文作者所采取的方法是，首先帮助学生建立学习的目标，催生学习的动力。用市内高中的宣传片引导学生对未来的学习生活产生向往，在学生的内心种下一颗希望的种子。当学生有了学习的动力后，趁热打铁，帮助学生补习落下的知识，继而找到学习自信，逐渐帮助学生形成从建立学习动机到提高学习成绩，再到树立学习信心的良性循环，使学生能够长久且可持续地从学习中获得收益和快乐。

故事中的小女孩是一位成长在爷爷奶奶身边的典型的留守儿童。留守儿童的心理状态是一个十分值得关注的问题，尤其是内心敏感细腻的女孩子。本文作者在了解到她的基本情况之后，采用了给予女孩温柔与关爱的方式，让女孩感受到关心、爱护，从而逐渐懂得爱自己。本文作者针对女孩的成长环境和心理特征，准确地向女孩推荐了《简·爱》这本书，小说主人公与女孩相似的成长环境更容易让其产生共鸣，同时，小说主人公在经历挫折后依然善良正直，自尊自爱，敢于和命运抗争，这些品质能够让女孩感受到独立、自强的女性力量。同时，老师也给予女孩鼓励式的教育，最终使女孩从邋遢、自卑的状态中走出来，成为一个乐观、自信、干净、明朗的学生。

　　针对不同的问题，采用个性化、差异化的解决方式是本文作者收获教育成果的最主要的原因。而作者因为感受到书籍的力量，为支教学校募集到近千册图书的行为，更是影响深远的举动。

故事六
那小子真"帅"

少年与时光相伴，懂事却时而任性的他与我相遇，一路的故事跌宕起伏，我想在他的青春里给他更多的帮助与宽容。

B同学每天主动在班级里帮着忙活各种事，除了一次假期作业没做外，几次考试成绩的排名都在中上游。一次期末考试结束后，有学生举报B同学考试作弊。顾虑到还有几门科目没有考，现在处理可能会扰乱B同学的心绪，我就把事情告诉了班主任，考虑到举报同学并没有提供确切的证据，我决定先观察再决定如何处理。

后来批改试卷时，我留意到有一道题孩子们还没学过，全班就有两个人给出了正确答案：一个是B；一个是坐在B前面班级成绩排名几乎一直在前三的女生。当时我心一沉，认为也许这个纸条上的事是真的，但是我仍告诉自己不能先入为主，要对学生的情况进行深入的了解，弄清楚事实真相再选择合适的应对措施。

假期里，我会主动和每个孩子的父母交流学生在校的学习情况，每位学生在我这里是六十分之一，而对于家长来说则是唯一，帮助家长了解孩子的真实情况，家校一起督促孩子进步，有利于实现更好的双向沟通。

B妈妈在电话中有点焦虑，她问我："为什么孩子的日语成绩总在120分左右，不上不下，没有什么提升？"于是我把孩子的在校表现一一告诉了她，并安慰她B平时挺努力的，下学期我会多关注他一点。在还没有弄清作弊事件的真相前，我决定先不告诉他妈妈，而是旁敲侧击地问了一句："B对这次期末成绩满意吗？还是有在反思哪里需要进步？"但是他妈妈回答却让我意外，她说："孩子跟我说，这次考试有人怀疑他作弊，但是他自己提前背了后面的单词，并没有作弊，老师，这个事情你得调查清楚啊。"我连忙说："好的，一定会的，这关系到一个学生的诚信问题，我会弄清楚的。"就这样，我带着一肚子的疑问过完了寒假。

开学后，B的表现出乎意料。可能是觉得自己被怀疑了而心存不满，抑或是真的作弊了想要破罐子破摔，整个寒假，布置的作业一片空白，甚至开学初都没来上课。直到班主任打电话给我说B不敢来上课了，因为日语作业一个字也没写，怕被批评，担心老师不再喜欢他了。我说，跟孩子家长说，该上课就上课，作业没有写就算了，不要耽误新学期的上课进程。

B回到学校后，我第一时间就找他谈话，问他是否真的作弊了，但是他只是涨红了脸，一言不发。谈话后，他变得比以前更加积极，为了防止打瞌睡，他主动要求每节课站着听讲。

刚开始我以为他会和其他孩子一样，没有毅力，但直到一学期结束，他都坚持做到每节课站着上课。在这中间还有一段小插曲，就是在B恢复元气后的一次月考中，B因为考试时翻看参考书而被赶出考场，我顿时觉得遭到了背叛，心里想了无数种可能。我再次把他叫到办公室，询问他原因，他说，他最近一直在认真学习日语，想向我证明他的努力，想要用成绩回报我。但是因为晚上回去玩手机和妈妈起了冲突，数学考试的最后故意拿出一本书，让监考老师来抓自己，想气妈妈一下。我顿时觉得青春期的孩子真让人捉摸不透。学校狠抓考风考纪，B被责令回家反省，最后一门日语也就没考成。

返校后的B虽然还是在积极学习，但能感觉到他并不开心。我担心B和妈妈的感情继续僵化，我发信息问孩子妈妈到底发生了什么，孩子妈妈说："玩手机影响睡眠，我就把家里的无线网断了，B可能学习压力大，情绪一下子就爆发，当晚还离家出走，去好多年不怎么走动的爸爸那里。B在我和他爸离婚后，一直跟着我生活，平日里B是个小暖男，特别贴心，假期一直在理发店里帮衬着。虽然之前发现过他晚上偷偷玩手机，但是经过教育，他会乖乖上交，不再熬夜玩手机了。这一次冲突彻底爆发，自己也觉得六神无主，不知道是不是逼得太紧。"我告诉她，作为家长，教育

261

孩子是负责任的表现，手机玩多了，对孩子确实弊大于利，尤其现在网络上的内容良莠不齐，青春期的孩子很容易在网上被骗，家长和老师都要引导学生正确使用手机和网络。但是如何把握使用手机的度很重要，我们大人也是一样的，感觉离开手机心里就空落落的。孩子从小耳濡目染家长整天抱着手机玩的样子，很难不玩手机。

其实是我们大人在无意中给孩子造成了不良的影响。现在孩子已经高一，后悔过去也没有办法，只能等孩子慢慢发现家长的严格管理是为了自己好。

在学校里，我更加关注B。B现在住在爸爸那儿，由爸爸接送上下学。B每天大课间来办公室找我辅导，我纠结了好久要不要和他谈一谈。但我担心他知道我了解他家的情况后会更加敏感，所以一直犹豫不决。我观察了几天后，发现B的心情好转了很多。

我有一天半开玩笑地说："你妈妈说她想你了，你啥时候回去看看她呀。借用你们的话说，妈妈能有什么坏心眼呢？无非就想让自己的孩子变得更好，不想自己的孩子像自己一样吃那么多苦。妈妈带了你这么多年，你肯定也不想让她每天提心吊胆吧。"我一边说一边观察着他的表情，看他没有排斥我说的话，我就继续说道，"在我小时候也特别讨厌家长管这管那，这个不许，那个不行。但是现在我有了孩子才知道家长的用心良苦，没有哪个母亲会不爱自己的孩子。我不希望你以后后悔，但你也不要有心理负担，等你想好了，就回去看看妈妈吧。"我还担心他可能会生气，结果他竟然笑着说："我知道我做得有些过分，伤了妈妈的心，我现在找不到台阶下，我不知道怎么……"

我悬着的心立马就放了下来，我说："你放心，我来安排。"我立马发信息给他的妈妈，让她晚上买点B爱吃的零食，带着来看看孩子。第二天B开心地问我："老师你是不是还没有回办公室呀？"我说："怎么啦？""我妈妈给我买了点水果，我放在您的办公桌上啦！"我微微笑着点了点头，看来母子俩是和好了。从那以后我发现B隔三岔五就会放点小零食在我的桌上。我跟他说那些小零食都很好吃，B笑着说："是我妈妈带我去买的。"母子之间，互相爱着对方，哪有那么多隔阂！

从教几年来像B这样的学生我见过很多。每个人都希望得到别人的理解、信任和尊重，这是人之常情，作为教师应懂得这个道理。不应总把精力集中在专挑学生的毛病、专批学生的缺点上。当学生的缺点、问题，甚至是错误摆在我们面前时，并不是要我们去违心地粉饰、美化他们的缺点和错误，而是要我们不要忘记爱护和尊重学生的人性和自尊心。教师只有不断地提高自身的道德修养，才能冷静地、设身处地从学生的角度去考虑问题。我们要看到他在犯错后改正的态度和变化。孩子的内心总是柔软的，只要你相信他，他得到了肯定，那他一定会全力回以真心。B是个倔强的孩子，带着这份倔强他可以做好他想做的任何事。

可能你还在好奇B到底有没有作弊，其实后来，我找到考试时坐在他前面的女孩谈话，她承认抄了B的一道题，就是那个没有讲过的考点，但她真诚地反思自己的行为并意识到作弊行为的恶劣，保证今后不会再犯相同的错误，我便没有深究。而B后来偷偷给我塞了一封信，他承认自己用手机查了几个单词，但是内心也知道这么做是不对的，就立马收起来了，但是被身边的同学发现了。信中他诚恳地道歉并写了保证书，他说如果我要告知学校，他就接受通报批评，毕竟要学会承担犯错的后果。这两个孩子都有错，但他们知错能改，就让这些成为我和孩子之间的秘密吧！

B有一天突然找我，伤感地说："听说不久就要分科了，我不想离开您，我觉得我刚和您磨合好，又要分开，我很不喜欢这种感觉。"我开玩笑地说："分班后，你会遇到比我更温柔的老师，我会教其他更帅的同学，整天看你们这几个小孩，我都看腻啦……"他不服气地说："才不会有比我帅的！"说罢便转身离开，他光明坦荡、笑容灿烂，眼中是对未来的向往。

我不想让他看到我的不舍，天下无不散的筵席，但无论过去多久，无论身在何处，都希望他们健健康康、平平安安，只要他们需要我，老师一直都在。

专家点评 ▶ ▶ ▶

　　读了这个故事，我十分认同本文作者的观点，"孩子的内心总是柔软的，只要你相信他，他得到了肯定，那他一定会全力回以真心"。这个故事生动地展现了正向的引导往往能够达成比批评教育更好的效果。

　　中学时期是学生们世界观、人生观和价值观形成的重要时期，这个时期的孩子们已经具备初步的是非观和价值判断的能力。这一时期也是他们人格养成的关键时期，很容易受外界环境的刺激和影响，很多事件、行为和习惯在此时更容易定格在他们的性格里。孩子们有时会犯错，但成长本身就是在不断试错的过程中积累经验的。

　　在故事中我们看到，无论是B同学还是考试时坐在他前面的女孩，都因为一时的自尊心或对考试成绩的焦虑，做出了一些作弊的行为，但是两位同学都明确地意识到自己做错了，对自己的行为有着正确且认真的反思和一定的羞耻感。这个年纪的学生，不再是我们想当然地以为的什么都不懂的孩子了。此时，发现问题的老师或者家长处理这类问题时的态度与方法会对孩子产生深刻的影响。如果我们不懂孩子的心理，一味简单、粗暴地加以苛责和批评，势必会加重孩子的羞耻感，严重者甚至会导致学生自卑、自闭。像故事前半段所讲到的，B同学很敏感地意识到了自己被怀疑作弊，这种感觉导致他出现了自暴自弃，放弃做寒假作业的做法，而放弃做寒假作业又让学生进一步意识到自己的错误，进而认为老师不会再喜欢自己，这种自我否定的想法直接导致了B同学开学初的旷课。

　　我们在教育过程中，应该随时留意学生们的异常行为，每一个异常行为背后都可能是学生心理的变化。这也意味着老师需要深入了解自己所教的年龄段的学生的心理特征，从而能够更容易、更准确地把握学生的心理动态。只有这样，老师才能及时采取正确且有效的引导和教育方式。这个故事中，老师所采用的信任学生、保护学生人格和自尊的正向引导的教育方式，是十分值得我们思考和借鉴的。

故事七
老师，您是我的"嗝嗝老师"

周末观看了一部我曾教过的学生A推荐的电影，一部有关印度教育的影片——《嗝嗝老师》。电影中患有图雷特综合症的女主角立志成为一名优秀的老师，她靠着自己的真诚、耐心、坚持，带着全校垫底的9F班学生逆风翻盘，感动了所有人。这个根据真人真事改编的电影让我想起了自己肩上的担子，并深感其沉重。

如今我已工作八年，回想刚工作时，我不是教学经验丰富的老教师，和那些书本内容已经滚瓜烂熟、各种教学方法也都烂熟于心的老教师们相比，我只是一个初出茅庐的新教师，教学经历单薄，但是有一位学生让我印象深刻，让我明白原来我也曾是他的"嗝嗝老师"。

A同学在所有老师眼里都是个"问题学生"，他上课要么拉着周围同学一起聊天，要么趴在课桌上闷头睡觉，要么对着窗外发呆——他可以在课上做一切事，除了听课。听到下课铃响，他永远第一个冲出教室；到了体育课，他比任何人都开心；碰上作业，谁的作业本都不可能有他的干净。我对他与其说是生气，不如说是好奇，我迫切地想弄清楚，他为什么会以这样的态度对待学习，难道他完全放弃自己的未来了吗？

在课上，我总会选一个相对简单的提问，让他起来回答。起初，他总是低着头，声音特别小，但是我会压下全班的哄闹，鼓励他把答案说出来。渐渐地，我发现他开始写我这门课的作业了，我激动地在他的作业本上画了一个大拇指，期望他继续努力。再后来，他在课上的回答逐渐有了自信，愿意主动举手回答问题，声音也大了起来。

有一天，我的课比预期结束得早，我就让同学们写作业。突然听到有同学说："老师，您知不知道A同学把您写进了作文里！""是的，老师，语文老师还表扬了他呢！"我当时内心一颤，暖意、开心、感动充满了整个身体。我问他，我能看看你的作文吗？他没有回答，只是默默从课桌里抽出了作文本，害羞地递给了我。我看到他用歪歪扭扭的字写道："记得刚来到这个班级的时候，上了几天课，发现学习跟不上，每天被各科老师点名。于是每次上课我爱讲话、睡觉、发呆，作业也从来不交。但是有一次我只是在课上回答了一个问题，我就看到老师十分高兴，甚至在课后奖励了我一颗糖果。那一刻，我突然有了学习的欲望。后来她总会在我的作业本上写一些鼓励我的话，我学习的欲望愈加强烈。即使受到同学嘲笑，即使受到一次又一次打击，即使连我父母都觉得我不行，但是，这一次，我不想放弃，我想努力一次！"

他时不时会来我办公室请教，有天问他，愿不愿趁着午休的时间到我办公室补习，这样别的科目的老师也没有下班，可以借机解决其他方面的疑惑。于是我们约定：每周一、周三、周五午休时，我会单独给他补习。他离开的时候，阳光笼罩在他身上，充满希望。在给他补习时，我逐渐了解了他知识上的薄弱点，开始对症下药。有时遇到难题可能得讲四五次，但是看着他恍然大悟的笑容，我觉得一切都很值得。他的努力被其他科目的老师看在眼里，时不时会为他的进步而高兴。随着时间推移，他更加信任我，他告诉我，他父母离异，又各自重新组建家庭，虽然跟着父亲生活，但是父亲更喜欢5岁的妹妹，对他不闻不问。他一直觉得生活很黑暗，但是我对他的耐心让他觉得可以重新努力一次。他认真背诵古诗词，理解不同函数之间的区别，把日语书上的单词做成卡片，每天翻看。

时间过得很快，他的进步是肉眼可见的。但是一天中午，他被抓到在男厕所吸烟，我既生气又震惊，不明白他怎么学会抽烟了，更不明白他为什么要抽烟。我想着在单独补习时间问他原因，但是那天下午他父亲出现在班主任办公室，留下一句"给你们添麻烦了"后，就把他拎回了家。那天放学后，我看着空空的办公室，总觉得有些悲伤。

第二天，他出现在办公室里，对我说："老师，对不起，又一次辜负了您对我的期望。抽烟是我偷偷跟我爸学的，他烟瘾大，家里有各种香烟，我随便拿几包他也不知道。我……"

"老师不怪你，但是抽烟对身体不好，以后你有不开心的事可以告诉我，你把烟戒了吧。"

"好！"

"那你回教室把昨天的作业补上，今天放学我给你讲。"

"好！"

"老师，对不……"

"快去！"

"好！"

他离开后，我给他父亲拨通了电话："是A同学的爸爸吗？我是他的任课老师，您现在有空吗？"那天我跟他爸爸在电话里沟通了一个多小时，我将A的变化和努力一五一十地告诉了他，我表明他对女儿的偏爱对A造成了很大的伤害，我希望他不要责怪A学会了抽烟，毕竟他还是个因为得不到父母的爱而委屈悲伤的小孩子。他父亲在久久地沉默后说了一句："好！"原来他们父子俩都喜欢说"好"。

就这样，我监督他戒掉了烟，坚持每周三天放学后给他开小灶，到学期末时，他的成绩突飞猛进。我眼见着他一天比一天开心，一天比一天自信。他在自己的努力下，考上了一所不错的大学。今年，他收到了研究生的录取通知书，他第一时间就给我发微信分享喜悦，他还说："真的很谢谢老师当年的耐心帮助，如果没有您，我的未来将充满混乱与迷茫。老师，不知道您有没有看过一部电影，名叫《嗝嗝老师》，我觉得在高中那段时间里，您就是我的'嗝嗝老师'！您带着我这个废柴学生敲开了大学的门。"

在A不停进步的过程中，我懂得了只要有爱心、耐心、诚心就可以打动学生的道理，我们要坚信每个学生都有可塑性，要帮助他们实现良性循环。只要平等地与学生沟通，就可以获得学生的信任。教师这份工作就像一门艺术，要学会洞察学生的心理，与他们斗智斗勇。我们不仅要教会学生如何学习，更要教会他们如何做人、如何处事。学习成绩并不是评判学生的唯一标准，如果他热情、开朗、热爱生活、待人真诚，那他又何尝不是一个优秀的学生呢？

有这样一句话："夸奖的话可以脱口而出，但是诋毁的话要三思而后行。"教师这个职业就是这样，我们要用一颗宽容慈爱的心，像春风细雨般滋润新冒的嫩芽儿，无私地奉献自己的爱，去呵护每个学生的心灵，他们也一定会回报我们相同甚至成倍的爱。学生的内心是单纯善良的，只要我们平等一点，真心一点，夸赞一点，他们就会敞开心扉拥抱你。有时我一句无意的批评可能对于学生来说如坠万丈深渊，而我一句有意的表扬，就可以让学生充满学习的动力。有的学生可能只是表面看起来调皮捣蛋，但是内心极需关心与呵护，只要能多多关注孩子的内心世界，多多鼓励他们，我相信会有更多的学生像A一样改变自己，重新出发。

我认为想要成为一名优秀的老师，首先必须发自内心地喜欢自己的学生，享受和他们在一起的时间，找到其中的乐趣与幸福。其次，我们要关注学生生活中的点点滴滴，让他们感受到我的关心与帮助，他们才能更加信任我；最后，我认为应该在此基础上根据不同孩子的不同性格去开展工作，这也就是孔子所说的"因材施教"，根据不同的情况加以不同的指导，不同的学生才能更好地成长。之后，我们才可以对学生提出更高的要求。

教育是充满爱的，也是充满智慧的，只有在工作中不停反思、总结，才会有发展，我们才能担得起那句"教师是人类灵魂的工程师"。

专家点评 ▶▶▶

教育是一项系统工程，教师是其中名副其实的工程师，不仅需要给学生讲授知识、解答疑惑，帮助学生提高成绩，还需要关注学生的心理健康，帮助学生们塑造健全的人格，树立正确的三观；教师也不仅仅要关注学生在学校的表现，还需要协调孩子的家庭教育，打好家校配合，尽力为孩子营造全方位的良好的教育环境。

在这个故事中，学生A受到了来自家庭的不良影响，老师给予的爱与包容只能起到一方面的作用。而要从根本上解决问题，还需要从问题的根源——家庭入手。

学生A对学习不感兴趣等一系列的问题都源自家庭对他的忽视，导致他产生自我否定和自卑的心理，又因为"问题学生"的各种表现不断地受到各科老师的点名，他自我否定的心理和自暴自弃的行为更严重了。这样的"问题学生"虽然看起来调皮、叛逆，实际上内心痛苦和晦暗，此时他真正需要的是照进生活中的一束光。故事中的老师就是那束光。老师对他的关注和鼓励使他收获了自信和希望。

但是，我们也发现，他的问题虽得到了部分解决，但随后又出现了新的问题——吸烟。这是家庭负面影响的进一步暴露。因为孩子白天大部分时间都待在学校，所以家庭成员常常不能及时地发现问题。这时就需要老师及时和学生的家庭成员进行有效沟通，将孩子身上的问题和具体表现及时告知家长，阐明家庭影响和孩子的具体表现之间的联系。将家校两个空间的教育环境和教育方式有机地结合起来，共同扭转局面，才会从根本上解决问题并收获事半功倍的效果。

故事八
我与一群孩子的故事

2015年研究生毕业，站上讲台的第一年，我就遇到了一群异常活泼的孩子——积聚着随时能掀翻屋顶能量的理科日语生。理科班男生特多，不乏孔武有力的体育特长生，也有虽担任着课代表却能把教材附带的光盘当成玩具且玩得不带重样的幼稚男生，更有课下嚷着给我拍照却抢过手机就自拍的学生。有时上完体育课后，叽叽喳喳、扭来扭去附带着汗味的学生，让我时常怀疑自己身处花果山，而刚参加工作的我，该怎样和这些充满生机、活力四射的学生们一起度过高三备考这一年啊！

一、初次见面，并不关照

毕业那一年的七月底，我接到了学校的电话，通知我八月份就回校上班。带着初生牛犊不怕虎的心情，我满怀期待地来到了学校，没想到这突如其来的军令，就此开启了我的教学生涯。

理想的丰满比不上现实的骨感。经过较多次历练而站上讲台的我，并没有像新手那样怯场，在接到消息后就做了充分准备，自信而从容地向同学们讲解着日语高考试卷的题型分布、备考重点和学习要求，自以为学生会紧跟思路、认真梳理，会有复习备考开篇的仪式感，营造出师生互动的融洽氛围。但我的满面微笑在学生的反应中逐渐凝固。部分同学只是好奇地观察，有的无动于衷、冷漠以待，还有的各干各事、消极对待。空调的凉风吹不散八月的炎热，却吹得我心底凉飕飕的。

后面几天，他们甚至开始不做作业、不理会我的反馈。在相处了一个多月之后迎来了教师节，他们竟然连一句简单的祝福都没有。这让我感到难受，我想教好他们，也想打破僵局。但是，我该怎么做呢？

二、事出有因，积极应对

长久的思考和积累的情绪在某一天的课堂上迎来了爆发。

我抛出了几个问题，却发现没人听、没人答，我的眼泪一下子就流出来了。接下来，学生们呆住了，他们对我哽咽着说出来的话应该记得比日语知识还清晰——"我也还是个新老师，我也想从高一带起，我也需要成长"。下课后，有好几个同学围住了我，玩光盘的课代表收敛起了平时的嬉笑，略显沉稳地说道："老师，没事的。我们支持你！"高大腼腆的陈同学站在我身旁，小声地说："老师，加油！"还有一个声音说道："我们是半路出家，学日语用的都是野路子，老师请多关照。"深入交谈之后我才知道，原来，他们在我的课堂上找不到上课动力的原因有两个。一是不适应新的班集体，他们也是八月份才来到新的班级；二是不适应我的教学方式，学生半路出家的"野路子学习"撞上我充分准备的"学院式教导"，就好像冰炭不同器。

了解到学生们不配合的原因后，我更加设身处地去理解他们。理解他们在日语学习上存在的不确定性及紧张、不自信；理解他们对原班级的不舍；理解他们对新手老师教学能力的质疑等。理解他们的同时，我也不断加强与他们的沟通，在实践中逐渐解决问题，真正成为他们的老师。首先，在充分了解他们具体情况的基础上，结合教材的实际内容，我选择了他们喜欢的授课方式，吸取他们认为受用的地方并与自己的教学方法相结合，使得课堂有料也有趣；其次，我利用业余时间，把2011年之后的高考语法选择题的考点进行梳理和分类，找出高频考点、标出具体的考查内容。具体到考查的是助词还是固定搭配、句型还是单词，高频考点是什么，帮助他们攻克答题障碍，使得他们越来越信服我这个老师；另外，设计、编写每一课的学案，包括课前预习、上课讲解、课后巩固的内容，及时编写，灵活添加，特别是学生们掌握得较差的知识点，我会通过循环出现来巩固，带领着他们在应试备考中不断收获。我的积极应对产生了效果。也不知什么时候开始，课堂上有笑声了，也有他们的回应声了。甚至在生活上，学生们也会关心老师了。我们在日语学习的这座山上，互相鼓励，互相帮助，也互相促进成长。

三、念念不忘，必有回响

我们的互动越来越好，最终一起在高考中收获了硕果。

高考后聚会拍照时，他们居然叠起了罗汉来表达对老师的感激。他们对这段学习时光也一直念念不忘，部分学生将日语作为毕生的学习追求与职业方向，将已经掌握的日语学习方法运用到大学的求知探索与能力提升中。送走了这群学生，以为就很难再见面了。谁知，有一名学生想通过自己的努力，回报母校这座大山。

2020年，在我即将休产假时，学校对外招聘临时日语老师，高大腼腆的陈同学联系了我，说看到母校的招聘，心动了。得知正好是顶我的班，他说："终于找到机会报恩了。"于是，五年前的学生，五年后成了母校的老师，成了带领师弟师妹们前行的前辈。我的念念不忘，激励了他们的成长；他们的念念不忘，鼓励了师弟师妹们的成长。我们之间的念念不忘，必将硕果累累。

这就是我与一群孩子的故事，当然，故事还在续写。其实，孩子们成长了，作为老师的我，也成长了。

专家点评 ▶▶▶

高中阶段的学习压力固然很大，但是这一阶段的学生们依然具有活泼调皮的特点，尤其是在男生比例较大的班级。故事中的老师初次带这样的班级，对学生的特点了解尚浅，学院派的教学方法与学生的实际情况有一定的差距，导致学生的听课状态和学习效果不理想。积累到一定程度的矛盾和情绪在一段时间之后爆发出来，促使老师与学生进行了情感交流，双方也借此机会了解了彼此内心的真实想法。这位老师的经历为很多新晋教师提供了一个很好的启示。了解学生的特点和熟悉课程内容本身几乎同样重要。新老师要利用上课的初期阶段，尽快地了解和掌握学生们的年龄特点、班级氛围和个性特点，及时地调整授课方式和沟通方式。面对班级氛围活跃的学生，教师应在加强课堂管理的同时，用相对灵活的教学手法，组织教学内容，将学生的注意力吸引到课堂上来。面对班级氛围相对沉闷的学生，教师应该想办法调动学生的积极性，增加和学生的互动，鼓励学生表达自己的想法，形成积极、良好的上课氛围。同时，教师在教学过程中，应随时注意学生的学习状态，调整教学内容的难易程度。学院派的授课方式，是新老师在充分备课后常常会运用的一种授课模式，是一种比较理想的、标准化的授课模式，它可以成为教师在授课过程中的导航，但这种模式如果不经过变化，就很难适应现实教学中千变万化的教学实际情况。对于教师来说，备课不仅仅是备授课内容，还包括备学生的各种情况。

故事九
亲其师，信其道

我从事日语教师工作的12年间，接触过诸多从事日语教育工作的前辈、同事和新人，他们教会了我许多：教育的价值、教育教学的方法等。在工作期间，作为教师资格证和事业编教师的面试考官，我有幸听过很多老师的试讲，也接触过几位刚参加工作的新人教师，年轻教师对工作的热情、与学生无代沟的交流使我受益颇多，但同时我也听到过很多年轻教师工作中的疑惑。

2020年我和一名刚参加工作的张老师搭档，共同担任高一年级的日语教学工作。学校还为新人教师举行了拜师仪式，我们也顺理成章地成为"师徒关系"。张老师刚毕业，年轻、有活力，很受学生的欢迎。我的课堂上，学生们中规中矩；而张老师的课堂上，学生们兴奋、热闹，真是令人羡慕。但羡慕中也有着一丝担忧，这种"热闹"是真正积极参与课堂活动的表现呢，还是仅仅是因为对新老师的"好奇"呢？第一次月考结束后，张老师跟我说："刘老师，我们班的成绩不太理想，学生们不爱学习，上课太闹了，我根本讲不下去。"我安慰她说："你的课堂是有点活跃，'亲其师，信其道'，你的第一步走得挺好的，学生们都挺喜欢你的。"

"他们上课活跃的大部分表现都是插话接舌，很影响上课，一节课讲不了多少东西，进度老是完不成。"张老师有些无奈地说。

"学生喜欢说话，喜欢表达，那你可以试试让他们讲。提前给他们安排预习任务，预设好预习过程中需要解决的问题或者需要达成的任务，上课的时候让大家来展示预习成果，这样学习不一定不好。进度慢可以缓一缓，即使草率地完成进度，学生学不到东西也没有意义。正好学生们跟你关系不错，他们肯定希望获得你的肯定，你可以在课堂上对学生的展示发表做点评以示鼓励。"其实，这也践行了"以学生为主体，教师为主导"的教育理念，把课堂还给学生，通过创设情境、布置任务，在教师的引导下使学生最大限度地发挥主动性，调动学生的思维，使他们积极地参与课堂环节中。后来，张老师反馈，课堂的教学效率比以前高了不少，大部分学生的精力放在了预习的发表展示上，既然能发表就可以侧面反映出学生确实动脑筋去思考、去学习了，通过任务完成度的展示可以发现学生对于语音、单词、语法和语篇的自主学习和理解都更加深刻，与之前相比有了很大的进步。

但是问题又来了，有一些同学通过课前预习，可以做到在课堂上积极主动地发言，而有些学习主动性不高的同学课下不做预习作业，上课的时候只听其他同学的展示，不懂的知识点反而越来越多。我和张老师商量怎样才能让这些学生动起来、学起来。究其原因，这部分学生刚完成初中阶段的学习，在养成自主学习的良好习惯上还存在诸多不足，很多学生只会一味地根据教师的安排写作业，对于高中阶段的学习流程、自主学习还不了解、不适应。因此，我和张老师商量怎样使学生自主地行动起来、学习起来。首先，应该教会他们如何学习，怎样学习才是有效学习，也就是对学生进行学习能力的培养。其次，指导学生通过思考来解决学习过程中遇到的知识性问题和方法性问题，也就是思维能力的培养。只有在高一学习的初始阶段掌握科学的学习方法，才能为以后的高效学习打下坚实的基础，也算是"磨刀不误砍柴工"吧。最后，我们决定将所有学习阶段全部放在课堂中完成，整个学习过程都在老师的指导下进行，让学生体验完整的学习环节，从而让学生在老师的示范下养成科学、有效的学习习惯。

教学策略定下来之后，我和张老师就开始讨论具体的教学设计。首先，明确教学过程的各个环节和意图，在课堂上进行演练，让学生全程参与，通过一次完整的教学环节的实施，让学生明确整个学习过程。然后，具体涉及单词、语法和语篇等模块时，给学生讲明每一个模块该如何学习，每一个模块包括哪些环节，每一个环节具体怎么实施。经历过课堂实践的学生们再次看到富有逻辑性的教学环节后便一目了然，头脑中对于每种课型该如何学习有了一个大体的认识和理解。因为每个学习环节都需要学生独立或合作来完成，所以同学们的学习效率有了很大的提升，学生们的学习更加专注，课堂上他们不再孤独地坐在座位上听老师"传道"，他们变成了课堂活动的主要参与者，已经没有心思和时间搞小动作了。这样的课堂上充满了思考、合作、和谐的气氛，不再是教师的"一言堂"，极大地提高了学生学习的积极性、独立性和创造性。

那么作为高中教师，我们该如何规划我们的教学设计、如何调动学生的学习积极性，尤其是在日语学科中，该如何在教学实践中取得高效的教学成果呢？这些都离不开《普通高中日语课程标准（2017年版，2020年修订）》（以下简称《课标》）的方向性指导。《课标》中将高中日语课程的核心素养归纳为语言能力、文化意识、思维品质与学习能力四个方面。所以，对学生学习方法的指导离不开核心素养的引领，整个课堂环节的设计也必须以培养学生的日语核心素养为目标，如此才能培养出具有语言能力、学习能力、思维能力的具有家国情怀的优秀学生。

培养学生时我们要遵循四个核心素养。同时，作为教师，我们在教育教学技能的养成上也离不开这四个方面。首先，我们应该不断地学习，努力夯实自己的日语语言基础和相关的文化知识，在面对学生的时候，只有我们的专业素养称得上"师者"，我们才能在自己的教学过程中胸有成竹，才能传递给学生一种自信的感觉，让学生信服。其次，在教育教学方法方面，我们应该了解高中阶段学生的心理特点和学习规律，不断地引导、点拨学生学习。教师的角色是导演，是课堂活动的组织者和规划者，而不是满堂灌的传道者。这就要求我们在平时的课堂上，持续地对学生进行思维品质和学习能力的培养，"授之以鱼不如授之以渔"，只有教会了学生如何思考、如何学习，才能真正做到学习的可持续发展。只有这样学生才能通过自己的学习来感知、吸收知识，通过自己的思考来理解、辨析、消化知识，通过回顾复习来归纳、总结知识。

"亲其师，信其道"，让学生亲、让学生信，就要求我们老师"打铁还需自身硬"，靠自己的人格魅力和高超的教育教学技能来让学生信服。

"学而不厌，诲人不倦"，我们教师在学习中不断反思积累，在实践中不断地总结经验教训，才能更好地传我们自己的"道"。这是我自己的一点教学感悟，与诸位读者分享，不当之处请批评指正。

专家点评 ▶ ▶ ▶

青年教师在刚刚步入工作岗位的时候，亲和力有余而教学经验不足的问题是比较常见的问题。故事中的老师在发现自己带领的青年教师课堂管理不理想、授课效率不高的情况下，能够发现并鼓励他尽可能地保留自身具有亲和力的优势，并和新老师一起探讨新形势下，如何在保留老师自身优势的同时，解决现存的课堂管理问题，提高授课效率，保证学生成绩。资深的老师运用自己的授课经验，为青年教师提供了行之有效的任务教学法，并辅导青年教师作具体的教学设计，指导青年教师利用自身具有亲和力的优势，在合理安排学生学习任务的前提下，充分调动学生的积极性和自主性，提高了学生对课程内容的理解。资深教师也是在和青年教师共同探讨教学设计、解决教学问题的过程中，受到新型师生关系的启发，思考"亲其师，信其道"在自己教学中的运用等问题。资深教师的教学方式也可以从中规中矩的传统教学方式转变为更加丰富多样的"以学生为中心，教师为主导"的新型教学方式。通过缩小与学生之间的距离，让学生感到亲近，使学生更容易信服老师，从而达到深入且全方位地引导和影响学生的效果。

新老教师之间的经验交流往往能碰撞出更多有价值的火花。

故事十
教有所思，思有所成

在一次日语教学交流会上，我和一些青年教师探讨日语教学。青年教师跟我介绍了很多教学经验，表示自己在日语教学的路上不断取得进步，渐渐成熟。我不经意间问起对方的科研成果，结果青年教师一脸茫然，问我："科研是不是就是论文？平时教学太忙，都没时间去写论文。"其实，青年教师在不断提高教学能力的同时，不能忽视科研能力的培养。教学中思考，思考之后形成科研成果。教学和科研相辅相成，形成有机整体。

我教授日语已经15年整了，回首这一路，教学与科研一直伴我同行。

刚毕业那年，我很幸运地进入了杭州某大专院校任教日语专业。有一天，教研室主任说起，她要申请杭州市的一项教研课题，需要组建课题研究组，问我们愿不愿意参加。虽然当时我的心里满是疑惑，但我还是同意加入课题组，心里想着：学习学习肯定是有益的。

在教研室主任的带领下，我们课题组成员分工合作，通过查阅资料、搜集数据、问卷调查等方法，完成了课题《任务型日语教学的研究》的开题报告。后来课题成功立项，我们通过教学实践等多种方式，完成了课题研究，顺利结题。这是我任教以来参与完成的第一项课题，对我来说颇具意义。

任教五年后，我开始对自己的教学实践进行思考。我发现了自身教学中存在的一些问题，经过思考后，悟出了解决的策略。思考多了，我就琢磨着：其他日语老师会不会也会碰到类似的问题呢？如果我把我的教学经验形成文案，做成课题，是不是也可以为同行们解决类似困惑提供借鉴呢？后来，市教研室发布了课题申请的文件，我认真阅读了市里的文件要求，开始思考申请的课题，最后确定课题名称为《关于高中日语教学中的文化教学》。

为什么选这个题目呢？语言是文化的载体，是文化的积淀，是文化的映象。语言中存在着丰富的文化内涵。任何一种语言的产生、变化和发展都与其民族和国家的自然地理环境、社会文化和风土人情有着密切的联系。所以，在学习一种语言时必须了解使用这种语言的民族的文化，只有这样才能更好地掌握和运用这种语言。日本语言学家森田良行先生在『日本語の視点』中指出，"言葉はそれを生み出した社会的文化であり、文化の視点を離れて言葉を考えることは生きた本当の言葉を眺めることにはならないであろう（语言是社会文化的产物，离开文化视点考虑语言就无法看到真正的语言）"。日语教学中，我们教师既要讲解语言结构和语法，还要在讲解的过程中向学生普及相关的日语语言习惯和日本文化背景知识，使日语学习者对于语言中所蕴含的背景文化有所了解，这是有效提高学生们的语言交际能力和运用能力的一种方法。日本文化的教学内容是指向学生介绍与日本文化相关的背景知识。因此，日本文化要始终贯穿于语言教学当中。通常人们会根据语言的"语言规则"和蕴含在语言背景中的"文化习惯"，使用不同的表达方式进行语言交流。

组建好课题组后，我明确了成员们的分工，规划了课题研究步骤。在课题研究的过程中，按照课题研究的步骤，我采用了交谈法、文献查阅法、实验对比法等研究手段撰写研究成果。在结题阶段，我完成了研究报告，另将课题研究成果以论文的形式发表在省级刊物中。

在后来的教学历程中，我一直没有中断科研。每年坚持发表论文、参加论文比赛、申请各级课题等。在实践中，我思考了很多，也收获了很多。

通过科研实践，我发现自己越来越希望学生真正成为课堂的主人，越发尊重学生的独立性和创造性。如果教师十年如一日地捧着一本书，学生也是机械地听课，那么培养出来的学生的学习力会很有限。教师具备科研能力，对科研充满兴趣，往往就会在课堂教学中鼓励学生去探究学习、设计学习方案、利用信息技术查找资料，通过小组合作得出研究结论。这样培养出来的学生通过对知识获取的亲身经历，往往具备较强的学习能力，会不断完善自身的学习方法，成就更崭新的自己。

我还发现，科研能使教师发现一个新的自我和更广阔的教学天地。因为教师开展科研活动是对自我的更新。自我更新后，教师便有了新的眼力、新的观察力、新的承受力、新的胸怀。有了自新便会感觉他人新、世界新、工作新、江河山川新，工作起来才有乐趣、有意义，工作热情才会高，才会有创造性。学校教育是一个广阔的天地，教师从科研的角度去观察和分析，就会发现那里有神奇而诱人的学问、能力及方法。在开展科研的过程中，我们会发现更新的、更丰富的自己，还有山高水长的广阔天地。

在开展科研工作时，要及时追踪国内外日语学科最新的研究成果，在前人科研的基础上去思考和发现，把新的知识贯穿到课堂教学中。我们不断地探索、不断地思考，设计有新意的教学内容，使课堂教学恰当、适度、具体、亲切，激发学生的日语学习兴趣，提高课堂教学质量。

凡事预则立，不预则废。青年教师科研能力的培养关键是自身的努力，要注重在教学过程中坚持思考，要制订阶段性的科研目标。对每阶段的教学实践、教学案例、教学发现进行思考，撰写成文字，做到"教有所思，思有所成"。

专家点评 ▶▶▶

著名科学家钱伟长曾说："不教课，就不是教师；不搞科研，就不是好教师。"教学与科研应该是互相成就的关系。故事中这位老师从以下几个方面提到了科研对教学的促进和影响。一、深入思考教学过程中发现的问题；二、提升自身的专业素养；三、通过科研可以保持对国内外相关领域最新研究成果的持续关注；四、用自己的科研思维与科研经验影响学生，培养学生的探索精神和学习能力；五、以科研带动教学中的思考和探索，以教学激发科研中的问题意识。

故事中的老师在做科研的过程中，每完成一个项目或撰写完一篇文章，都会收获一段有价值的经验和适合课题组的分工合作模式，熟悉做课题的各种方法，查阅、搜集、整理资料的过程还会带给他思想上和专业领域知识的提升。每完成一个项目或一篇论文都会促使他对自己的教学实践展开思考，发现教学中的问题，并通过思考，解决问题。这一过程的不断重复使得这位老师在做科研的过程中，逐渐成为一个学习型、成长型的老师。而对教学实践进行经常性的反思，会给老师提供源源不断的科研课题。我们常常把"教学相长"挂在嘴边，事实上，教学与科研，甚至教、学、研三者之间都存在着相互促进、相互影响的紧密联系。如果说教、学、研三者是有机的集合体，那么，思考和实践便是其中的原动力。青年教师应该在关注自身教学能力、关注学生、因材施教的同时，注重培养自身的科研能力和科研思维，让自己成为适应新时代教育要求的成长型教师。做到"教有所思，思有所成"。

故事十一
生如逆旅，一苇以航

人生，就像逆水行舟般艰难，会让人惆怅、放弃、自我封闭。很多人都会说"生如逆旅"，但却没有"一苇以航"的胸襟与勇气。执教高中日语多年，带了一届又一届日语毕业生，从他们身上，我深切感受到了强大的正能量。生如逆旅，一苇以航。

2016年6月毕业的学生是我带的第一届高中日语应届毕业生，因此于我而言意义非凡。这届学生自2014年10月开始正式学习高中日语，当时浙江省还未实施新高考政策，仅有2016年6月这一次高考。因此，他们需要利用不到两年的学习时间，从日语零起点开始直至达到日语高考要求，并考出理想成绩，这对老师和学生而言都是很大的挑战。我们不仅需要面对课业的压力，还要面对学校的种种质疑，最大的疑问就是"这么短的时间能达到高考的要求吗"。我们齐心协力，克服种种困难，最终到达了梦想的彼岸。

我带过多届的毕业生，印象最深的是2020届毕业生中的一位陈姓男生，我们就叫他陈桑吧。学习伊始，陈桑觉得五十音图的平假名和片假名数量太多，记不清。妈妈为了能陪伴他学习日语，自己报了日语培训班。高一时，陈桑的日语成绩略微落后于班级整体水平。我找他谈心，了解日语学习情况，他说单词记不住，假名的长音、浊音不好区分。于是我耐心地跟他讲了单词的记忆方法，比如发音联想法、单词扩展法等。他也努力尝试，但成绩依旧没有起色。高一快结束时，陈桑跟我吐露内心，说估计本科没希望了，考个专科也没事。此后，他的学习态度便有些松懈，整个人也表现出一副无所谓的样子。我找他妈妈了解到了原因：陈桑害怕即使努力了也达不到优秀，那样挫折感会更强，那还不如不去努力。之后，我没有刻意去找他，只是在课堂上关注他，看他有没有在认真听课，有没有在认真记笔记。

　　高一结束时，我组织学生去日本高校研学，因为父母有意让他去日本留学，于是陈桑就去了。第一天，在成田国际机场下飞机后，我问他："感觉如何？"他说："就这样吧，没什么特别。"我让学生们将第一天的研学感想通过微信发给我。陈桑并没有发给我，因为他已经告诉我了。第二天，日本环太平洋大学的校长和留学生代表精心准备了大型的欢迎派对，大桥节子校长和留学生代表分别讲了话。派对结束后，陈桑满脸喜悦地对我说："天哪，我从来没有见过这么有气质的校长！"派对上，他还结识了来自杭州的李学长，并跟他成了好朋友。当天，陈桑将很长的研学感想发给了我，深刻地表明了自己内心的触动。记得感想里有一句的内容大概是："有那么多优秀的前辈在国外努力地学习和生活，我没有理由每天混日子。我也要像他们一样优秀。"研学回来后，陈桑跟我说他想去日本留学，他父母也大力支持。有一次日语听写，陈桑竟然得了90多分，我点名表扬，并提议同学们鼓掌。同学们也非常给力，掌声雷动，陈桑有些害羞地笑了。

　　高三时，陈桑参加了日本环太平洋大学的入学考试，被录取为预科生。预科学习半年后要达到相应的日语等级要求并通过相关考试等才能被正式录取。我把录取通知书递给他，并送上祝贺。但也告诉他，录取只是开始，未来还会面临更多的挑战。此时的陈桑已经明确了自己的奋斗目标，表示今后会自主地坚持学习，不放弃。功夫不负有心人！陈桑成为这一批次录取的本科学生中的唯一一名中国留学生。他高兴地给我发来喜讯。我鼓励他要好好学习，考上大学院。他也信心满满地表示一定要尽全力去开创美好的人生。陈桑的父母欣慰地说："感觉孩子像变了个人，突然间长大了，他知道自己追求的目标了！"我私下悄悄问了他一句："万一这次没考上，你怎么办？"陈桑笑着说："我也想过这个可能。如果没考上，我就继续努力，下次一定会考上！"这一刻，我欣慰地笑了。陈桑终于找到了自己要走的路，并且拥有了面对失败的勇气。因为各种原

283

因，陈桑春假没有回国。他在微信上给我发了和同学们一起给日本小学生讲述中国传统文化的照片，还跟我讲了自己在外面租房子的事情。日本大学的尹老师也告诉我，陈桑现在很喜欢日语学习和日本的生活，上课也很认真，发言时也充满自信。尹老师和陈桑的结识是在研学期间，因为陈桑当时在日语课上打瞌睡，被尹老师点了名，所以尹老师对陈桑印象很深。

　　人生漫漫如流水，有高山，有低谷，有湍流，有险滩。弯弯曲曲，百转千回。高中生，他们处在成长的关键时刻，面对身边的人和事，内心会有挫败感，而这些挫败感会不可避免地影响到他们的学习与生活，让他们失去信心。遇到挫折，要勇于面对，勇于挑战。即使失败了，也可以理直气壮地说："我面对了，我努力了！没什么可以让我遗憾的！"

　　很多日语生因为以前没学好英语而失去了对外语学习的信心与热情。我们要鼓励学生，保持努力，只有努力才能让他们品味到成功的喜悦。正所谓"不经一番寒彻骨，怎得梅花扑鼻香"。学生的日语学习之路漫漫，师生情谊亦在平凡的每一天里生根、发芽、成长。

　　日语学习之路恰似一段缩小版的人生旅途，我们会在这段旅途中品尝酸、甜、苦、辣、咸等各种滋味。在路的那一端，繁花正盛开。愿我们广大日语学子能够明白"生如逆旅"的道理，能坚定"一苇以航"的信念，最终拥有美丽的人生。

专家点评 ▶▶▶

　　习近平总书记提出了"大先生"的理念，指出"教师不能只做传授书本知识的教书匠，而要成为塑造学生品格、品行、品味的'大先生'"。教师的道德水平、行为方式、境界格局都对学生产生潜移默化的影响。不过，传授知识和技能易，塑造正确的价值观念难，相信很多一线教师对此都深有体会。特别是在面对一群世界观、人生观和价值观都处在形成阶段的中学生时，教师就更需要下一番功夫，用他们易于接受的方式给予正确引导。

　　本文中，面对日语基础薄弱，学习动机欠缺的小陈同学，本文作者没有简单粗暴地一味灌输语言知识，而是温情守候、仔细观察，耐心寻找问题的症结所在。本文作者创造机会，让小陈同学亲赴日本体验日本文化，接触通过学习日语达成目标的成功案例，帮助他明晰了学习目标，从内心产生了学习动力。只有坚持不懈地学习外语，才能掌握扎实的语言知识和技能。人们常说"兴趣是最好的老师"，那么，明确的学习目标则是努力坚持的动力源泉。小陈同学在老师的恰当引导下，通过自身的不懈努力，最终考取了心目中理想的大学，达成了既定目标。

　　在当今的基础教育阶段，部分日语学习者缺少外语学习的动力、信心和兴趣，处在人生的"逆旅"之中。正如标题"生如逆旅，一苇以航"所言，帮助处于人生逆旅中的学生找到"一苇"，就可以给予他们在逆境中前行的勇气和力量。其前面的一句"凡心所向，素履所往"意为"只要心有所向，即使穿着草鞋也要前往"。在"教书育人"中，若教师能引导学生发现他们的"心之所向"，则可以激发他们的学习热情。本文作者正是敏锐地抓住了这一点，才能够"对症下药、妙手回春"。

　　本文作者在文中感叹，自己感受到"强大的正能量"，这或许就来自明确了"心之所向"，对日语学习有着坚定的信念和信心的学生们吧。

故事十二
团结互助，遍地生花

我平常会用微博记录一些走心的时刻，无论是生活上还是工作上的"ときめき"，我都会在当天简短地记录下来，以供日后回忆。当我翻看2018年的微博时，发现有一条微博记录着外教对我课堂教学的评价。"江先生、今日もお疲れ様でした。グループの思考マップを含めて、生徒たちの作文の構成や内容は全体的にすごくよかったと思います。今日の発表も熱気に溢れて、本当に感心しました…授業の雰囲気作りやゲーム性を取り入れたアイディアや準備も素晴らしいです。今回の一つの段落を一人の生徒が担当して書くというアイディアは、大変参考になりました。"这是一堂高三上学期的作文课，通过营造团结互助的氛围，日语课堂也能遍地生花。这堂课中有两个细节我记得很清楚。

一、生生互动

为了抢到发言权，在我说"开抢"之后，代表各自小组的组员同时争着跑到讲台上，都想用洪亮的声音盖过对方，僵持不下时，其中一位组员用一声"啊"，转移了对方的注意力，抢到了发言权。底下的小组成员、听公开课的老师们和组织课堂的我看到这精彩的一幕，忍不住笑出了声。而这位在挣扎中获胜的组员，也只是为了夸一夸其他组的作文。这就是我构思的一堂作文鉴赏课，学生们通过团结互助，互促成长。

由于学生对以往高三复习阶段的作文课"给出模板—套用模板—讲解反馈"的套路"深恶痛绝"，我开始思索如何让作文课上得更加生动，更加尊重学生的个性。要想提高学生的参与度，游戏的元素必不可少，依据小组合作学习能够凝聚团队力量的优点，我把作文课设计成两个课时，主题为「映画はどこで見ればよいか」（2013年全国高考日语作文题目）。第一课时的学习目标是解读主题、发散思维、小组合写，由我和外教一起上课。课前，我针对小组内部成员的分工问题，划分了组织协调者、知识贡献者、记录者、学习顾问等角色。我将第一节课的前20分钟分解为"3-5-8-4"四个时间板块。8个小组（每组6人）在最开始的3分钟内，根据个人情况领取角色，明确分工；接下来的5分钟是独立思考时间，学习任务是提炼自己的观点和论据，这时每位成员都是知识贡献者，组织协调者负责把控时间；紧接着是8分钟的小组讨论，学习任务是汇总梳理各自的观点、有逻辑地进行组织排布、头脑风暴补充观点、以思维导图的形式呈现。在这个阶段中，学习顾问会解答关于表达的问题，记录者则需负责绘制思维导图；最后4分钟的学习任务是再次构思行文的段落，分工领取自己的写作段落，此时除了字数的要求外，文章还须通俗易懂。在前20分钟中，我和外教的主要任务是帮助小组尽快明确每一部分的流程。后20分钟是写作阶段，要向学生发放作文稿纸，这时我和外教两人就开始在各小组间"巡逻"，及时解答学生在写作当中的疑问。学生在课堂上完成作文后上交，由我与外教在课下共同批改。第二课时的学习目标是互相品鉴、总结所得。上课时将修改好的8个小组的作文呈现在一体机上，学生人手一份。课堂按照"组员领读共赏——小组讨论优点——抢答优点积分——师生总结所得"的流程进行，上面精彩的那一幕就发生在"抢答优点积分"这个环节。为了让课堂的竞争性更强，我采用了小组积分制，以末位组表演指定舞蹈的游戏方式来调动课堂气氛。为了让鉴赏能落到实处，我给出了三个角度：逻辑结构、内容表达、思想升华。由于之前的写作课上，我用实例示范了从这三个角度来评判与鉴赏的方法，所以学生操作起来没有阻碍。合理地安排任务、设置不断促进学生思考的环节，营造了团结互助的氛围，吸引了学生，也调动了学生的积极性，促使学生更主动地完成各环节的学习任务，也使得互助品鉴环节更加生动。学生的思想在探究中不断开出美丽的花朵。

二、师生对话

第二个让我印象深刻的细节是，在"师生总结所得"的环节，我结合思想升华这个维度的评价要点对教室里的一句名言进行解读时，学生欢呼雀跃。在日常的作文教学中，我观察到，逻辑结构、内容表达是每位老师都会重点教授的部分，但文章思想方面的引导是较难切入的部分。为此，我引入了文学评论中的"时空观"引导学生进行写作思维的"横纵拓展"。进行文本解读时，可以从横向，即共时性的角度去思考，也应当从纵向，即历时性的视角去分析。作文也是一种文本，作文的鉴赏也可以用文本解读的方式进行，这是我在"思想升华"这个鉴赏角度为课堂找到的落脚点。我是这样引入的："'四方上下谓之宇，往古来今谓之宙'，它指的是空间与时间的概念，在同一空间探讨共时性，是一种对时间的横向的静态探讨；在同一空间探讨历时性，是一种对时间的纵向的动态探讨。许多名篇都包含着这种思想，如果你能在文章中把握这种横纵结合、动静相宜的技巧，文章的思想性将更强。其实，同学们的作文中已经包含着这种思想了。"接着，我摘录了小组合写文章中的语句作为例子。例如"最近、テレビやパソコンの普及によって、家でも映画が見られるようになりました"这句话中，"最近""～ようになりました"就包含了纵向的探讨。"テレビ""パソコン"是横向的静态列举。在同学们若有所思时，刚好那天的"每日名言"小黑板上有这样一句话："人不能两次踏进同一条河流。"于是，我就这句话进行了分析："'同一条河流'意味着空间没变，是静态的；而'两次''河流'意味着时间在流动，是动态的，这一句话包含着横纵融合、动静结合的思想。"同学们听到这种及时分析后，都拍手叫好，那种欢呼，像是获得了某种智慧后的喜悦。而在之后的作文写作和鉴赏中，他们也能有意识地从这个角度去切入。

生生互动，师生对话，共同营造和谐的学习与思考的氛围，是日语作文课能够真正培养学生写作能力、鉴赏能力、创造能力的重要基础。这就是令我印象深刻的一节作文实验课，如今当我翻看课堂照片与微博信息进行回忆的同时，也试图进行课堂理念的总结与过程方法的反思。

1.尊重写作的差异性

建构主义认为,人的知识是在个体的经验中建构出来的,因而具有差异性。写作既然是个人思想的表达,那么也具有个体差异。"模板式教学",可以说是一种速成的作文教学方法,虽能保证学生快速行文,但限制了学生的写作思维。生生互动这堂课采用小组合作的形式进行文章的构思与限时写作,观点是学生提出的,段落是学生自己写的;师生对话,教师化身"活字典"帮助学生修正表达,起到的是引导者、支持者的作用。而以往的"模板"可以变为学生写作时的框架,甚至学生在学习过程中可以自己构建不同的写作框架。"以学生为中心"的课堂,就是从"学习"的角度来思考课程的设计与实施,尊重学习者的表达差异,营造促进思考、启发思维的良好氛围。

2.保持写作的积极性

写作似乎是学生们想极力回避的难点。诚然,输入不够,输出就难以保证质量。为"凑字数"而绞尽脑汁的模样成为写作初期学生们的共同"姿态"。其原因在于"无话可说"和"有话说不出"。第一课时与第二课时用思维导图和鉴赏文章的方法,从文章结构、内容、思想上为写作的第一个难题找寻突破口,用教师指导结构、辅助表达的方式解决第二个问题。高中时期,来自同伴的赞许与支持能为学习的动力续航,生生互动和师生对话就是要让学生和谐地、自然地表达自己的想法,从而增加写作的趣味性,提升写作学习的积极性。

3.培育写作的思想性

对作文的鉴赏也是学生学习写作的一种方式,对结构与内容的解读,学生已然掌握,而对思想性的把握则需要教师点拨。好的思想振聋发聩,为写作提升思维的层次,为课堂增添理性的色彩。正如当下的"学科大概念"为跨学科学习提供了接入点一样,从文本解读到写作鉴赏也共享一种思想理念。另外,学生在第一课时的讨论与写作中需要具备读者意识,而在第二课时的鉴赏环节则需要提升作者意识,通过这两个课时的学习,学生也能打通读者与作者的身份隔阂,提升读写能力。从文本解读到写作鉴赏的迁移,从写作到阅读的能力转换,这两种跨越,需要我们教师进行角色转变，化身大容量移动硬盘，不停地接入各个学科的学习，努力为学生营造和谐互促的氛围。当然，我们也应进行多角度激励、多方位创新，还可以尝试让课堂因跨学科的碰撞再次产生智慧的火花。

专家点评 ▶ ▶

如何上好一堂课？既要与时俱进、勇于改革，践行先进的教学理念，又要苦练内功、提升专业素养，增强专业知识的广度和深度。

作文是对学生语言运用能力和逻辑思维能力的综合考查，写作是基础教育阶段外语科目教学的重点。同时，如何在有限的时间内高效地完成写作教学任务，获得良好的教学效果，也是困扰许多教师的难题。在课堂教学组织上多下功夫，探索小组合作学习、翻转课堂等新的教学组织形式可谓是解决这个问题的有益尝试。本文中，作者详细叙述了作文课教学的设计思路和组织方式，为我们提供了很好的借鉴。

"授人以鱼不如授人以渔"，让学生增加好词好句的积累固然必要，提升学生分析问题和解决问题的能力对他们的终身学习意义更加重大。本文作者在研究生求学阶段专攻日本文学，这一学术积累恰如其分地运用在了写作课的教学实践中，在学生思维品质的训练中发挥了显著作用。对于这个尝试，本文作者还从理论层面进行了总结和反思，把教学实践提升到了教学研究的高度。教学实践和教学研究相辅相成，实践是开展研究的出发点和基础，教研成果可以反哺实践，对提高教学效果发挥积极作用。

基础教育阶段小语种教师的发展是教师教育的一个重要课题。教师的专业成长需要外部提供平台和支持，同时，教师从自身实践出发，提高研究意识，提升专业素养也是一个重要途径。本文叙述的写作课教学设计的实践和反思，就是教师提升自身专业素质的典型范例。勤思考、多学习是解决教学活动难题的重要途径，从长远来看，对促进教师的个人成长也大有裨益。

故事十三
凡心所向，素履以往

　　许是岁数渐长，近些年我的脑海里时常浮现很多记忆。时光匆匆，不知不觉当了14年的日语老师了。有人问我，当初为何要选择当日语老师？刹那间，这几年仿佛一盘电影胶片，开始缓缓放映。

　　2003年6月，高考结束后，我开始填写高校专业志愿。妈妈叫我填英语，以后当英语老师，于是我锁定了浙江师范大学。翻开专业填报书，浙师大英语专业的下一项就是日语专业。我突然萌发了换个语种学学的念头。可心里又担心：要是日语学不好怎么办？经过和同学们的探讨和几天的思想斗争，我填写了浙江师范大学日语专业，心里略有不安，却说不上来为何不安。后来，我如期收到了浙江师范大学寄来的录取通知书。就这样，我开启了日语学习生活。

　　大学日语学习，充满了乐趣。我已经有些记不起当初是怎么把平假名和片假名记清楚的了。大学四年中印象最深的就是日语N1的备考。用一个词语来形容当时的我，那就是"拼命地学习"，用日语说就是"一生懸命に勉強していた"。早读、预习、上课、作业、复习，每一个环节都用心去学。为了备考12月份的日语N1，我从9月份开学开始，每晚坚持定量地进行单词、语法、阅读、听力的练习。只要看到书店里有N1的考级练习题，我就买来做，仿佛一个饥饿的人看到食物就想吃，而且吃得津津有味，乐此不疲。现在回忆起来，备考N1的那段日子，是我人生中一段全力以赴的时光。有付出就有回报，我顺利地取得了N1合格证书。

　　大四，面临就业。经过笔试和面试，我很幸运地被杭州某高校录取为日语全职教师。于是，我一个人背起行囊，前往陌生的城市。我永远不会忘记，我曾一个人坐火车从金华到杭州，问了好几个人，终于到了学院的门口。看到校名的那一刻，我有些想哭。陌生的杭州，没有一个熟人。就那样，我开启了自己的高校日语教学生涯。那年，我23岁。

我带的第一届学生是空乘专业的日语选修生。至今我仍然记得第一天上课时的情景。我手里提着录音机，拿着书本，走进教室，内心忐忑。放下录音机和书本，我环视了一圈，发现眼前的四十多位学生在盯着我，我十分紧张。他们的个头都跟我差不多高，万一不听我的话怎么办？我的心"咚咚"地跳，太紧张了！我装作若无其事地走出教室，对着走廊深深吸了一口气。回到教室，铃声刚好响起。我很自然地喊了一句："では、授業を始めます。"学生居然很开心地学着我的话，个别大胆的同学还问"老师，这句话什么意思呀？"我才反应过来，他们都是日语零起点。于是，我把这句话写在黑板上，并画出相应的汉字和假名。顺着这个话题，我跟他们讲了日语文字的组成。第一堂课在慌乱中结束了。下课铃声响起，同学们很友好地跟我说："老师，明天见。"我悬着的心总算是放下了。就这样，我完成了人生第一节日语课。

作为新入职的日语教师，我在日语教研室其他老师的帮助下，渐渐熟悉了教材，开始摸索教学管理办法。

第二年，我又教了大一空乘的日语选修课。那次，我做足了课前准备。第一堂课是导入课。在分析了班级学生的学情后，我根据空乘专业招聘机场岗位时的录用条件，截取了与日语相关的机场岗位信息。第一节课，我跟同学们建立了友好关系，并给他们讲解了日语学习对他们未来求职规划的重要性，又讲解了日语课程的安排及要求。同学们听得很专注，尤其是谈到未来求职的相关信息时，同学们的眼睛里都闪着求知的光芒。学生们会积极主动地完成课内外的作业、认真按照课堂要求自主学习，他们对日语学习十分热情和投入。在校园里碰到我，他们都分外热情，远远地喊"先生"。

每个老教师都是从新手做起的。新入职的教师，可能会经历很多的困难，但我们要从每次的困难中分析、总结经验，下次再碰到此类情况时能处理得得心应手。回顾这些年的日语教学生涯，我认为新教师和学生见面的第一节课很重要。我们要做好充分的准备，备好第一节课。正所谓"良好的开始是成功的一半。"那新教师如何去备好第一节课呢？我认为可以从以下几点去准备：

1. 心理角色转变

站在讲台上，我们是教师，我们是主导。要自信，大方。个别新教师会担心学生问的问题会难住自己，这一点教师们完全不用担心。因为学生还在基础学习阶段，他们的问题怎么难得住有这么多年专业日语学习经验的教师呢？

2. 精心备课

我们不打无准备之仗，特别是当我们还是一名新教师的时候。如果实在紧张，可以把自己要说的台词先写个稿子，自己练一练；或者把稿子夹在备课本里，以备不时之需。可以谈谈你对日语学科的理解，讲讲日语的学习方法、教学安排及日常教学要求、作业要求等。

3. 自我介绍

我们和学生在第一节课上初次见面，我们要介绍自己，也要了解学生，所以彼此介绍是第一节课的重要内容。我们可以设计一个别具一格的自我介绍，让同学们记住我们，让同学们喜欢自己。

4. 调动气氛

学生对日语教师往往充满了期待。作为新手日语教师，我们不能把课堂弄得很枯燥，否则会影响学生对日语科目的期待。我们要利用第一节课，调动同学们日语学习的积极性。这样，在后续的日语课堂中，学生也会有比较好的学习状态。

5. 合适形象

我们的衣着要符合教师的标准，不能太随意。女教师最好化淡妆，不要太夸张。

每个人对日语教学的理解都不尽相同。教学中，我们难免会碰到很多困难，但作为日语教师，我们要心中有梦，以梦为马，志存高远，不负韶华。既然选择了日语教师，那么，凡心所向，素履以往。

专家点评 ▶▶

　　大家是否还记得自己选择做日语教师的初衷？是否还记得初次登上讲台的经历呢？本文中，有着十几年教龄的作者回顾了学生时期学习日语、从教之后教授日语的种种经历，讲述了自己从学生到教师的角色转变历程。

　　良好的开端是成功的一半，新教师上好第一课，就是迈出了教师职业生涯的第一步。本文作者从自身丰富的经验出发，为新教师提出了5点建议，如上课前了解学情、精心备课、提前演练，做好充分准备；上课时注意仪态仪表、课堂把控等。对此，我深感赞同。

　　不过，要想真正实现从学生到教师的角色转变，还需要积极调整心态、适应环境。要适应从知识的接受者变为传播者，从随行者变为领航者，从纸上谈兵到实践应用的心态转变。日语教师和英语教师相比体量小，受社会关注度不高，这就更需要在选择教师道路之初做好自身的职业发展规划。首先，应该客观分析自身情况：沟通能力、表达能力、亲和力、抗压能力如何？是否了解、认同、热爱日语教师这一职业？其次，应该设定长远的职业规划和具体目标，了解有助于自身专业成长的各种平台和资源，把握并紧跟教育教学改革的趋势。再次，多管齐下，全方位提升。通过学习国家相关政策、文件，始终保持思想的先进性；通过参与教研培训、赛课活动、教科研究等提升业务能力和理论水平；通过广泛涉猎、不断积累，提升自身修养和人格魅力。

　　立志成为一名日语教师，就一定要做好职业成长的长远规划，坚守初心，坚定前行。

故事十四
一起成长

有这样一首诗:"成长就如流星划过一般,转瞬即逝,可那忘不掉的回忆永存人间。"有人说成长像一枝美丽的玫瑰,鲜艳夺目中别忘扎手之痛;又有人说,成长像一杯浓浓的咖啡,丝丝苦涩后才能享受甘甜之味。成长的酸甜苦涩,现在看来都值得我们用一生来回味。学生需要成长,我们作为老师又何尝不需要成长呢?学生要面对升学压力带来的烦恼,而我则需要帮助孩子们解决这些烦恼,我们要相互帮助,相互学习,共同成长为更好的人。

我是一名中学日语老师,2017年,我接手了两个高三班级。文科班的学生学习基础还不错,但理科班的学生因为老师的频繁更换,基础较差。好在理科班的孩子们肯用功、爱学习,我也每天琢磨如何改善孩子们的学习方法、提升学习效率。在我和孩子们的不断努力下,理科班的学生学习逐渐走上了正轨。

2018年初,我怀孕了,本打算只继续教一个班级,那时大家都觉得我会放弃理科班。经过深思熟虑后,我决定要一起带两个班,文科班的孩子聪明乖巧,理科班的学生成绩在缓步上升,无论放弃哪个班级,我都于心不忍,不管过程有多辛苦,我都要义无反顾地带着所有孩子走进考场。

最后的考试结果令人兴奋:在2018年的高考中,理科班成功逆袭,成了全年级考得最好的班级,均分达到100分(满分为120分),比肩文科强化班。

孩子们在不断地成长,我也在进步,我们相互成就。

一、"读"领风骚

理科班的孩子们口语较弱，总是记不住单词，有的孩子每天都会抱怨，称背单词是这世界上最痛苦的事。为此我在网上查找各种方法，也和身边的老师们交流，决定从诵读入手，解决孩子们背单词方面的苦恼。古人云："读书有三到，谓心到，眼到，口到。"诵读这种方式便于学习，尤其是对于日语这类需要大量记忆的学科来说十分有效。早读课是一天中记忆的黄金时间，它是一个协同活动的过程。早读课可以有效培养学生的日语口语语感，老师的领读在其中发挥着巨大作用。老师的发音是经过长时间的积累形成的，比起课文录音，学生们更容易模仿，也更容易记忆。于是我每天精心准备早读任务材料并及时检测，随时了解学生的掌握情况。

在早读课上，我会用饱满洪亮的声音进行领读，平时坐在后排的、读书容易打瞌睡的同学们也随即活跃起来，整个教室传出的声音势如破竹、铿锵有力。有一天我嗓子不太舒服，有个学生主动站起来担任领读的任务，在我的印象中，他的发音不是特别好，但是当他开口的那一刻，我特别感动，他的发音有了很大的进步。那天之后，我改变了策略，我只领读一半的时间，剩下一半的时间交由不同的学生领读。如果他们有发音不标准的地方，我再及时指出，这样孩子们可以得到更好的锻炼。

二、常胜"讲"军

我在早读时发现有的孩子并不是很自信，明明读得不错，却不敢放声领读。为了提升孩子们的自信心，增强表达能力，我在课上设置了演讲的环节，让孩子们根据书本内容，进行拓宽演讲。

C同学是一个十分害羞的女孩子，平时在课上回答问题的声音特别小，和我也完全没有眼神交流。第一次上台演讲的时候，她靠着讲台边站着，头微微低下，两只手紧紧捏在一起，大拇指不停抠着另一个大拇指。在她演讲时，我明显地感觉到她的声音在颤抖。她准备的演讲时间很短，两分钟不到就匆忙地下台了。全班还是用热烈的掌声鼓励她，但这却让她的脸更红了。

课后，我把她叫到了办公室，跟她说："你在台上讲的内容很精彩，只是你太害羞了，你可以慢慢学着放开自己。""老师，我知道我的问题，我也想在讲台上侃侃而谈，但是我好像……""没关系，这都要一点点来，首先你要相信自己可以，给自己足够的心理暗示，你才能有下一步行动。如果你愿意，我可以帮你的。""老师，我愿意！"

之后的日子里，每周我都会抽时间，教C同学和几个和C同学一样对自己不太自信却想改变的学生。慢慢地，我发现他们的表现越来越大方，人也越来越自信了。C同学在我的鼓励下，不仅学习成绩有提升，而且报名参加了校内外的演讲比赛，取得了不错的成绩。

现在C同学已经升入大学。有次她在微信上和我说，特别感谢我当初对她的鼓励和帮助。现在在大学里，她参加了有关演讲的社团，有着不错的发展。

其实把话讲清楚，并不是一件容易的事，你需要知道论点何在，为了讲清楚你需要积极思考、主动学习，充分利用自己的知识储备，并组织好语言逻辑，这是自学和研究性学习的过程。作为老师，我根据他们演讲的内容，可以了解他们对知识点掌握的广度和深度，更好地进行后续的教学工作。

三、点兵点将

我带的两个班的孩子加起来有一百多人，我一个人的精力有限，实在无法关注到每一个学生的学习情况。于是我分小组，并选定每次默写成绩最好的为组长，监督每个组员的学习情况，小组长汇报给课代表，课代表再统一告诉我。

D同学平时学习懒散，不管是什么作业都是能逃就逃，不能逃就敷衍了事。但是他在小组长的监督下，只能"被迫"完成我交代的学习任务。渐渐地，我发现他的作业比之前认真了很多。有几次，他成功地当上了小组长，当时他一改之前吊儿郎当的态度，开始认真负责地监督每个组员学习，认真向课代表上报。慢慢地，他的学习成绩也开始上升了。在分组学习的过程中，有很多像D一样的学生，从被动学习转变为主动学习，变得更有责任心，更愿意学习了。

在这个过程中我也明白，设置小组长可以从三个方面锻炼学生：一是协调能力。同学与同学之间朝夕相处，比老师更能及时了解组内其他学生的学习表现。小组长要协调好组内各成员之间的关系，调动成员的学习积极性，小组合作，形成比、学、赶、超、帮的良好气氛。二是示范作用。小组长应该是本组学生的学习榜样，组员会不停地向组长看齐，小组长自己也要不断努力，才能给别人做好示范。三是监督辅助能力。小组长需要检查组员作业的完成情况，帮老师把好第一道关，让那些敷衍作业的人无处可躲。只要我们愿意相信学生的能力，他们总会带给我们意想不到的惊喜。

四、恩威并施

在开学第一节课时，我就向学生提出了严格的日语学习要求并反复强调。上课没几天的时候，学生就跟我说："老师，你太有威严了。"但是，严归严，学生在我的课堂上还是比较轻松的。我们需要给他们营造一个轻松愉快的学习氛围，这样他们才会想学。所以，我想让学生们高高兴兴地学习，我们要和学生"斗智斗勇"，要想方设法，既要让学生们听我们的，又要让孩子们自己想学，这样才能有效地提高课堂效率。

E同学就是一个非常典型的例子，他在上课时就非常喜欢和我抬杠，我说一他就说二，坚决不配合我。但是我在课上不会发火，保全他的面子，不让他当众受批评，只是冷着脸让他保持安静。课后，我会让他单独到我办公室，问他为什么这么做，并对他进行教育批评。连续几次后，E同学在办公室里向我敞开心扉，从学习到生活，从学校到家庭，他都会与我倾诉，慢慢地他再也不和我抬杠了，还会帮我管理班级纪律。

我们不能一味地批评学生，也不能一味地纵容学生，要掌握好教育的度，做一个值得被学生敬爱的老师。

教师是学生的榜样，对学生起表率作用。教师应为学生做榜样，引导他们健康成长。在和孩子们的相处中，我们要共同成长，一起进步，迈向更好的未来。

专家点评 ▶ ▶

本文的关键词是"成长",有两个方面值得关注:通过言传身教来引导学生掌握日语知识和技能,养成良好的自主学习习惯;通过实践、反思来提升教师的专业素质,促进自身专业发展。

《礼记·学记》提出了"教学相长"的理念,即教与学互相影响、互相促进,这一理念深刻地揭示了教学的本质特征。教师专业发展的主阵地是教学一线,有理想、有追求的教师应该锲而不舍地探索教学方法。很多高中阶段选择学习日语的学生基础薄弱,不懂得学习外语的正确方法。针对这样的学生,本文作者用心琢磨教学方法,通过让学生坚持"读"和"讲",帮助他们养成学习外语的良好习惯。在学生管理上,本文作者采取个性化管理方法,面对学生的不同问题,巧用"点兵点将"和"恩威并施"等策略,有针对性地采取对策。最终,学生的日语语言能力和人际交往能力都获得提高,本文作者也收获了许多"意想不到的惊喜"。

对于敬业乐业、关心学生、热爱教育的老师来说,每一段教学经历都是宝贵的财富,对这些经验进行分析和反思,从中吸取教益,是改进教学方法、提升教学技能的关键,也是推动自身专业发展的有效路径。

正如美国心理学家波斯纳提出的教师成长公式"经验+反思=成长",本文作者在文中分享的教学方法和学生管理经验,以及对这些经验的思考,为广大中学日语老师提供了切实可行的有益借鉴。

故事十五
关爱是一条路，关注是起点

春天，撑伞走在蒙蒙的细雨中，路边的小树、行走的路人沐浴着温柔的春雨，不禁令人想深吸一口新鲜的空气。清爽的春雨混杂着泥土的气息沁人心脾，都说春雨贵如油，但春雨又何尝不是美如画啊！

韩愈诗云"天街小雨润如酥，草色遥看近却无"，初春的小草在细滑温润的春雨中破土欲出。杜甫亦赞"好雨知时节，当春乃发生。随风潜入夜，润物细无声"。这一草一雨山鸣谷应，细雨滋润了小草，小草也点亮了细雨。细细想来，我们教师和学生的关系，也如这细雨和小草一般，我助力你的成长，你点亮我的人生。

这带着青草香的画卷勾起了我的回忆。

2015年，我刚送走一届毕业生，又迎来一届高一新生。我教两个班的日语课，一共100人左右。入校平均成绩比往年要好一些，班主任告诉我有几个同学不想学日语，希望我帮忙做一下思想工作。趁着晚自习值班的时候，我把几名同学叫了出来，跟他们聊了聊。很大一部分原因是学生对日语不了解、好朋友在学英语、没接触过日语、不知道怎么学之类的。有一名同学引起了我的注意。无论我怎么问，他就是不想说，态度坚决地要求转学英语。我让其他同学先回教室，把他留了下来。可能是其他同学在场，他不想让其他人知道。我说别站着了，坐下跟老师聊一聊，说什么都可以。他坐了下来，情绪慢慢平静了下来。我告诉他："我们学习日语的目的就是帮助你考上大学，这是在我们学校试验过的，并不是盲目地推荐学生学习日语。"接着我跟他讲了日语的特点和学习日语的前景。他说："老师您说的这些我都懂，但是我还是不想学习日语。"慢慢地，他把自己内心的顾虑都告诉了我。他说因为历史原因，他对日本有负面情绪，他无法忘记历史，不能坦然地接受日语学习。这时候，我才明白他为什么对日语学习这么抵触。我对他说："你的想法没错，你的这种爱国精神是每一个中国人必不可少的，每一个中国人都不能忘记历史。我们必须客观地尊重历史、铭记历史。但是我们不应该故步自封，历史是发展的，中日两国是邻邦，有着两千多年的来往历史。自1972年中日邦交正常化以来，中日两国无论是民间还是官方，在各个领域的交流都有了长足的发展，友好互惠、共同发展是两国人民的共同愿望。我们现在学习日语的短期目标是高考，只有考上更高一级的大学院校，才能享受到优质的高等教育，才能学习更先进、高端的知识，才能有能力投身到祖国的建设、民族的复兴中去。少年强则国强，我们应该怀着高尚的爱国情怀，专心学习，刻苦奋斗。我们不仅要客观地正视历史、铭记历史，还要展望未来。我们应该树立宏伟的目标，以发展的眼光看待问题。你们是国家的未来，国家的发展、民族的复兴都离不开你们的努力奋斗。老师为你的爱国精神感到骄傲，老师也相信你能学好日语，我们做个约定吧，三年后我期待看到你的大学录取通知书。"听完这些后，他没有说话，但是我能看得出他的眼神不再抵触，不再坚持自己的想法。

自从那次聊天之后，他下定决心要学好日语，思想再也没有动摇过。思想问题解决了，在平时的课堂上，我也对他多了一些观察。可能之前没有养成好的学习习惯，虽然他刻苦努力，但是效率一直不高，存在着许多问题。例如，书写不工整，字迹潦草。他认为字写对了就可以。我让他买了田字格，从五十音图开始练习，临摹教科书后面的"假名书写练习"部分，每天练习两页。我告诉他这不是消遣、不是休息，虽然是在练字，其实更是在磨炼心智，应该用心去练、用心去感悟，贵在坚持。我问他能否坚持，他给出了肯定的答复。就这样，他每天多了一项作业，每天都会找我检查。在其后的学习过程中，我又发现了他的其他学习问题。他可以一遍遍地写单词，但是不想读单词，不想背课文。学的是"哑巴日语"。这种学习如无源之水、无本之木，学习往往都是三天打鱼两天晒网，没办法持久。因为这种学习是一种负担，往往容易产生倦怠感，很难从中体会到学习的乐趣和成就感。不仅是他，班里很多同学都有这种现象。于是，为了让同学们张开嘴，在背诵课文之前，我要求大家先把教材课文读熟。先跟着教材录音模仿，然后同桌两人互相听读。慢慢地，同学们敢读了、想读了。还有一些同学课间遇到我时会用日语进行简单的寒暄和问答，更令我惊喜的是上课的时候同学们竟然主动要求读课文，让我来听听大家的发音。这是之前上课提问单词和课文背诵时没有遇到过的情况，大家不再紧张。之前上课提问的时候，同学们不敢跟我对视，生怕自己被提问，即使背过的同学在课堂上背诵，也是非常紧张，甚至紧张到声音颤抖。这真是意外收获，通过课文的朗读活动，同学们日语学习的主动性空前高涨。

这位同学也成了班里会话角色朗读的"明星领读者"。他的习惯在一点点改变，成绩在一点点提高，自信也一点点地涌现出来。这种变化不是一蹴而就的，在后来的很长一段时间里也反复出现过。虽然道路是曲折的，但是前途是光明的。在高考中，这位同学的日语成绩在其他的几个科目中提分最多，他也如愿考入了自己心仪的大学。

这位同学的情况也许是个例，但我们在教学过程中会遇到各种各样的问题。问题是多种多样的，有时候会让我们应接不暇。什么问题该怎么应对，这也许没有固定的模式来让我们套用，但是方法却有千百种。只要我们用心去对待每一位学生，我们的眼神、我们的言语、我们的一举一动，学生都能看懂，学生都会产生不同的感知和触动。他们期待老师的关注、信任和鼓励，一个眼神、一句话也许就可以让他们焦虑的情绪得到安抚。只有学生感受到了老师的真诚与理解，才会对我们发自内心地信服。

关注学生只是一个起点，对学生的教育和关爱更是一个不间断的过程，是一条不断发现、不断收获的路。让我们点燃学生心中的星星之火，用日语助力他们圆梦。

专家点评 ▶▶▶

中学生在外语科目中选择日语的原因各异，有的是因为对日本文化感兴趣，有的是因为日语和中文同属汉字圈、较之英语更易上手，可以较快地看到学习效果。还有部分学生，非出个人意愿选择日语，而是因家长或老师基于各种因素的综合判断，认为学习日语有助于在高考中取得更好的成绩而选择了日语。这些"被选择"学习日语的学生，可能会出现学习动力不足的问题。

本文中就出现了学生因为历史原因而对日语学习产生排斥情绪的情况。这种情绪对他们的学习非常不利，需要教师及时加以正确引导。本文作者通过耐心聆听、与学生交心，了解到学生学习动力不足的根源，进而循循善诱，帮学生解开心结，树立了学习动机。学生的学习积极性高了，再传授给他们正确的学习方法帮助他们提高学习效率。可见，对于中学日语老师来说，教授语言知识的技巧和转化学生的技巧都是必须具备的，二者缺一不可。一名热爱教育事业的老师，对待学生应该一视同仁，不仅要关注成绩优秀的学生，更要包容和关爱存在问题的学生，要用心、用情去转化这些学生，根据学生的特点和问题采取"私人定制"的策略，找准问题的症结所在，对症下药。

同时，本文作者教导学生打开格局，理性看待历史，勇担社会责任，不禁令人赞叹一名日语教师的高尚品格和育人艺术。在基础阶段外语教育改革的背景下，日语学科的核心素养越来越受到重视，其中的文化理解和文化素养是学生必备的品格和关键能力。帮助学生提升文化理解能力、开拓格局、树立人类命运共同体意识，成长为有文明修养和社会责任感的人，是日语教师的重要任务。为此，教师应增强教书育人的自觉性，通过显性的教学活动和隐性的潜移默化来实现文化意识与语言能力、思维品质和学习能力的协调发展，引导和帮助学生树立正确的价值观，强化学生文化意识方面的自觉性。

故事十六
不被进度禁锢的教学

"J姐,这三年感谢有你,即使结婚了,有了家庭,也请不要忘了自己……"这是2019年6月18日我校的高三毕业典礼上,我带的第三届学生把我叫上舞台,对我讲的话。他们还递给我一个盒子,里面装满了千纸鹤,据说是班里男生们笨手笨脚地一个个亲手折的。后来搬过几次家,但那个盒子我一直带在身边,因为那里面承载着我作为人民教师的幸福,还有学生给我的温暖和感动。

这个班是我带的第三届,由于一些特殊的原因,高一还没结束,已经换了两位日语老师,我是第三位日语老师,在高一下学期接手了这个班。当时,我带的第一届学生刚刚高考完,我就被迫接手此班了。可是,前面一年一直带着学生们高三冲刺,身体和心理都承受着巨大的压力。一天上课的时候,我突然眼前一阵眩晕,险些跌倒。当时的我下意识地扶住了桌子,然后安排好学生自修,随后就被送去了医院。医生给我做了急诊检查后要求我住院治疗,我当时心想:"不行,我不能在医院里待着!我还有两个班的学生等着我上课呢,我们学校没有其他日语老师了,我不在学校,真的没人给他们上课了。"最后,医生和家人都拗不过我,让我回家了。回到家里,我满心想的全是赶快好起来,明天还要上课呢。也许是之前的身体素质还不错,打下了一个良好的基础,也许是自己的意念战胜了疾病。第二天,我重新回到了讲台上。课后,好几个学生过来问我身体如何了。我能感受到她们对我的关心。

从那之后,他们学习日语的态度一改从前,除了日语课堂,平时也特别听我的话。据说,在我上任之前,班里好多同学都处于自我放弃的状态。刚接手这个班时，我初步了解了班级日语学习的情况，当时我们使用的是《新版中日交流标准日本语》这套书，正进行到初级下册第32课。第一个学期上到12课，因为是在打基础，所以刚开始的时候学得比较慢。第二个学期，由于换了老师，学生可能不太适应，进度又提上去了，所以学生掌握的情况非常不好。我当时想，这怎么能行呢？这才高一，我们学习日语的路还长着呢。于是，前面几节日语课的时候，我都在跟学生上日语班会课，耐心疏导学生的情绪，详细了解学生的情况，仔细询问学生的需求。最终，我跟班里的学生们达成一致：不管教学进度如何规定，我们暂时停止新课内容的学习。先"复习"以往的内容，说是复习，其实对于很多同学来讲就是学习新内容，因为当时很多人根本就没有学，书本都是新的，更别说读课文、背单词了。

做这个决定的时候我很是忐忑，担心进度的问题，担心效果不好耽误了学生。最终，让我下决心做这个决定的是——《垫底辣妹》，电影讲述了学年垫底的女高中生用一年半的时间考入庆应大学的故事。电影里的女高中生第一次去辅导班的时候，老师发现她的数学只有小学水平，于是让她从小学的内容开始学习，掌握了再进入初中阶段的学习，然后再进入高中阶段的学习。最后，女高中生经过努力考上名门学府庆应大学。这个故事让我觉得，基础知识真的非常重要，并不是我们要高考了，就要只学习高考相关的内容，如果前面的基础掌握得不好，一切都是白费力气。我曾经给学生举过一个生活的实例，大家都吃过蛋糕，蛋糕最漂亮的部分一定在最上面，但无论多么华丽的蛋糕，每个蛋糕的最下面一定是最不好看的蛋糕坯。蛋糕坯是撑起华丽、漂亮部分的基石，没有这个基石，最漂亮的部分永远不会展现出来。就像学习一样，基础是最重要的，要想最后学得好，基础的掌握是必不可少的。

我们班的进度确实在那个学期慢了下来，没有赶上正常的教学进度，但是我时常在想：到底怎么样的进度才算正常，我们在教学生，我们在做教育，难道不应该根据学生的具体情况进行相应的教学吗？很多时候我们总被外界的一些规定、进度等困扰。我觉得更多的时候，我们真的应该站在学生的角度去考虑问题，真正地以"为学生好"为出发点来开展我们的教学。我的学生经常说,我是除了班主任以外,讲得最多的那个老师。的确,如果发现学生状态不好了,我会首先解决学生的情绪问题,因为一个好的心态是学习的前提,学生情绪不好,老师讲得再好也是事倍功半。

再后来,对于这个班,我没按照正常的教学进度进行教学,如果发现学生的基础有问题,知识点掌握得不多,我会要求学生课后自行复习。如果知识点比较多,我会马上开日语班会课,跟全班同学商议,得到大家的同意后立马进入复习阶段,做到真正的因材施教。就这样,我们班前前后后把《新版中日交流标准日本语(初级)》上下册的内容学了三四遍。比如,动词变形是日语学习中比较棘手的内容,我们每学一个新的变形前,总会把之前学的所有变形复习一遍,有的时候为了让学生牢固掌握,我们会花一整堂课的时间进行全班练习。

可能有些老师会疑惑,有必要花这么多时间在这上面吗?说实话,这么做的时候,我心里真的太没有底气了,当时的我只知道应该顺应学生的需求。最终,数据证实了做这件事情的必要性。我们班在高三的时候,在日语语言知识与运用部分得分都比较高。高三题目的得分率很大程度取决于基础知识的掌握情况。我一直认为他们的基础不够扎实,所以在看到他们的单选平均分高出上一届的时候,我无比开心。因为上一届日语班堪称学霸班。最终,我们班的高考成绩创下新高,最高141分,超过130分、120分的也大有人在。

说实话,刚接手这个班的时候,我非常担忧,因为他们经历了两位日语老师的教授,担心他们不喜欢我的教学风格,担心他们不认可我。但是后来,用他们自己的话说,我比亲妈都亲。我想,这一定是因为他们感受到了老师的真心,真心为他们考虑,真心为他们好,顶住压力满足他们的需求。

他们在毕业典礼上说感谢我,其实,我想说我才应该感谢你们,感谢你们的出现,感谢你们的相伴!不是因为在最好的时光遇见了你们,而是因为有你们在,我才有了最好的时光!

专家点评 ▶▶▶

在日语教学实践中，经常有一些基础薄弱的学生需要老师们重点关注，花费课余时间开展帮扶。如果是个别现象一般不会影响整个班级的学习进度。但是，当整个班级成绩不佳、教学时间又比较紧迫时，是"赶进度"，按照预定计划完成既定教学内容？还是大胆"冒险"停一停，先夯实基础？面对这个棘手的难题，本文作者给出的选择是后者。本文作者敢于打破"常规"，究其原因，除了对学生的高度负责外，还源于其自身过硬的业务素质和教学水平。

那么，怎样才是理想的教学形态？

我们在进行教学设计时，一般会综合考虑教学目标、教学内容、教学时间、教学对象、教学环境等多种因素。为提升教学效果，还会导入探究教学法、任务型教学法等形式多样的教学方法。但在实际教学中，我们往往会遇到一些突发状况，例如学生接受效果未达预期等，导致教学活动无法按照备课时所设计的思路顺利展开。这就需要老师做好备案，因势利导，从学生的实际情况出发，敢于打破常规的禁锢，适时调整教学方法和进度。

中学日语教学时间紧、任务重、受限多，在这样"狭小的舞台"上做到张弛有度、从容不迫，舞出动人心弦的舞蹈，获得学生的共鸣和认可，让学生真正掌握知识，体会到学习的乐趣和成就感，就是理想的教学状态。而敢于冲破禁锢的老师，也是值得推崇的理想的教师。

故事十七
做一名能教敢管的日语教师

日语教师的工作不仅仅是教授知识，这一工作也考查教师的管理和应变能力。孔子所倡导的因材施教永不过时。因材施教不仅体现在个别学生身上，也体现在班级管理上。在改变不了班额的情况下，教师就需要改变教学管理策略。在此过程中，教师的教学管理行为也许不能马上见效，这时，教师需要沉住气，学会应变。一切教育教学行为都要以学生端正学习态度、认真学习知识为目标和出发点展开。在这里给大家分享一下我的迷茫和成长，或许对您的课堂教学有所帮助。

2020~2021学年度，我担任高三两个普通文理班的日语教学。其中一个班级是三个班级的混合班，这三个班级是10班、18班和20班。这三个班的同学虽然一起上外语课，但是他们的外语学习行为和学习结果却不尽相同。

在这里我想说的是其中一个比较特别的班级——20班。这个班级的特别之处是该班的套餐组合——语文、数学、外语加物理、历史、地理。

提到和这一级学生的相遇应该从去年5月底开始说起。那时我才接手高二日语教学，开始教这个班级。刚开始的时候我就发现了学生身上的一些问题急需处理：假名笔顺不对、翻译句子用汉语词语造句。针对上述情况，我从基础抓起，一点儿一点儿地纠正学生的发音、书写，一句一句地教学生分析和理解句子等。

虽然课代表是师生之间的桥梁，是我展开教育教学工作的重要帮手，但我也不得不说一说他们。浩和涛是我班的两位课代表。课代表浩虽然每天都来办公室问作业，好像也把作业传达给了学生，但只是应付了事。虽然他自己好好学习，却不怎么管其他学生是否认真学日语。

有一次我问浩："日语作业量多还是少？对日语作业有什么想法？"

浩说："没想法。老师说什么就是什么。我有想法也没有想法，反正留什么作业他们也不写。"

这话是想气我，还是学生说话的风格就是这样？当时我有些生气，我压住火气说："咱们课代表不光要传达作业，还要督促大家认真完成作业，作为课代表得有责任心。"

他就说："好的，老师。"用左手做出了一个"OK"的手势，一副无所谓的样子，离开了办公室。看到课代表浩的表现就能想到他在班级里是如何安排和收取日语作业了。不出所料，该班作业的书写及上交工作做得都不是很好。

9月份开学，我继续教这三个班级。我在心里思量如何教好这批学生。一时间好多想法涌入脑海。选学理科的学生，理科思维也应该强一些。多元智能理论中也说到，孩子的智能结构和学习方法不一样，从这个角度看，他们不擅长学英语是可以理解的。我们高中日语教师的存在，不就是要帮助那些英语差的孩子吗？让他们考上本科或考上更理想的大学，是我们高中日语教师的存在价值。想到了这些，我就又有了斗志。

转瞬间到了高三寒假，全体高三老师们为了避免学生们只在家玩，浪费宝贵的时间，就为学生制作了优质的学案、课件，以及录视频课等方式帮助学生在家学习。我也参与其中，进行了各种准备工作。为了达到更好的效果，我还开了直播课。直播课的目的是希望学生能够更直观地感受日语课堂，学生有问题也可以当场提问。在我的直播课上，这个班的22名同学每天只有四五名同学上课。于是我就让课代表涛去调查一下大家没来上课的原因。课代表涛跟我说："大部分同学去补课了，所以没有来上直播课。"涛将名单给了我。我发现那些没上直播课的学生也没有观看直播课的回放。我让课代表涛去传话，通知这些学生，白天去补习班，晚上要看直播回放。但是一些学生就是不上直播课，也不看回放。这就是网课的最大弊端——我们不能强制学生。

高三下学期开始前，通过网课，我领着其他班的学生复习完了初中九

309

年级和高中一、二册教科书的课文，还讲完了四套模拟题和十个单元的语法题。那些没来上课的学生可能体会不到和别的班级学生之间的差距。为了减少差距，本学期的课上，我鼓励20班的学生通过回放假期的课程进行复习，但基本上没有同学去做。原因可以理解，因为高三下学期学习节奏很紧张。

20班的课代表浩假期也没有上日语课。这学期开学后依然不紧不慢地来找我问作业，还是一如既往地例行公事，一副无所谓的样子。为了检验假期学习的成果，我安排一星期后把假期作业的学案整理一下交上来。上交后我发现，20班的很多人都没有交。并且，大多数没有交的人都是因为资料丢了。也就是说，虽然我平时强调要好好地保管学校下发的日语资料，如日语教科书、学案等，但他们都当耳旁风了。

我又一次压住了心中的怒火，心想："既然没有资料，那就让课代表去办公室去找资料，要不就去复印，或者抄写也挺好。"虽然我一而再再而三地催促他们整理好资料，但是上课时仍然会有人不带资料。他们既不愿意拿资料，也没有想要学好日语，索性不学日语了。日语课前我会检查学生的学习资料，没有拿资料的同学自动去外边等待。随后，我把在外等待的同学集合到一起，告诉他们："学习需要端正态度，保护好学习资料是最基本的事。巧妇难为无米之炊。若想好好上课，首先要有日语学习资料，可以去办公室看看有没有剩余的资料，也可以复印，最好能亲手抄一份，这样效果是最好的。"为了提高整顿效果，我也与班主任进行了交流，争取到了班主任的协助。资料问题解决了，但是另一个问题又出现了。

因为高三一轮复习已经结束了，我为了把字、词、短语、句、句型等进行整合，开始让学生背诵课文。通过试行我发现，作为18班的班主任，虽然我没有特别强调，但18班的同学背诵得较为快速、认真，文科的10班背诵得也不错。选学物理的20班同学的背诵效果就不能与其他班级相提并论。

思前想后，我决定利用课上的一小段时间把要背诵的九年级课文给学生们再梳理一下难点，让他们的背诵更加顺利。通过这个小小的举动，的确有个别孩子对文章有了新的、正确的认识。但20班还是有一半的学生不背诵课文。为了使20班的同学都能背诵课文，我让他们抄文章，但学生还是不抄文章。他们认为："背诵、抄写课文都是在浪费时间，我肯定背诵不下来，背诵下来也没用。"听到这些说辞，我知道，这是一群顽固不化的"敌对分子"。想整顿他们不是一件容易的事情。想到这里，我决定"凉拌他们"。

我与班主任协商，既然短时间内改变不了课代表浩的思想，就换个新人。经与20班班主任商量，我选择了总成绩在前几名，但外语成绩倒数前几名的学生斌，希望他能给班级带来正能量，提高他对日语学习的兴趣。

课代表斌总是露出雪白的牙齿，笑容可掬。虽然一脸笑容，但是从他的嘴里说出了很有冲击力的话。

我问斌："背诵了吗？"

斌说："背也背……"

我说："你每天留作业了吗？"

斌说："留是留了，写不写就是另一回事儿了。"

我又问："没背下来的话你写了吗？"

斌说："没有。"

我说："没有学习行为，怎么会有学习的成果呢？"

另一位看上去乖巧的课代表涛，在我问完是否背诵下来课文后说："最后一段还没有背诵下来，但是晚上就能全篇背诵。"

但到晚上我也没等到课代表涛来找我。就这样，他们既不来找我背诵也不抄写课文。过了几天，甚至还出现了上课迟到的现象。我站在门口上课，迟到的人看到我后不好意思进去，就站在教室外。有老师路过，那孩子还跟老师打招呼，根本就没有悔过和学习之心。

作为一名教师，我也不愿看到学生不好好学习的状态。于是我降低了对20班的要求，要求每位学生至少要背诵完一段。第二天的早读课上，20班的大多数学生也能排队找我来背诵课文了。虽然课文不是很难，但背诵时还是从假名读音到促音、拗音及单词的准确性、单词组合、用言活用，接续助词和连词等方面出现各种错误。尽管错误不少，但是找我背诵的学生的脸上都洋溢着收获的喜悦。我想这喜悦背后包含着对自己的新认识——自己是可以背诵下来课文的。喜悦中还包含着自己可以和其他同学一样，能学好日语的自信。

至此，20班同学告别了以往的状态，对待日语的态度有了很大的改观。

教师对学生的教育是个长期反复的过程。每节课上与学生的接触都是对学生进行正面引导的机会。在教授知识的过程中，教师要发现学生存在的问题，及时管理，让自己成为能教敢管的日语教师！

专家点评 ▶ ▶

目前，受各种条件所限，部分中学没有对日语学生编制行政班，而是实行走班制教学。较之行政班，走班制的学情更为复杂，那么教师应该如何行之有效地开展教学和班级管理呢？

本文就讲述了一名日语教师对走班制学生开展教学和管理的故事。接手之初，班级情况复杂、缺乏向心力，亟须强化班级管理、整顿班级秩序，形成良好的学风。本文作者虽是任课老师，但是敢于担责，善用策略，以极大的耐心应对学生反复出现的问题。与其他小故事不同的是，本文结束之时，学生的问题仅仅是"得到了改善"，似乎并没有给读者一个"完美"的结局。这恰恰揭示了走班制下班级管理的复杂程度之高、难度之大。

走班制下的学生分布在若干教学班，不同班级风格各异。在合班上日语课时，学生们往往缺乏团队意识，教师与学生交流互动的机会也少于行政班。作为任课教师，既要保质保量地完成教学目标，又要做好"临时"班级的组织管理。在日语课堂上树立规矩、营造学风时，教师不仅要密切联系各班的班主任，争取支持，还要善用课代表这个联系师生的纽带。

同时，我们也应该看到，走班制是教育改革从"标准化"向"多样化"的变革，体现了对学生学习自主权的重视。在走班制下，不同选科组合的学生融合在一起，他们思维习惯的差异也会碰撞出火花，形成互相学习、互相促进的良性发展。在这种改革的大趋势下，日语教师也需要转换教育理念，探索与走班制教学相适应的管理策略和教学模式。

故事十八
日语教师，当班主任吧！

成为一名教师是很多想拥有稳定工作的年轻人的职业选择之一。但教师会遇到各种各样的职业难题。教师们正是在不断地克服难题后，提高了职业技能。高中日语教师还要在三年或三年以内教授完本应该学习六年的内容，可想而知工作压力之大。要想在这种周而复始的烦琐工作中突破自我，快速提高专业技能，有没有什么办法既能有效促进教师成长，又能使学生更快速进步呢？经过多年的教学实践和认真思考，我得出了答案——勇敢地做班主任吧。

2021年春节过后，我接手了任教班级的班主任工作。因为是高三毕业班，老师们怕耽误高三学子的学业，就在假期无偿地为同学们准备网课，我也是其中一位。但是那时我还不是班主任，又不能强制学生来听我的课，所以两个班级的出勤率不足40%。个别孩子可能是为了应付我，只在我的直播课开始的时候显露一下身影。

当我接手高三18班的班主任工作后，这些情况发生了明显的变化。18班同学上晨读和直播课的出勤率提高了，几乎全勤，只有一两个孩子没来上课。经过调查，我知道了是李家旺同学没有进学习群。

于是我从班级群中搜索李家旺同学的信息，通过加微信、打电话的方式联系到了家长。通过和家长的沟通，我了解到，至少在他妈妈的眼里，这个孩子还是很听话的，这让我看到了希望。在与家长的不断沟通中，我还了解到了孩子在家的学习情况，孩子跟家长说学习日语最大的困难是阅读。其实孩子只是敷衍家长，李家旺同学在学校上课时虽然没被老师点名，但坐姿不端、不爱发言、作业基本不写，甚至还在我的课上做其他科目的习题。

山东省高考实施的是六选三套餐，我们班的套餐是语文、数学、外语，加生物、政治、历史。李家旺同学的数学、生物都很好，所以在其原班的班主任和全班同学眼里，他十分优秀，唯独在我眼里，他是位不思进取的学生。这样的学生在日语教师面前，内心肯定有些犯怵。李家旺同学的其他科目都很不错，曾经还考过班级第一，只有日语比较弱。虽然那时我也经常在课上让他端正坐姿，但几分钟后就会打回原形。之前提醒他，他也不在意，上课时无意识地就会跷起二郎腿和摆出扭曲的身体造型，趴伏在桌子上。后来我就换了种表达。我就说："李家旺啊，你一定要端正坐姿。不然，将来你家的小旺旺出生后看到他爸爸这么坐着，他肯定也学着你这么坐。"李家旺同学看看我，笑了一笑，快速地端正了坐姿。再后来，李家旺同学竟能在本学期的每节课都端正坐姿，抬起头来认真听课。不知道他是有了对下一代的责任感，还是感受到端正坐姿对身体成长有益，或者说是端正坐姿能安心听课，便于学习，总之，李家旺同学开始"挺直腰板"学习了。

　　李家旺同学开始慢慢地接受我的建议——写作业、背单词，甚至背诵课文。在听他背诵课文时我发现，李家旺同学的背诵方法是死记硬背。于是我教了他如何正确背课文。我跟他说："现在的你不再是几岁的孩子了，是十七八岁的高中生。所以死记硬背已经不适合咱们这个年龄段大脑的生理机制了。三岁到九岁比较适合死记硬背，而且记忆速度也很快。但是十岁以后就要通过理解、分析后再背诵了。经过大脑加工后的文字材料也会更加印象深刻，所以日语课文的背诵要把阻碍自己理解文章的字词、句型、句子理清楚，然后再熟读几遍，找出每段的中心句，每段由几句构成，找出每一句的第一个词是什么，再一段一段地背诵。通过大脑对文章的几次加工，就如同庖丁解牛般理清文章的整体思路，也就知道了文章的中心思想，那么，你的背诵会越来越容易，越来越快，因为熟能生巧啊。"说完，我就让李家旺同学把文章中不懂的地方一一指给我看，我就一一给他解答。之后，我也及时肯定了他的背诵能力，鼓励他用我教他的方法背诵下一篇课文。结果可想而知，李家旺同学的日语成绩有了很大的进步，当然有的时候也会有波动，但我相信今后他的成绩会逐步提升，因为李家旺同学不仅开始背诵课文、知识点，还批注和修改自己的考试作文，真的开始用心学习起来了。平时在教室里走动的时候，我也发现李家旺同学开始在日语资料上做标记，这个转变对我来说真的很惊喜。真心希望班级出现更多努力学习的学生！

近期，某天晚自习还没开始，我趁机与班级同学闲聊，问一位同学："于老师当班主任后，你们有哪些收获？"一位男生笑嘻嘻地说："身体健康了。因为天天把腰直起来，端正坐姿，后背也舒服了。"这时，我看到了他身后的李家旺同学，我就问李家旺同学感受。李家旺同学幽默地说："也没啥变化啊。就是头离书桌远了，想睡觉也费劲了。你想啊，把腰坐直了，还怎么能睡着啊。还有啊，把腰坐直了，人就高了；人高了，视野就开阔了，前面同学在做什么都能看到（全班同学哄堂大笑）；看书时，看到的内容也比之前看得多了。腰直起来，人也有了精气神儿，不错，挺好。"通过这样轻松的交谈，班主任老师不仅能第一时间获取想要的信息，还能拉近师生之间的距离。从李家旺同学身上，我也看到了这样一类孩子：他们天资聪颖，但由于某阶段的学习态度不端，学习状态不佳，从而耽误了某些学科的学习。之后，不会的东西过多，最终变得无从下手，难以补救。这类孩子需要家长及老师的高度关注，多与他们谈心，走进他们的内心，了解他们的实际学习情况，及时处理与解决学习方面的问题。

作为老师，我们需要及早发现学生存在的问题，要有耐心、细心和爱心。在学习方面，无论是学科知识上、还是学习行为、学习方法上都要细心观察，及时发现学生学习上存在的问题。同时，要关注学生的心理成长，要善于疏导，帮助学生健康快乐地成长。要想有效做到这些，就当班主任吧！当了班主任后，自然会拉近与学生之间的距离。学生遇到问题，第一个想到的就是班主任。

让自己在班主任工作中快速地成长吧！班主任老师会在和学生的相处过程中，既能高效地搞好师生关系，从而使学生亲其师、信其道，用自己的言传身教影响学生；又能使学生体魄健康、态度端正、学习认真。学科成绩也会随着学习方法的改变而有突飞猛进的提升！让我们在班主任的工作中享受教师职业的快乐吧！

专家点评 ▶▶

本文中，面对学生们懈怠的学习状态，本文作者敢于担当，主动承担起了班主任的工作。作者利用班主任的"权威"更有力地督促学生积极学习日语，随着与学生和家长接触的增多，相互了解的深入，本文作者通过言传身教，让学生"亲其师，信其道"。做了班主任工作后，作者不仅改善了班内的学习气氛，还提升了日语学习的积极性，获得了显著的育人效果。

"日语教师+班主任"的双重角色伴随的是更强的责任感和更大的压力，同时也是教师锤炼各项能力、获得成长的机会。一方面，现在中学的日语教学普遍时间短、任务重，要求在有限的时间内完成教学和复习备考工作，教学压力大。加之近几年教学形态发生了新的变化，日语教学面临着新的问题。另一方面，班主任是班级管理工作中的核心，肩负着学生的德育教育、各科目的教学协调、家校沟通等多项责任，需要具备较高的综合素质和高度的责任感。对于基础教育阶段的日语教师来说，在教学实践中提升专业素养和教学能力，在班级管理、学生转化中提升组织、管理、协调能力，这些都是实现自身职业成长的重要途径。

"师者，所以传道授业解惑者也"，教师不仅要传授基础知识和基本技能，还要培养学生主动学习的能力，教导学生形成正确的世界观、人生观和价值观。此文既承继了传统的师德师道，又贯彻了新时代的育人要求，正是践行了传道授业解惑的典型案例。

故事十九
那些年我们一起走过的岁月

1988年师范院校毕业后,我被分配到中学担任日语教师。记得父母常在耳边念叨着:"咱家亲戚里有那么多人做教师(后来数数竟然有9人),不要去当老师啊!"但我还是坚持站在讲台上,面对着学生,开始了我的"教师之旅"。

中学工作期间,我结识了我家先生(英语学科教师),同事经常开我们的玩笑说:"夫妻双双把家还。"现在回想起来,那确实是我人生中最美好的一段时光。

中学日语教师之辛苦:课堂教学实施的不顺、家长关系处理的不妥、学生学习心理疏导的不及时等,会让本就不确定能否胜任教师工作的自己产生动摇心理(也曾去日企应聘翻译工作),但面临第二次择业的时候我还是放弃了……中学教师工作的寒暑往来,让那个曾被值周老师误认为是"中学生"的我,逐渐变得内心强大起来,连续几届承担班主任的工作,也让自己对基础教育阶段的日语教学工作有了新的认识和定位。

伴随着荣誉的获得,恰逢大连教育学院公开招聘日语学科教研员,我在迷惘与质疑之中决定重新挑战自我:经过笔试、面试、政审考核,我又站在了教育教学的新高度:2006年4月,我开始从事日语学科教研员(现称研训教师。以下都使用教研员一词)的工作。

研训手记一——角色定位

刚当上教研员的我,内心除了兴奋更多的是忐忑与不安……很多一线教师把教研员的工作理解为:教研员多风光啊!拿着听课本到各校走走、听课、评课，轻松自由，其实不然。教研员听课、评课都有一定的计划性与目的性，听完课之后要认真思考，及时反馈授课教师的课堂实施情况，并提出改进建议。还有人认为教研员就是听课、评课的组织者与实施者，或者是下发通知的"代言人"，这是对教研员工作的错误认识。曾经有一线教师问我："杨老师，我也想当教研员。怎么做才能当上教研员呢？""您是怎么当上教研员的？""教研员到底是什么性质的工作？"其实大家对教研员的角色定位还处于表象认识与浅层了解阶段。教研员除了听课、评课之外，还肩负着全市学科教育教学管理、教师专业提升研究、学校课程建设与发展评估、学生学习成果检测等重任。以前的称呼——"教研员（教学研究员）"，含义较浅，而如今对"研训（教学研究与培训）教师"的定位，则是集教、研、考、编、训为一体，承担着本市学科教育教学的稳步推进与发展、学科教师的专业提升与规划、学习者学习成果的检测与评估等各项工作。所以，从你想做好一名学科教研员的那一刻起，就必须践行责任，勿忘初心。

研训手记二——责任为重

或许没有谁愿意提起教研员工作超负荷的时候，记得刚到教育学院履行职责的时候，因对学院内部结构缺乏了解及与各部门间沟通上的欠缺，工作方面的落实多有不便。独立法人日本国际文化交流财团2005年12月与大连教育学院签署了合作协议，使我一上任就接到了很多大的工作任务：2006年暑期全国小学教师培训会、大连市日语教师培训会、《好朋友》二外教材编写等。或许有人会觉得这又如何？多好的磨炼机会啊！我只记得每隔两个月就要接待日方代表来大连（住宿安排、用车申请、领导沟通、会议记录、报告呈现等）。特别要说的是中日双方的合作项目——《好朋友》二外教材的编写工作，从学生问卷调查、故事设计、板块确定、内容编写到项目书起草、预算审核、出版社沟通、合同签署等，我忘记了周末休息，更忘记了自己还是父母的女儿、女儿的母亲……紧接着2007年中考命题工作接踵而来，五一劳动节后听力命题入闱，我安顿好孩子后，马不停蹄地投入这项工作之中，两周后回来，家中一切如故。接下来是六月份的笔试命题，一个月的封闭管理，我眼含泪水与女儿告别、千叮万嘱后狠心离开了，我没想到这一个月她独自在家（不让外公陪伴），各种自责与后怕向我袭来……

教研员肩负的责任感让自己不能为了小家而忽略了大家。不仅仅是日语学科，我们所有考试科目的教研员都和我一样，每次的封闭命题工作都面临着艰难而又不舍的抉择。这份使命感也磨炼了自己的工作耐力，每当看到开设日语学校的领导和老师们满意的笑脸时，所有的艰辛都变得风轻云淡起来……

研训手记三——高屋建瓴

每当新学期开学之际，部门主任除了安排本学期工作之外，每次都会说："教研员要制订出自身业务能力提升与发展规划，假如你当了十几年教研员，站在全市教师面前总是那么一套的话，教师业务能力该如何提升，他们的学术研究又能得到哪些发展呢？"意味深长的几句话，却掷地有声，教研员的眼界与高度决定了学科教师专业发展的宽度与长度。一个婆婆妈妈的教研员会让一线教师耻笑与不服，一个止步不前的教研员更会影响到身边每一位教师的专业发展。从期刊论文发表到学科课题研究，从日语试题编写到专业书籍编著等，作为教研员，前进路上的每一步都印记着一线教师的身影，双方共同成长的过程见证了日语课程在学校课程实施中的地位，因此，我不会放弃每一次难得的机会与挑战，不吝给每一位一线教师带去磨炼：编写《大连地区基础日语教育教学发展历程》一书时，我带着诸多复杂的心情，想通过此书的编写带动身边的年轻教师们学会思考、沉淀积累，挖掘那些不曾引起关注的学科建设发展元素，激发年轻教师的工作热情，从而引发大家的共鸣，这才是教研员工作的职责所在。

研训手记四——平易近人

教研员的高度不代表你要高高在上，总是摆出一副盛气凌人的样子，我们总说要以理服人，将心比心。既要把自己和一线教师区别开来（工作性质），也要处处维护好他们的利益。每一位教师都会涉及评职、深造等现实问题，作为教研员要均衡分配，公平对待。有的老师虽然也到了评职的关键时刻，但如果课堂教学"一塌糊涂"，教研员也不可以视若无睹。

还记得每次下校听课，学校其他学科的老师们都带着羡慕的眼光投向日语学科教师（其他学科都有区级教研员，唯有日语学科是市级教研员直接管理日常教学），因为日语老师可以直接和市级教研员面对面交流日常教学。虽然日语教师有着这样的优势，但也不能对他们教学中出现的问题视而不见。每当听完一节课后，教研员都会先和备课组老师们共同交流，多听取大家的意见，委婉地提出修改建议。同时不忘和学校主管领导打个招呼，表扬学科教师的工作态度及专业能力等，用我们的日常管理去激励日语教师们快速成长。

在这样的管理模式下，一些年轻教师们会主动和我交流工作中遇到的问题，也会在我这里释放教学管理的压力。在他们眼里，我既是一名管理者，更是一个可以私下一起逛街购物的朋友。

研训手记五——相信她们

大连市初中日语教师中年轻人占比90%左右，他们既是年轻的父母，也是全市日语教学的骨干精英。每年中考听力测试与笔答测试选派人员的时候，都是我最纠结、最头痛的时刻。所有学科命题人选基本上都是区级教研员，唯独日语学科缺少区级教研员人选，因此所有日语教师都是被选派的对象。每年听力测试命题需要封闭两周，笔答测试命题封闭一个月，2020年笔答测试命题出现了加长版（35天），而担此重任的是三位年轻教师，她们中有人第一次担任命题组长。我在出发前嘱咐李晨老师："此次命题三人中你教龄最长，组长非你莫属。"她说："杨老师，我没做过，能行吗？这么大的事情，我怕做不好。"两周之后，我也被封闭了，进去之后看到三位年轻教师充满自信的面孔，特别是当学业质量检测主任告诉我"杨老师，这三位年轻教师是工作效率最高、最省心、最和谐的团队"的时候，我为自己的决定而欣慰，更为她们认真负责的态度、舍小家顾大家的精神而感动。她们有的是两岁孩子的母亲；有的是班主任……在我们解围回家的途中，李晨老师的爱人开车来接我们，在车上他说："孩子在她妈妈命题期间，手被门夹破了，到医院缝了五针……"听完他的话，我在心底流泪："孩子，对不起！"

如今，我做了十六年的大连市日语教研员，在自我成长的道路上凝聚着前辈教研员的谆谆教诲与激励引领。特别是在刚开始从事教研员工作期间，我得到了老教研员们（曾丽云老师、孙浴光老师）的指导与帮助。有了前辈们的传帮带，我对教研员工作愈发充满自信，在学科教师的培养上也更加坚定自己的观察与感受。

不经意间，我和大连的日语教师们共同走过了十六年……在他们身上，我看到了中学日语教育的蓬勃发展。在未来的岁月里，希望他们是全市、全省乃至全国日语同仁中的佼佼者，能做教书育人的典范，更能做学科建设的翘楚。

专家点评 ▶▶▶

故事十九和故事二十的作者是一位教学、研究和管理经验都十分丰富的日语教研员。两篇文章以工作手记的形式叙述了自己作为教研员十几年来的心得体会。

本篇故事主要立足于本文作者自身的成长感悟，讲述了在基础教育改革中教研员角色定位的变化、教研工作的艰辛，以及教研员应具有的宏观视野、学习意识、谦卑态度等。作者丰富的教研阅历的积淀，在短短数千字的文章中，举重若轻，将所思所感娓娓道来。

教研员多是从优秀教师中选拔出来的，承担着多重职能。既是国家教育改革政策在教学一线实施的中介者和示范者，又是教师专业发展的引领者和支持者，同时，还是区域教学改革的设计者，肩负着为教育行政部门提供教研决策参考的任务。因此，在众多一线教师心目中，教研员就意味着本学科的"权威"。但就日语教学来说，受困于体量小、时间短等因素，很多地方没有设置专门的日语教研员，不同学校的日语教学缺乏系统化规划，各自为政，制约了日语教育的良性发展。

随着日语教师队伍的壮大，像本文作者一样的日语教研员越来越多。他们有宏观视野，有奉献精神，有助力老师专业发展的服务意识。但同时，他们也面临着针对性培训缺失、工作内容繁杂、角色彰显不足等困境。可喜的是，在国家2019年发布的《关于加强和改进新时代基础教育教研工作的意见》中，首次明确教研员应具备的基本条件，提出了健全教研机构、明晰工作职责、将教研员培训纳入"国培"等指导性意见。期待随着基础教育教研相关政策和制度的不断完善，日语教研员能获得更优的发展空间，更多地助力基础教育阶段日语教学质量的提升。

故事二十
敬爱的日语教师们，感谢你们！

不经意间，从事日语教研员工作已经过去了十六年。每当年终总结时我都在想"今年又是一个平凡之年"，日复一日、年复一年，回首和日语老师们相处的点点滴滴，在他们成长的路上有着我们共同前行的脚印……

研训手记六——展示自我

2018年9月12日，大连教育学院二楼礼堂，来自全市中小学的日语学生和教师们齐聚一堂，共同参加《新版中日交流标准日本语》一书发行三十周年展演活动。学生节目表演结束后，由部分日语教师为全体师生展示了扇子舞蹈，这是我第一次穿着演出服在众人面前跳舞……

说起这个舞蹈，演员们在排演过程中倾注了全部心血。在收到人民教育出版社课程教材研究所的展示会通知后，我首先想到的是如何组织各学校学生参加朗读、配音、书法、作文等比赛。大连市第五中学的王博老师和我提议："杨老师，咱们能不能排练一个由日语教师参加的舞蹈？既可以展现大连地区日语教师的风采，又能增强团队凝聚力。"我采纳了王博老师的提议，并在日语教师群里发布自愿报名的通知。几天后，十几名日语教师便组成了舞蹈队，确定了舞蹈曲目和领舞教师。但谁来教大家跳舞呢？多久能学会呢？经过几次研究，大家决定由大连市第三十四中学的李芷苓老师领舞，王博老师和李芷苓老师共同担任教授舞蹈之重任。那年暑假，炎炎烈日，王博老师带领大家来到了一个小区的活动室，那里没有空调，仅有几个风扇不停地转动着，我们跳得大汗淋漓……尚光子老师带着女儿，小朋友热得浑身都湿透了。巧合的是，那年夏天我还崴了脚，只能带着伤痛，利用周末的空闲时间在学院走廊不停地排演……

当音乐响起时，我们翩翩起舞，虽然不是很专业，但是能和大家共同经历练习舞蹈的点点滴滴，我很满足，这些甜蜜的回忆会一直陪伴我。

研训手记七——同舟共济

作为日语学科教研员，每年会经历模拟命题、听力命题及笔答命题三个阶段。曾经有一段时间忙完了高中模拟命题（有几年时间），接着忙初中的模拟试题命制工作。在和日语老师命题的期间，我既能近距离接触她们，和她们聊日语学习经历，又能和她们聊家长里短。我从她们身上看到了年轻人对待工作的认真态度，我们在朝夕相处中共同成长。

2021年中考命题期间，日语学科组命题组长对大家说："我们应该感谢杨老师，只有杨老师每天在工作室和我们一起研究试题，并能告诉我们如何修改试题。你们可以去问问其他学科的命题组，教研员审题时发现有争议的试题，基本上都是让命题教师自行修改，不会告知怎么修改，或者错在哪里。"命题组长的话的确如此，不仅仅是在命题期间，我在阅卷期间更是全程陪同……

教研员和学科教师之间到底应该如何相处？从我自身的工作经历来看，我时刻把自己当作他们中的一员，我可以和他们一起聊家常，说到开心处我会爽朗地大笑；我也会给他们讲笑话、做模仿秀，让他们劳碌之余放松心情；我还会带他们去唱歌，做他们生活中的好朋友。

研训手记八——严中有爱

2021年中考笔答命题，参与命题的姜珊老师最年轻，对教材的把握及知识的理解深度相比年长教师略有差距，特别是当教研员进入审题之时，她更是高度紧张。我想我该怎么去帮助她利用这段时间提高其自身的专业能力呢？反复思考后，我决定让她写一个教案（这是命题工作结束后）。她很认真地准备着，午休间隙也在看教材、翻阅教学参考书等，但姜老师花了很长时间才写好的教案竟被我提出了很多修改意见：第一，学习目标不明确；第二，教学流程中缺少细节上的内容呈现；第三，评价缺具体量化目标……命题组长张玲老师私下和我说:"你下午指导她的时候,别那么严厉哈!姜珊会紧张,挺怕你的。"我说:"是吗?我有那么吓人吗?"我嘴上虽然这样说,心里却在琢磨该如何和她面对面交谈。因此当姜珊拿着修改好的教案来到我面前的时候,我首先肯定了她的教学思路,然后和她一起研究这节课到底该给学生复习什么内容?怎么设计复习的重难点?如何利用好身边的资源,帮助学生建构已有的知识,并能用所学知识表达自己的想法,进而达到掌握、理解、运用的学习目标。

这几年教师被要求录制网课,作为教研员要逐个对老师录制的网课进行审阅:从PPT内容再到录课视频,反复看、反复听。当听到视频中个别的发音不准确时,我会第一时间联系教师重新录制,虽然心里知道她们录课很辛苦,但是为了保证质量,更为了全市几千名日语学习者的学习需要,必须纠错,直到满意为止。

"润物细无声",每次我都利用去各校观课的机会,在校长面前"狠狠地"表扬他们,夸夸他们的无私付出与努力,还要夸夸他们对待工作的一丝不苟,希望这样的夸奖能让我们的日语老师们感受到一丝丝关爱。

研训手记九——扬长避短

作为一名学科教研员,有时感觉自己就是他们的家长,也是一名"班主任"。我要了解、掌握他们各自的学历情况、教学经历、家庭背景等信息,根据他们的工作实际情况设身处地为他们设计专业发展。如某某教师要晋级,在符合条件的前提下,我会优先安排她们上市级优质课。再比方说某某教师工作多年,专业能力方面需要更高层次的提升,我会安排她们去参加日本国际交流基金的北浦和培训项目。还有大连市教育局、大连教育学院组织的学科编写工作,我会充分考虑每一位教师的专业特长,安排不同学校的教师参与编写,不分年龄。印象最深的一次编写工作就是2015年接到的《大连市初中日语学业质量标准》一书,我是这样来形容这次编写感受的:"这本书的编写如同平地建高楼。"为什么这么说呢?开始的时候,所有学科教研员对这本书的编写框架都把握不准,每一次和编写教师们开会研讨的时候,不是自我否定就是对方案不满意。经过多次沟通、交流、商讨之后，最终确定了编写框架，并由一位教龄较长的教师带领年轻教师共同编写初一、初二、初三年级的稿件。这本书经历了近三年时间，大家克服种种困难，最终完稿。

2019年我们又接到了《大连市初中日语学科德育指导意见》的编写工作，我会依据每一位教师的特点，开始物色适合编写此书的人员。每一次的开会研讨，每一个德育案例的审核修改，都在如梭般的岁月中溜走……虽然他们的稿件略显稚嫩，案例特点不明显，但是在一次次的合作交流中，他们充分利用每次学习的机会，扬长避短，在自身专业发展的道路上又向前迈进了一步……

愿春光明媚，和谐温暖！

愿我的教育教学经历能带给你一丝丝暖人上进的春风，能化作催人奋进的动力。

愿未来的某一天，我会看到成功的你！

专家点评 ▶▶

本篇与上一篇的视角有所不同，主要从身边日语教师的具体实例出发，记述了自己与年轻老师们共同成长的历程。

本书中，很多老师分享了钻研日语授课技巧、热心日语教学研究、关爱学困生的事例，他们牢记育人初心、坚守使命担当、甘于奉献三尺讲台的可贵精神令人钦佩。但是，这些老师们同样需要关心和爱护，他们的成长也需要引领和支持。像本文作者一样的日语教研员正是一线教师不断前行的引路人和强大后盾。本文作者自比为老师们的"家长"，通过指导命制试题、组织编写书籍、参与文艺活动等，亲力亲为，带领老师们在各种实践中积累经验。这位"家长"对"家庭成员"的特点了如指掌，做到了人尽其才、扬长避短，成就了一位又一位老师。

作为教研员，首先要带领教师开展课程和教学技能研究；其次，要做好专业引领，指导教师持续更新教学观念、勇于实践新的教学形式；再次，还要承担起服务的职责，为区域教育的整体规划献计献策，为学校和教师提供资源、信息和交流平台，促成教研共同体，促进学科整体有序、健康发展。为此，教研员应该具有终身学习的理念，合理的知识体系，深厚的人文素养，还应具有高超的沟通协调能力。

很多在教学一线奋斗的老师对自身的职业规划就是成为一名教研员。从教师到教研员，可以说是质的飞跃。这个飞跃是一种"量变引起质变"的变化，需要对标教研员的职责标准，不断积累经验，做好充分准备，静待花开。

前辈寄语

寄语一　给年轻教师的几点建议

大连教育学院　杨慧

亲爱的老师们，你们好！

在看完教师们写的教学建议篇和教学故事篇之后，我百感交集，深受鼓舞。

回想自己年轻时走过的教学之路，和我比起来，你们能在这样的芳华之际对中学日语教育教学之道领悟透彻、身怀育人之己任，我在你们身上看到了未来中学日语教育教学发展的曙光……

近几年来，"高考日语""中学日语教师资格考试"几次登上了热搜，曾几何时中学日语教育教学一直停留在"不冷不热""无人问津"的阶段。现今，中学日语教师队伍发展迅猛，对教师自身的专业发展提出了新要求："课堂教学实施效果如何？""对职业发展感到迷茫吗？""在教学中遇到的问题又是如何解决的？"等。带着诸多的不安和不解，年轻日语教师们奋战在一线，精于勤而疲于无助。作为一名老教师兼有教学研究身份的我，想给大家一点职业发展方面的建议。

一、热爱自己的本职工作

热爱是成为一名合格教师的基石。无论是出于什么目的（喜欢或生计），既然我们选择了这份职业，就要把它当作一份事业来做，真心地爱自己的选择，真心地对待每一位学习者。不要妄自菲薄，尽管你每天都在重复着同样的工作，理想与现实总会产生矛盾和摩擦，令你徘徊在自己当初的选择中，纠结于到底做一名日语教师是否合适？特别是在教学过程中遇到困难、不称心如意，抑或是被同学质疑你的专业时，最初的那份对教师职业的激情或许会消失殆尽。但是我想建议你要坚定自己的选择，拿出一个好的工作心态，做好应对各种挑战的心理准备，乐观而欣然地接受各种复杂的问题与质疑。喜欢和热爱会消除心底的阴霾，令教师享受站在讲台上的每一分钟，体验学生成功时带给你的欢快与幸福，这是你付出艰辛努力的验证，你一定会成为"我自豪""我幸福"的日语老师。

二、教与学是一把双刃剑

知不足者恒进。教师要有开阔的视野，博大的胸怀。在教书育人的实践过程中，教师的教与学生的学就是一把双刃剑，教学相长不是传说，很多时候可能不是名师出高徒，而是高徒造就了名师。我记得自己1996年带过的一届学生中，有几名学生可以说是德智体美劳全面发展。他们已经不满足于教材中学到的知识，课堂上提出的问题已经超出了我的备课空间。怎么办？我把大学课本拿出来，让他们在学有所余之时去汲取更多的日语知识，开阔视野。同时我也在他们的带动下去准备更加丰富的课堂内容。

你在课堂教学中遇到的困难是不可预测的，"教书育人"字字艰辛。在你育人的征程中，一定会遇到付出和收获不成正比的情况，遇到职业困惑和倦怠时时来袭的纠结，怎么办？想想当时自己选择做日语教师的初心是什么？是否真的热爱这份职业（不是工作）？当你想明白之时，就会走出自己的"舒适圈"。所以，当教师除了要有知识、有热情，还需要有对这份职业的悟性、韧劲。

三、赠人玫瑰，手留余香

赠人玫瑰，手留余香。要想获得学生的尊重与爱戴，就要赠出你手中最香的玫瑰。老师的关爱是播种在学生心底的爱的种子，它会随着时间的飞逝而慢慢长大，最终枝繁叶茂。在我们的日常教育教学工作中，看似平淡的一件小事，如果你处理得不公正，偏心于某一位学生，他们会记在心中，留下坏印象。一个能获得学生信赖和尊重的教师是幸福的，教学过程也是轻松愉悦的。我经常会看到年轻教师发朋友圈：毕业多年的学生回母校看望当年的老师；学生的生日有老师和同学的合影；学生有心理问题会和老师交流；学生在工作多年以后仍记得当年的班主任、日语老师……这些都印证了教师的关爱对学生的成长至关重要。学生信任你、崇拜你，就会不令则行，自觉快乐地接受教育，教学才能达到良好的效果。

教师的爱要全面、公正，教师要理解并尊重学生的人格，不要利用自己在教学过程中的教师地位和教师权力去指责甚至侮辱学生。他们的自尊心很强，特别是在心智还不是很成熟的中学阶段，更需要呵护与理解。我们应该适当地换位思考，站在学生的立场和角度思考问题的产生，理解学生的需求和想法，信任他们的潜力，允许学生试错。让学生在实践中锻炼、成长，在成长中日臻完美。

四、博采众长，更进一步

用专业的精神去钻研教材和课改是教学不渝前行的方向。教师要研究教材、教法，紧跟时代发展的步伐，时刻关注国家教育教学改革的发展动态。要深入学习《日语课程标准》的内容及相关解读，付诸教学实践。要了解正在进行的课堂教学改革的方向，掌握相应的教学模式，加强自身的理论学习与强化。吃透教材中的基本思想与知识体系，掌握知识之间的内在逻辑和教学结构，真正使自己的课堂教学走进学生的内心，满足学生的求知欲望。

在与同行的交流学习中磨炼自己。要虚心、耐心地学习，模仿、吸收、提炼教学经验，每一次听评课都是对自己的提升。要大胆尝试新的教学模式，形成自己的教学风格。在教学实施的过程中，教师要善于反思、总结、提炼，并对自身专业发展有稳定而系统的设计与规划。在和老教师学习时要谦虚谨慎，认真汲取精华，潜心研究教学教法，汇百家之经验，成自我之风格。模仿是学会教学的第一步，备课之前要明白这节课我要教给学生哪些知识，学生在我的课上又能学会什么，我要用什么样的方法帮助学生更好地吸收、消化、理解所学知识。这样的课堂才在我们自己的掌控之中，学生学习起来才会游刃有余。

每个人都会在成长阶段遇到自己的人生导师，要以最大的诚意和虚心的态度接受各类批评与指导。我们经常会说良药苦口利于病，忠言逆耳利于行，倾听是一种胸怀，更是一种美德和修养。在成长的关键阶段，如果能遇到敢说"真话"的恩师要懂得珍惜，认真对待。要怀有一颗感恩的心，善待周围给我们提出教学建议的人。只有这样，我们的教师职业之路才会越走越稳，个人才能快速地成长起来。

寄语二 老树新枝更著花，云白山青见坦途
——公办普通高中日语教师面临的问题、困难及建议

湖州市南浔高级中学 徐剑威

随着我国高中新课改的深入进行，开设日语课程的公办普通高中迅速增加，选择日语作为高考外语语种的学生数量大幅增长，许多日语专业的本科生、硕士研究生一毕业就成为高中日语教学的主力军。他们专业知识基础扎实，能力强，工作认真，积极上进，教学实绩突出；他们为学校带来盎然春意，抚平学生心中的抵触，让花苞初绽，让泉水释冰；他们用青春走入学生的内心，为学校办学及学生发展做出很大贡献，获得领导、师生及家长的高度肯定。

古往今来有孔子大儒的"和而不同"，亦有费孝通先生所提出的"各美其美"。一言以蔽之，求同存异乃是学生和教师长远发展的基础，参差多态才是校园提升的本源。2015年7月9日起，笔者担任一所生源质量在全市靠后的公办普通高中的校长，发现许多学生英语基础非常薄弱。为推进教育公平，根据普通高中办学特色及多样化的发展要求，结合校情与学情，笔者决定开设日语课程来实施选择性教育，对英语学困生精准补短，让英语基础优秀的学生有学习第二外语的机会。

和而不同礼为先，学校在保持个体特征的基础上寻求恰到好处的平衡点，妥善处理各学科之间的关联以达到学科共通、共联、共融的目的，在差异中寻求共性，在独立中创造相同。本校开设日语课程七年来取得了优异的成绩，如每年日语考生都占据高考总分及外语成绩的年级榜首，十多名学生在全国高中生日语演讲比赛中获奖，二十多名学生取得日本语能力测试N1、N2证书。学校在日语课程开发与体系建设、日语学科教室建设、

日语社团活动开展、国际交流与合作等方面都取得突出成绩，为学生成长、成功、成才提供了坚实的基础和众多的机会，受到市教育局领导的高度肯定和大力支持，同时也让日语教学成为学校特色。中国将改革创新作为时代精神，中华大地争分夺秒地创新、创造，学校在日语教学的路上也勇立潮头。我校在全市率先招收日语学科的公办教师，日语教学规模最大时三个年级中共230多名学生（占全校学生的三分之一）选择日语作为高考外语语种。这使得我校成为在省内高中日语教学方面有一定影响力的学校。

近几年省内大部分公办普通高中开设了日语课程，通过和许多高中日语教师的交流，笔者发现他们面临着一些共同的问题和困难。

一、问题

（一）教师专业素养明显不足

高中日语教师欠缺教育学、教学论、课程论、心理学等方面的知识，教学设计及课堂教学能力不强，课堂教学效率不高，教学中不能突出重点、突破难点，对日语课程的性质、基本理念、学科核心素养、课程目标、语言技能、学业质量要求和教学评价建议等缺乏了解；日语试卷命制方面也存在一些问题，如试题科学性难以保证、试卷难度把握不好、试卷格式不规范、考试数据的统计与分析不熟练；日语教师的教科研意识和能力缺乏，普遍不会撰写教学反思、随笔、论文和课题。

（二）管理学生能力存在短板

很多日语生都存在一些问题，管理难度相对较大，如有些学生的行为习惯不好、学习态度不端正和学习动力不足，大多数日语生因为英语学习失败从而对外语学习不感兴趣，有些学生记忆能力弱、外语语感差。这些日语生的管理需要日语教师有更多智慧，用更大力度、更多时间和更有效的方法。但受学校安排、学生选课及教师自身等诸多因素影响，日语教师没有机会担任班主任，导致他们主动管理学生的意识不强、缺乏经验、能力和自信心。

二、困难

（一）缺乏专业引领成长

"我相信，在群星当中有一颗星，引领我的生命，穿越不可知的黑暗。"泰戈尔温柔而充满哲学思想地点明了榜样之重要。没有榜样的前路是漫无目的的流浪，浙江省没有高中日语教研员，其各地市教研室不组织有关日语的师资培训、教学研讨和质量分析活动，也不举办业务比赛，这对日语教师在学科专业培训、业务能力提升和职称晋升方面非常不利。

（二）缺乏教研交流合作

"力田不如逢年，善仕不如遇合。"日语教师即使努力为自己做好铺垫，做好一切飞跃的准备，但若机遇迟迟不来，平台总是未升，就像大鹏欲扶摇而翅未聚风，也无力有所达。公办普通高中日语教师人数少，一般也只有2~3人，一名日语教师往往承担一个年级的日语教学任务，课时多，教学任务紧且繁重，平时没有机会开展集体备课与教学研讨；用于日语教学参考的资源缺乏，日语作业及配套练习偏少；日语教师平时不主动听其他教师的课，与其他同事交流较少。以上这些给日语教师的教学工作带来较大困难。

（三）缺乏领导关心支持

"少年宏愿，抖擞星光，扶摇直上九天。"日语教师也渴望在各学科并进的局面中占得一席之地，也希望成为一代名师。由于学校领导大多不会日语，缺乏对日语学科的正确认识，他们关注的重点往往是日语的高考成绩，不重视日语教学的过程管理，对日语教学缺乏科学、有效的评价，对日语教师关心不够，在评先、评优方面基本不会考虑日语教师。

"凡人何不逐英雄，英雄无惧渡沧海。"每位日语教师要找到远方那面属于自己的旗帜，不畏跋涉趋近它，努力提升自身水平，早日成为优秀教师，取得优异成绩，发挥更大作用。笔者为此提出如下三点建议：

1.争做日语教学专家

首先，日语教师要提升日语专业素养，加强对日本政治、经济、文化、历史、语言等的了解。

其次，日语教师要补齐教师必备知识，努力学习教育学、教学论、课程论、心理学等方面的知识，主动向优秀教师尤其是英语教师学习教学理念、经验、模式、方法与手段，形成有特色、高效的课堂教学模式。

再次，日语教师应积极参加人民教育出版社等单位组织的日语教学研讨会，努力提升自己的专业水平与教学能力。

最后，日语教师要积极开展教科研工作。日语教师在每堂课后均要进行教学反思，尤其是要在如何引入新课、教学流程是否合理顺畅、学生活动如何开展、怎样突出重点与突破难点、课堂总结如何高效等方面重点反思；要结合高考试题研究把日语学科核心素养渗透于课堂教学中；积极撰写关于日语的课程体系设计、课堂教学、试题研究、学生活动开展、优秀生培养及学困生转化等方面的论文和课题研究。

2.争当学生管理能手

日语教师要努力学习心理学等知识，积极主动参与学生的管理工作，争当班主任，当好班主任，向经验丰富的老教师、优秀教师学习，加强家校合作，提高学生管理成效。

首先，要关心学生。教师应充分了解学生的个性、特长及发展需求，及时采取有力措施为学生排忧解难，积极为学生的发展创造更好的机会。

其次，要尊重学生。教师不能体罚或讽刺挖苦学生，对学习能力较弱的学生要给予更多的耐心与辅导，对学生的每一处细小的进步都要充分、及时地表扬，激发学生的进取心、荣誉感和成功欲望。

最后，要严格要求学生。"无规矩不成方圆"，许多日语生有着习惯、行为方面的问题，如迟到、早退、课堂上不认真听讲、作业不及时上交、携带手机入校、男女生交往过密等问题，教师应该对学生存在的问题及时指出并批评教育、积极引导，不能听之任之或视而不见，否则不仅会助长歪风邪气，还会影响教育教学质量。

3.当好学校办学高参

办学特色是学校的核心竞争力，而日语教学是学校办学的重要特色之一。日语教师应当好校长办学的高参，提前做好日语教学规划，并在日语课程开设与体系完善、日语教学规划与制度建立、日语竞赛与学生活动开展、优秀日语生培养、日语成果展示、校际合作与对外交流等方面积极献计献策，为学校做优做强做出应有贡献。

高中日语教师应积极向学校领导及教育行政管理部门反映在教师专业发展、职称晋升等方面的合理诉求，积极争取政策支持。

当前，我国正处在实现"两个一百年"奋斗目标的历史交汇期，面对世界多极化加速推进、经济全球化持续发展、各种文明交流互鉴的形势，亟须一大批具有国际视野、熟练运用外语、通晓国际规则、精通国际谈判的专业人才。中日两国有着重要联系，可以预见，国家对日语人才的需求会进一步增大，普通高中日语教学规模也会随之扩大。高中日语教师应把握发展机遇，努力提升文化素养、丰富学科专业知识、掌握教育理论知识与技能、提高职业道德素养，为培育更多合格的日语人才做出应有贡献！

寄语三 善教善研，主动发展

苏州市吴中区甪直高级中学　高月新

21世纪是全球化的世纪，世界的交流不断。众所周知，语言是国际交流及各种跨文化传播必不可少的要素。培养各类外语人才，是实现我国国家战略、进行有效对外传播、实现人类命运共同体的重要保障。放眼当下，英语仍然是运用最为广泛、同时也是我国基础教育投入最多的外国语言。但是，国家战略具有不同的层次，除了英语之外，还有很多重要的语言，譬如日语。中国和日本地理相邻，同属东亚，在世界上都有很大影响，两个国家的交往由来已久，有很多政治、经济和文化的对话。因此，日语人才的培养不应该被忽视。

但是，在当下中学语言学科的教育中，日语得到的关注远远没有和它的作用相匹配。在中学日语教学实践中，我们还没有发展出像英语那样系统化的教学体系，不同地区、甚至同一地区的不同学校，所用的教材和教学方法都不一致；日语教师大多也不像英语教师那样，获得过完整的教研培训；在生源方面，日语学生虽有少部分源自兴趣，但是大部分还是因为英语薄弱而转向日语，存在着教学时间短、基础薄弱、理解能力不足的普遍现象。上述因素是制约我国现阶段中学日语教学向高质量、规范化发展的主要原因。

面对这些问题，我们这些关注或从事中学日语教学的教师有责任行动起来，要高屋建瓴地参与中学日语教学和人才培养体系建设。另外，高中日语正规的新教研势在必行，旧教研趋于"清零状态"。教学的整体过程离不开教学研究的指导。可是，经过调研，可以说几乎所有教师对教研的认知都停留在"内部资料"上。其实，"内部资料"也就是常说的练习题目，这些题目资料的编撰是教研范畴中最底层和最基础的一部分。

那么，我们要建设什么样的教研体系？简言之，建立适用于本校日语教学的学术体系构架、研究和提出教学过程中阶段教研的跟踪方案、研究和提出各阶段重要考试的高分核心对策、建立本校当届高考试题走向预估体系、建立教师教学考核评估和学情统筹体系、建立各阶段，尤其是高三教学考核规划概要等有机组合，上述因素互相影响，每一点都是"一损俱损，一荣俱荣"。教材甄选、教辅材料的更新也是重要环节。

教师不能只是填鸭式教学，要学会研究，提升教学能力。同时，对于教学活动的认知，不能停留在"刷题"这种单一的填鸭式教学上。教师不光要学会"实施"教学，更要学会如何"研究"教学，只有通过科学的研究分析，才能有效地提升自身的教学能力。

中学日语教学质量的提升不是一朝一夕之事，也不是靠几个人就可以实现质的飞跃，需要的是全体中学日语教师的同舟共济、不懈努力。"不积跬步，无以至千里；不积小流，无以成江海。"作为关注中学日语教学的管理者，我们要兼具仰望星空和脚踏实地的能力，一方面要理解日语教学为国家培育外语人才的崇高目标，另一方面要在中学日语教学的地面上不断探索和提升。我衷心地希望，全国中学日语教师能够逐渐形成一个教学、研讨和交流的共同体，通过参加定期举办的教学研讨会、教学比赛、教材编写、在线课程等多种活动，提升日语教学的规范性和显著度，为国家培养更多日语人才、为实现国家战略和促进国际交流做出应有的贡献。

寄语四 不积跬步无以致发展

大连市东港中学教育集团　张红果

教育的本质是：

一棵树摇动另一棵树

一朵云推动另一朵云

一个灵魂唤醒另一个灵魂

教育并不是一个人去雕琢另一个人，而是在相互陪伴的过程中共同成长，树与树之间的摇动本质上是共同成长，云与云的推动也是共同向前！

大连市中山区的日语教学已经走过了15年的探索之路，作为校长，我见证了日语教学从最初的举步维艰到今天的蓬勃发展，这里倾注了无数人的汗水与心血。我曾任职的四所学校都先后开设了日语课。目前，东港中学教育集团下的两所集团校——35中学和东港一中都分别开设了一外和二外的日语教学，近500名学生在学习日语。

我所在的学校，每年都有一批外来务工子女走进校园，这些学生大多欠缺英语语言功底，基础差甚至是零基础，学生们都极度缺乏自信，很多学生由于厌学甚至无法完成初中学业。日语学科的课程设置给这些学生提供新的机会、带来新的学习动力，让学生们找到了学习的自信。十几年来，我看见无数的学生因为学习日语改变了命运，无数的家庭因此得到了解救。学生们通过学习日语考上了重点高中、重点大学，进入企业担任重要岗位，很多学生甚至走出国门到日本继续深造学习……每每看到这些学生的成长和蜕变，我都感到无比欣慰。让每一名学生都能"幸福成长"，为他们的终生幸福奠基，我想我责无旁贷！

日语教师的专业发展是一所学校蓬勃发展的生命力。东港中学教育集团现有日语专业教师三人，他们全部是中共党员，专业能力过硬，都有着

10年以上的班主任工作经历，在学校担任教学副校长、主任、市区级骨干教师等重要职位。三位教师多次参与中考命题工作，使学校教学成绩一直处于大连市日语教学的前列。多年来，学校经常组织日语观摩课，总结交流教学经验，组织各类日语评优课比赛等。大量的教学研究活动，提高了日语教师的业务能力和教学水平。感谢大连教育学院日语研训教师杨慧老师一直以来对年轻日语教师的大力支持和培养。从教材培训、课标解读、教学课例观摩研讨到更高层次的学业标准编写、中考命题等，杨老师为年轻教师的专业发展搭建了平台。为了开阔眼界，了解业内之间日语教学的发展动态，我校不遗余力地邀请了日本国际文化交流中心的日语专家、各省市有名的学科专家、骨干教师、学科带头人等为日语教师做更详尽的专业培训，使日语教师的业务能力得到提高；在假期期间，多次组织日语教师学习日语教材的教法、语法辨析等，探讨、体验日本的插花、茶道、舞蹈等传统文化；平日每月一次组织日语教师进行线上线下的教研，将培训内容主题化、专业化。总之，这些活动为我校三位教师的专业发展提供了营养丰富的成长土壤，也让我校乃至大连的日语教育蓬勃发展。

　　日语教师的专业成长也推动了学生们和这所学校的稳步发展。2018年，学校自己斥资在校内建了一间日本文化体验学习屋，为学生们提供了日语学习的专业教室，这在全大连首屈一指。在学校日语教师的积极组织下，学生参与"全国日语作文大赛""中日校服设计比赛""'佳能杯'日语演讲比赛""日语成果展演会"等各类活动，并取得了非常耀眼的成绩。2018年，我校受人民教育出版社课程教材研究所、北京日本文化中心邀请，在全国中学日语教师交流会上就学校日语发展做了一次经验分享，受到全国各地日语教师的一致好评。近几年，很多地区的教育部门的领导、学校的领导和教师到我校来参观和学习日语教学时，我都不遗余力地把学校的日语发展经验介绍给他们，希望未来全国有更多的校长能看到日语教学的优势，开设日语课程，让更多的学生因此受益。

　　我希望年轻的日语教师能学会在日常工作中积累经验、反思教学行为；在与学生的日月相处中教学相长，能从每一位学生的眼中捕捉到闪烁的光芒；能从未来国家教育发展战略中读懂教书育人的使命内涵，为学生长远发展的画像添彩。

成长，永远是一所学校，更是一个教师生命中最重要的功课。让我们直面当下日语教育的现状，直面生命和成长的叩问，勇往直前，努力奋进，不断实现我们心中的"幸福教育"。

风雨里，树有树的摇曳伫立。

阳光下，云有云的自在卷舒。

寄语五 三十年守望，静待满园花开
——日语教育 30 年之感怀

深圳市教育科学研究院　陈燕

1992年，我从华南师范大学日语系毕业，来到改革开放的前沿城市深圳特区，成为深圳外国语学校的一名日语教师。斗转星移，时光飞逝，不知不觉间我已经在基础教育战线工作了整整30年。每当回顾走过的道路，总结个人的职业成长经历时，我都感慨良多。作为一名日语教师，在此我把成长过程中感触至深的几点写出来，希望能给青年教师一点启发和借鉴。

一、深外给我提供了宽广的发展平台

我很庆幸，初出校门就能够进入一所外语特色突出的学校。深外非常重视外语教学，也为多语种发展制定了一些特殊政策。例如，学校一直把日语作为第一外语，从初一开设至高三，同时坚持小班化教学，规定每班学生不超过20人。考虑到多语种教师队伍小，资源短缺，学校一般都只安排一位教师负责一个班的教学任务。国内多语种教师的进修培训和教研机会相对较少，学校尽力想办法为多语种教师提供机会。工作两年后，我深感自己在教育教学上的不足，希望有再学习的机会，于是我考取了日本文部省的"国费留学生"项目，需要离职进修一年。在师资缺乏的情况下，学校同意了我的申请，让我得以顺利完成日本早稻田大学的学习。这次留学不仅提升了我的日语能力，更坚定了我扎根学校、心无旁骛做好日语教师的信念。留学结束，同班的留学生纷纷选择留在日本发展，我毫不迟疑地回到深外，一直坚守在三尺讲台上。

为了学生的全面发展，深外注重营造外语学习氛围，要求外语教师必须全外文教学，每年举办外语节，鼓励学生参加各类外语比赛和社会服务，与国外友好学校建立学生定期交流访问机制。可以说，深外从建校之初就把外语作为立校之本，为学生和外语教师建立了一个面向世界的宽广舞台，让师生有机会在这个舞台上尽情展示他们的才华。

二、外教让我懂得热爱学生和敬畏专业

　　我很感激外教。他是我在深外的搭档同事，更是初为人师的我的导师。外教放弃了在日本的高薪和安逸生活，带着对中国、对学生的一腔热情来到深外，一干就是8年，把自己的全部精力和智慧都献给了学校和他钟爱的学生。他是我和学生心目中的"藤野先生"，他的辛勤治学、诲人不倦的精神及严谨踏实的作风，特别是他对中国人民的诚挚友谊和对每一位学生的热爱都深深影响了我。当我偶尔想偷懒懈怠时，他总是对我说"我只有倒下了才会离开讲台"；当我开学一星期后还叫不出20位学生名字的时候，他说"教师的本领就是要在第一天就能记住全班学生的名字并且对得上人"。当年我们对日语学科的建设完全从零开始，没有经验可循，周围也难有同行的参照借鉴，一切都依靠自己摸索。面对教学困难，他说"我是来工作的，不是摆设，我就是生动的日语示范，所有的课我们一起备、一起上"。于是，我们一直坚持集体备课，同上每一堂课，彼此的课堂完全开放。外教在学校的八年时间里，我们共同上了1296节课。我从他身上学到了为师应该有的品质——热爱学生、敬业爱岗。虽然他已经离开了深外，但是我们一直在执行他建立的教学模式，也在不断传承他留下的优良工作作风。我特别感恩在自己入行之初能遇到像他这样的良师益友。

三、六年一贯制的教学模式助力我快速成长

　　深外日语教学是六年统筹，即教师安排、教学目标、教材教辅、课时安排、评价考试等都是以六年为一个大循环，分步实施，责任到人。从教

30年，我经历了几轮初高中大循环教学，这对我是最好的锻炼。这种六年大循环的教育教学模式使得我对整个基础教育阶段的日语教育有比较整体、系统的认识。我积累了中考、高考经验，了解了各年级的特点和教育教学方法，从而对日语课程有了更深入的了解和全面的把握。更为珍贵的是，从初一教到高三，六年下来，我见证了学生们一个个从懵懂少年到青春韶华的茁壮成长，和学生们的关系也从师生变为家人，我把这些视为人生最宝贵的财富。

去年，应深圳市教育科学研究院的邀请，我到教科院统筹深圳市的多语种工作。我深知一线多语种教师的现状和困惑，借助教科院这个平台，我把深外的多语种教学模式介绍给了教师和校长，希望以点带面，推动深圳市多语种教育教学高质量、健康发展。

四、坚守让我等来满园花开

如果说深外给了我最好的平台，六年一贯制的教学模式促使我快速成长，在我的职业生涯中遇到了外教这样的恩师是我的幸运，那么更重要的就是个人的职业愿望和期待。我出生于军人家庭，自小在部队大院长大，军人父亲的严厉和部队追求一流的作风潜移默化地影响了我。在走上讲台初为人师后，我立志成为受学生欢迎的老师，为此矢志不渝。几十年来，我坚持上好每一节课，认真批阅每一次作业，重视与学生的每一次面谈，把这些平日事做好，日拱一卒，功不唐捐，天不负我，终有所成。33岁时，我荣获"深圳市十佳青年教师"的称号；36岁时，我成为深圳市第一位日语高级教师。在我送走的六届日语毕业生中，几乎全都进入北大、清华、北外、上外、广外等著名高校。毕业后，大部分学生继续从事与日语相关的工作，成为促进中日友好交流的中坚力量。令我感动的是，无论毕业多久，工作是在国内还是国外，这些学生都与我保持密切联系，对在深外日语班的教育深怀感恩之情。

另外，让我倍感欣慰的是，深外从日语起步、一个班一名教师开始，经过31年的建设，学校发展壮大为除英语外具有日语、德语、法语、西班牙语和俄语5个语种的学校，拥有30多名教师团队的学科组，课程开设初、高中衔接，跨三个校区。多语种教育已真正成为深外外语特色教育的一张闪亮名片。

回顾走过的道路，有鲜花和荣耀，也有荆棘和坎坷。目前，多语种教育的社会认知度还有待提高，社会对日语教育仍存在一些偏见和曲解。另外，多语种教师力量比较分散，资源不足等因素都影响日语教育教学事业的发展。这些都是对多语种教育的考验和磨砺。但正如常言所说，只要不忘初心，砥砺前行，坚守我们的阵地，总会迎来云开日出，花开满庭的美好日子。

寄语六 生命的意义

大连市金普新区向应中学　林茂慧

某日与比我大一岁的老友闲聊，我问他："现在心态怎样？"他说："无欲无求。"我想，他所指的并不意味着无所追求、无所作为。借着这个话题，我把心中的一些想法说了出来，可以把这些观点叫"林氏论语"。

有些教师周一就开始盼着周末，开学就期盼放假，期待着早点退休，一提到上班就厌倦。他们对工作没有激情，更缺乏创造力，每天都在浑浑噩噩中度过。这种心态是不健康、不阳光的。有的人可能工作很轻松，但是由于没有积极进取的心态，导致心理失衡，身体状态不良。所以，人要活得好，就要有一颗积极进取、阳光向上的心态。

工作累不死人，反而会让人获得自我实现的成功和快乐。相反，不进取、无所事事、无所追求的人，常常牢骚满腹，几多抱怨，充满了负能量，虽然每天很轻松但是身心俱疲。这样的心态怎么能健康？

朋友告诉我，他每天都看书，而且还要做做高考题，保持学科的基本素养。我很赞同他的做法，我说："我也喜欢看书，特别喜欢看历史方面的书，而且看完后一定要写一篇心得体会。因为我觉得，读书使人丰富，写作让人思考，思考使人深刻。作为一名资深教育工作者，必须有丰富的内涵和修养，不能浅薄。"朋友赞同我的观点，我继续说："很多人觉得退休之后失去了存在感、归属感，迷失了方向。所以，要想让人生始终保持活力，就应该永远有所追求，不能混一天算一天，得过且过。"

职业倦怠是个普遍性的问题。倦怠其实是心理问题，是心理不平衡的表现。人们长期保持这种心态会影响身体的健康。人们的心态如果不积极，身体怎么可能健康？在大环境改变不了的情况下，要改变自己的心态和工作状态，克服倦怠情绪，让自己忙碌起来，寻找工作带来的快乐和成就感。

我也常常感到倦怠，但是我会努力调节自己，让自己每天保持激情：让自己充实起来，令每天都有意义。有课时好好备课上课，没课时就去看看课，和教师交流交流，或者看看书，写点什么。学日语几乎是我每天的必修课，教了半辈子的日语，不能扔下。虽然不一定有用，但是可以让自己充实。

我有时不愿意上班，因为几个不太听话的学生让我无可奈何，我这样说服自己：他们毕竟是不懂事的孩子，我们不能用自己的思维去衡量或要求他们。人与人是不一样的，所以教育时的策略和方法也需要调整，必要时需要降低标准。那种杀一儆百的做法是错误的。我不能改变任何人，能通过言行影响就已经不错了。

当工作不顺心时，我这样劝自己：单位还有那么多积极向上的教师，为什么总盯着几个人呢？在很多方面取得了成绩，为什么总盯着不如意的地方呢？

我在金州图书馆三楼看杂志的时候了解到了美国科学家的研究结果：勤于思考、乐于工作的人更长寿。联想一些长寿的科学家、作家，如杨振宁、爱因斯坦、毕加索、齐白石、张大千等人，一生都在创作、思考，始终保持旺盛的工作热情，生命充满了活力。

我在想，如果一个人一生没有一项事业，虽然轻松自在，但是缺少生命的意义，回头看看自己的一生，一事无成，丝毫没有成就感，这样的人生多么灰暗无光啊！

朋友的几句话特别有意义："人生的终极目标不是追求快乐，而是快乐追求。"

寄语七 躬身入局者有为，笃行不怠者致远

嘉兴外国语学校　朱丽娜

今年7月，在嘉兴市教育局发布的市第二批普通高中"分类办学"市级试点学校名单中，嘉兴外国语学校被确定为"外语高中试点学校"。收到这一喜讯，身为学校外语特色办学项目的负责人，我的心中百感交集。作为一所办学仅十八年的年轻民办中学，开办高中日语班已有八年，一路摸着石头过河，品尝过走弯路的辛酸，也收获过成功的喜悦。如今，我们又迈上了新的起点。

我深知，在全国范围内，与那么多优秀的外语学校相比，嘉外依然犹如一棵稚嫩的小树苗，仍需风雨的洗礼与岁月的磨砺才能长成参天大树。因此，本文中我所分享的，也仅仅是嘉外这所年轻学校短短八年的小语种开拓之路。愿以一所学校的成长，致敬这条路上的前辈，与同行者相互取暖，且能激励后来人。

一、唯有躬身入局，方能破局

嘉外创建于2004年，建校时便决心以外语作为教学特色。《国家中长期教育改革和发展规划纲要》提出，高中阶段教育"要推进培养模式多样化，满足不同潜质学生的发展需要""鼓励普通高中办出特色，办出水平"，这些也印证了学校这一办学理念的前瞻性。但民办学校日趋激烈的竞争态势，生源文化水平基础偏低的现状，高考升学的压力，社会对高考期望值高等现实问题，严重制约了学校的发展。

面对办学困境，学校的管理团队始终在寻求"破局"的方法。而此时，随着浙江省高考招生制度综合改革试点的启动、《浙江省普通高中学

校实施分类办学促进特色发展改革试点工作方案》的出台，普通高中迎来特色化、多样化办学的春风，这也让我们看到了"突破口"。

2015年，嘉兴市第一个普通高中日语班横空出世，其"外语特色兴校，多元发展育人"的办学理念应运而生。作为教师，我们相信唯有躬身入局，方能破局，唯有敢为人先，方能超越。而一路走来，学校也先后成了人教社全国首批和浙江省第一所"中学日语教学实验校"、嘉兴市日语教研大组组长单位，其教学质量与区域影响力均处于领先地位。

二、唯有顺势而为，方能有为

赶上了特色办学的春风，顺应了多元育人的大势，嘉外这艘小小的航船一路行驶至钱塘江的浪潮之上。要想立于浪尖不倒，不被后浪所覆，行船之人是关键。最初，学校仅一位日语专任教师，依托校外机构培养，经过八年的摸索，现已组成日语教师五人、西班牙语教师两人的小语种教研大组。

对外，我们深知自己资历尚浅，要积极虚心求教。在一次次国家级、省市级的日语教学研修会上，向全国各地的日语一线教师、专家学习；积极地参加日语课程管理、日语教师培训、日语教学研究等学术活动。我们还与在周边地市中同期开设日语课程的学校结成日语教研共同体，组织教师赴各地优秀的外国语学校取经，更远派教师至日本东京大学、早稻田大学等顶尖学府交流。对内，我们深知精进自我、实现专业成长的重要性。日语班开办之初，学校便以规划课题为依托，形成了"聚核三学"的普通高中日语课程架构机制，组织教师编写校本化日语电子教案、整理日语重难点知识体系，形成了系统的校本课程资料。同时，在学校教师发展出"学—践—思"为主线的特色化校本研修的引领下，日语教师团队不断精进课堂教学，总结经验撰写教学论文，形成"以研促教、以教兴研"的良性循环。

在此，我还想分享我校小语种教研大组组长、嘉兴市日语教研大组组长朱玉姣老师的成长故事。在我校日语班成立之初，她孤军奋战，顶着外界对日语高考的质疑，一个人带着25位日语生研读教材、研究高考、苦刷试题。寒冬酷暑，当师生都在放假之时，他们坚持到校补习日语，咬着牙铆着劲，只为证明自己选学日语的决定是正确的。最终，这批"第一个吃螃蟹的人"以高考日语最高分132、平均分97.56、100分以上达30.92%的好成绩证明了这条路没选错。

日语班在朱老师的带领下慢慢步入正轨。学生在规避了英语弱势后，外语成绩提升，学习自信增强，各科成绩全面优化，实现了从专科到本科、从一段到特殊类的完美跃升。2016届至今，我校日语高考的最高分均超140分，平均分均超101分，最高分与高分段人数均位居嘉兴市第一。此外，我校每年还有一定数量的学生通过日语能力测试N2、N3等级考试。而朱老师不仅自己受邀参加了由人教社主办的高中日语教材审读试教研讨会，还协助人教社调研浙北地区高中日语课程的开设情况，并于2021年被聘为"日语教科书培训专家"，同时，参与编写了人教版课标教材的阅读教辅资料和日语素养分级阅读的课外阅读资料，参与编写的中学日语教师必读系列《中学日语优质课评析》一书也正式出版。

教师与学生共同成长、互相成就，我想，这当是教育最美好的样子。

三、唯有笃行不怠，方能致远

八年来，学校的日语办学之路走得踏实稳健，更逐步发挥出辐射引领作用。我们喜迎八方来客，在一次次承办大型研修活动的过程中充分带动起市域内高中学校对日语教学的探索；我们注重能力提升，在一次次举行的口语测试、朗诵比赛中展现了学子的自信风采。

在日语办学根基稳健的基础上，我们再一次寻求突破，于2020年增设普通高中西班牙语班与英韩双语实验班，力争借助"小语种"的突破口，为学生的成长发展寻求更广阔的天地，也为学校的外语特色兴校之路开辟了新的方向。

嘉外八年来的小语种开拓之路犹如一颗小小的种子在泥土中生根发芽，如今逐渐枝繁叶茂。这一路，我们承蒙前辈与同行的引领与提携，也始终脚踏实地地探索，我们始终与时代同向同行，与高考改革并肩前进，为的就是让更多的学子梦想成真，让教育的高质量发展呈现出更多元的样态。奋斗之路漫漫，嘉外也将始终怀揣着这份教育初心，以绵薄的力量为高中日语教学提供源源不断的支持，以永不停歇的脚步为同行者与后来人增添前行的动力，与大家共同推进高中日语教学的良性发展，一起谱写高中日语学科建设与教学实践的新篇章。

寄语八 倾听花开的声音

日照市莒县第四高级中学　　武玉霞

我是一名中学校长，在学校里我还担任着一个我非常喜欢的角色——一名普通的高三任课教师。

教育是一场美丽的遇见，张爱玲曾说："于千万人之中，遇见你所遇见的人；于千万年之中，时间无涯的荒野里，没有早一步，也没有晚一步，刚巧赶上了。"

做一名任课老师是快乐、幸福的，守着一方教室，站稳三尺讲台，任季节变换，任青丝染霜。在和学生们相伴的日子里，微风不燥，云淡风轻。教师用自己的执着与坚守，放飞梦想与希望，成就他人，幸福自己。在我看来，教师从事的是花的事业，心怀阳光，播种希望，在阳光和煦的春天里，和学生一起倾听花开的声音。

从选择教师这个职业的那天起，我们都会在心里播下一颗梦想的种子，愿意倾尽一切，用心、用力、用情，把教书育人当成毕生的使命，为党育人、为国育才，在成就学生的同时成就自己。

我相信，当你第一次站上讲台、看到下面几十双亮闪闪的眼睛时，你的内心会变得安静而柔和。那一刻，因为深爱这份事业，我们愿意尽其所能，爱我们所爱。当教师，我们的眼睛里最好能容得一点"沙子"。面对调皮捣蛋的学生，如果能尊重其成长的规律，就能对其多一分理解；当学生取得了进步，我们要"扬善于公堂"，激发学生向上生长的力量。

所有信手拈来的从容，都是厚积薄发的沉淀。梦想的种子被播下后，单纯靠天吃饭的话，很难保证有一个好的收成。在教育这方富有希望的沃土上，必须精耕细作、精准施肥、合理灌溉，认准大方向，做实小事情。

"大方向"来自《中国学生发展核心素养》《中国高考评价体系》、

体现在新课标、新教材上，"小事情"具体落实到我们的备课和课堂上。

教材是教学最直接也是最有效的依靠。钻研教材是首要的教学手段。在教学中，我们做到以人教社教材、教辅为主体，结合学校的生源实际，实现教学、学习内容校本化。

一名教师如果想在专业上获得提升，那么认真参与集体备课、编制导学案等活动，都是很有效的途径。

在集体备课前，教师都要认真充分地研究教材、研究习题、研究教法、研究学法；在集体备课过程中，教师要最大限度参与集体讨论，产生思维碰撞；集体备课结束后，教师要静下心来充分预设课堂，以最佳的状态和足够的耐心引导课堂的生成。

随着知识难度的加深，很多因为对日语好奇而产生学习动力的学生的热情也会慢慢减退。如何让学生对日语学习保持浓厚且持久的兴趣呢？我建议日语教师多组织一些丰富的活动，如日漫创作、成立日语社团、美食制作、趣味教学、课本剧编排、黑板报创作、海报创作比赛、日本民俗体验等，既能丰富学生的课余时间，也能有效地促进学生的日语学习。

陶行知先生说过："唯独学而不厌的人，才可以诲人不倦。要想做教师的人把岗位站得长久，必须使他们有机会一面教，一面学；教到老，学到老。"要想让日语教学富有成效、学生保持对日语学科的兴趣，关键在于教师乐于做一名终身学习者，做一名乐于读书的教育者。

当我们不断学习、做更好的自己的时候，那美丽的绽放便如约而至。

一事精致，便已动人；从一而终，就是深邃。选择教师这份职业，把课上好，把书教好，便已经打动人心。热爱三尺讲台，一生执着，更是让人由衷敬佩。

凡是过往，皆为序章。教师的成长是一个没有最好只有更好的过程。走过千山万水，仍需跋山涉水，没有一劳永逸，唯有持之以恒。在前行的道路上，让我们携手并肩，让日语学科在教育的百花园里灼灼绽放，让更多的学生通过日语学习收获更加璀璨的未来。

愿我们在教育的大道上，相遇美好，遇见幸福。

参考文献

[1] 王艳.浅谈"学习金字塔"理论在高中新课改的运用[J].科技信息，2013（14）．

[2] 臧青.运用学习金字塔理论 改进高中数学教学[J].数学教学，2011（05）．

[3] 日本国际交流基金会.JF日语教育标准[S].2010：5-7.

[4] 陈凤然，张燕.大学英语课堂问答行为内部结构和功能分析[J].中国成人教育，2009（24）．

[5] 亢世勇.新词语大词典[M].上海：上海辞书出版社，2003.

[6] 中华人民共和国教育部制定.普通高中日语课程标准（2017年版、2020年修订）[S].北京：人民教育出版社，2020.

[7] 国际交流基金.日本事情・日本文化を教える[M].東京：ひつじ書房，2011.